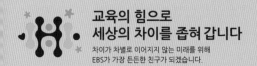

**교육의 힘으로
세상의 차이를 좁혀 갑니다**

차이가 차별로 이어지지 않는 미래를 위해
EBS가 가장 든든한 친구가 되겠습니다.

모든 교재 정보와 다양한 이벤트가 가득!
EBS 교재사이트 book.ebs.co.kr

본 교재는 EBS 교재사이트에서
eBook으로도 구입하실 수 있습니다.

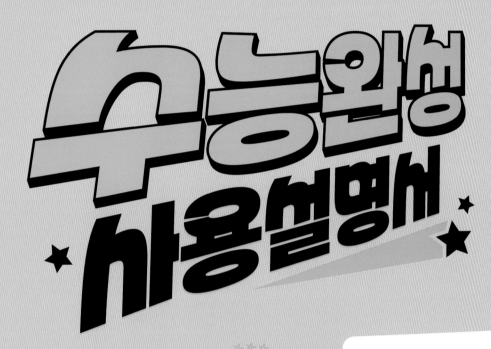

☆☆☆

영어영역

영어(하)

KB214021

기획 및 개발
EBS 교재 개발팀

발행일 2024. 5. 27. **1쇄 인쇄일** 2024. 5. 20. **신고번호** 제2017-000193호 **펴낸곳** 한국교육방송공사 경기도 고양시 일산동구 한류월드로 281
표지디자인 ㈜무닉 편집 다우 인쇄 ㈜매일경제신문사
인쇄 과정 중 잘못된 교재는 구입하신 곳에서 교환하여 드립니다. 신규 사업 및 교재 광고 문의 pub@ebs.co.kr

교재 내용 문의
교재 및 강의 내용 문의는
EBSi 사이트(www.ebsi.co.kr)의 학습 Q&A 서비스를
활용하시기 바랍니다.

교재 정오표 공지
발행 이후 발견된 정오 사항을
EBSi 사이트 정오표 코너에서 알려 드립니다.
교재 → 교재 자료실 → 교재 정오표

교재 정정 신청
공지된 정오 내용 외에 발견된 정오 사항이 있다면
EBSi 사이트를 통해 알려 주세요.
교재 → 교재 정정 신청

영어영역

영어(하)

차 례

[제외 문항] 듣기 유형(01~17번), 실용문 유형(27~28번), 1지문 3문항 유형(43~45번)

유형편과 실전 모의고사 1회는 영어(상)권에서 학습하실 수 있습니다.

2025학년도 수능완성

어떻게 공부할까?

효율적인 연계교재 공부법은 따로 있습니다.
문제가 점점 길고 복잡해지는 최근 수능 출제 경향을
생각하면, 더 빠르고 정확하게 지문과 자료를 분석
하는 연습을 우선해야 합니다.
〈수능완성 사용설명서〉는 이러한 신경향 수능 대비에
최적화된 교재입니다. EBS 연계교재에 담긴 지문의
수록 의도, 출제 포인트를 분석하는 연습을 꾸준히
지속해야 합니다.
2025학년도 수능, 〈수능완성 사용설명서〉와 함께
성공할 수 있습니다.

수험생이 기다렸던 교재

- 연계교재가 어려운 학생들을 위해 더 친절하고 자세
하게 설명합니다.
- 수능완성에 수록된 지문을 그대로 싣고 개념의 이해를
도와주는 교재입니다.
- 수능완성의 어려운 내용을 자세히 설명해 주고, 자료
분석과 빈칸 문제, 확인 문제 등으로 연계교재 학습을
확실하게 마무리할 수 있도록 도와줍니다.

선생님이 기다렸던 교재

- 연계교재를 효율적으로 가르치고, 활용하는 방법을
보여 드립니다.
- 오개념 전달, 검증 안 된 변형 문항 등 잘못된 방법으로
공부하는 것을 안타까워하시는 선생님들께 꼭 필요한
교재입니다.
- 수능완성에 수록된 지문에 대한 쉬운 설명, 개념 자료,
심화 학습 자료 등을 제공합니다.

연계교재 수능완성의 문항을 분석하는 것이 어려운 학생을 위한 교재

지문과 자료 분석력 UP 프로젝트

수능완성을 공부하는 가장 쉽고 빠른 방법!
연계교재에 숨은 뜻,
'무엇을 · 어떻게' 풀고 찾아야 할까?
그 숨은 길을 보여 드립니다!

정답은 수능완성 사용설명서

1단계

연계교재 학습 포인트

연계교재 학습 전에 지문에서 유의해야 할 내용, 핵심 키워드 등을 미리 알려
줍니다. 연계교재를 어떻게 공부할지 방향을 미리 보여 주고, 길을 안내하는
것은 더 빠르고 정확하게 연계교재를 학습할 수 있도록 돕습니다.

2단계

수능완성 지문/자료 분석

<수능완성 영어>의 모든 핵심 내용을 수록하였습니다. 정확하고 빠른 지문
해석은 기본, 문제가 원하는 정답을 찾기 위해 필요한 분석 방법을 보여 주기
위해 지문에 직접 팁을 달아 선생님의 밀착 지도를 받는 듯한 생생한 해설을
제공합니다. 또한 꼭 알아두어야 할 핵심 개념까지 제공하여 실력을 한 단계
업그레이드할 수 있습니다.

3단계

글의 흐름파악, 전문 해석,
지문 배경지식 & 구문 해설

수능완성의 지문을 한눈에 파악할 수 있도록 친절하게 흐름을 짚어 줍니다.
또한 상세한 구문 분석과 전문 해석. 글의 이해를 위한 배경지식, 구문 해설을
제공합니다.

4단계

Quick Check

핵심적인 내용을 이해하고 있는지 빠르게 확인하고 넘어갈 수 있도록 점검
합니다.

실전편

실전모의고사 2회

핵심 키워드 **mutually, beneficial, coffee grounds, cooperation**

Dear McLaren Coffee Shop Owner,
McLaren 커피숍 소유자님께

❶I hope this email finds you well. // ❷I am Meg Kelly, / [a local gardener]. // ❸I am
저는 이 이메일을 받으신 귀하께서 평안하시길 바랍니다 //   저는 Meg Kelly입니다 /   지역 원예업자인 /   저는

reaching out with a mutually beneficial proposal. // ❹Recently, / I have learned / [that
서로에게 유익한 제안을 하고자 연락드립니다 //   최근에 /   저는 알게 되었습니다 /   커피

coffee grounds make excellent organic fertilizer], / [enriching the soil] and [promoting
찌꺼기가 훌륭한 유기 비료가 된다는 것을 /   토양을 비옥하게 하고 식물의 성장을 촉진하면서 //

plant growth]. // ❺I noticed / [your coffee shop generates a significant amount of
식물의 성장을 //   저는 알고 있습니다 / 귀하의 커피숍에서 상당한 양의 찌꺼기가 생긴다는 것을 //

grounds]. // ❻Therefore, / I would like to ask / [if I could collect your coffee grounds /
//   따라서 /   저는 문의 드리고자 합니다 /   귀하의 커피 찌꺼기를 제가 수거할 수 있을지 /

{to include in my composting process / ⟨to create homemade fertilizer⟩}]. // ❼This
저의 퇴비화 과정에 포함시킬 수 있도록 /   집에서 비료를 만드는 //   이 협력은

collaboration would [reduce your waste] / and [have a positive environmental impact]. //
귀하의 폐기물을 줄일 것입니다 /   그리고 환경에 긍정적인 영향을 미친다 //

❽[If you are agreeable to my request], / please let me know. // ❾I am open [to discussing
제 요청에 선뜻 동의하신다면 /   제게 알려 주시기를 바랍니다 //   저는 어떤 질문이나 제안이든 논의할 준비가

any questions or suggestions]. // ❿Thank you for considering this request. //
되어 있습니다 //   이 요청을 고려해 주시는 것에 감사드립니다 //

Warm regards,

Meg Kelly,

Arbor Gardening
Arbor Gardening의 Meg Kelly 드림

어휘

☐ reach out (도움을 얻기 위해) 연락하다   ☐ mutually 서로, 공동으로   ☐ beneficial 유익한
☐ proposal 제안   ☐ organic fertilizer 유기 비료   ☐ enrich 비옥하게 하다
☐ generate 생기게 하다, 양산하다   ☐ compost 퇴비로 만들다   ☐ collaboration 협력
☐ agreeable 선뜻 동의하는

도입(❶~❷)

인사 및 자기소개

지역 원예업자인 자신을 소개함

↓

전개(❸~❹)

배경 설명

- 서로에게 유익한 제안을 하기 위해 편지를 보냄
- 커피 찌꺼기는 유기 비료가 될 수 있음

↓

요청(❺~❼)

목적 언급

- 수신인이 소유한 커피숍에서 많이 생기는 커피 찌꺼기를 수거하겠다고 요청함
- 수신인이 커피 찌꺼기를 제공하면 자신이 유기 비료로 만듦으로써 환경에 함께 이바지할 수 있음을 설명함

↓

마무리 및 인사(❽~❿)

문의 환영

문의에 대한 환영 의사를 밝힘

지문 배경지식

커피박(커피 찌꺼기)으로 인한 환경 오염

보통 아메리카노 한 잔에 원두 15g이 사용된다. 에스프레소를 추출하고 나면 그중 99.8%인 14.97g이 모두 커피박의 형태로 남는다. 커피박 소각 시 1톤당 무려 338kg의 이산화탄소가 발생하고, 매립을 해도 이산화탄소보다 25배 심각한 온실효과를 유발하는 메탄가스가 발생한다.

구문 해설

❺ I noticed [your coffee shop generates a significant amount of grounds].

[ ]는 noticed의 목적어인 명사절이며, 명사절을 이끄는 접속사 that이 생략되었다.

❼ This collaboration **would** [reduce your waste] and [have a positive environmental impact].

would는 화자가 공손하게 의사를 전달하기 위해 사용한 조동사이고, 두 개의 [ ]는 and로 대등하게 연결되어 would에 이어진다.

전문 해석

McLaren 커피숍 소유자님께

❶저는 이 이메일을 받으신 귀하께서 평안하시길 바랍니다. ❷저는 지역 원예업자인 Meg Kelly입니다. ❸저는 서로에게 유익한 제안을 하고자 연락드립니다. ❹최근에 저는 커피 찌꺼기가 훌륭한 유기 비료가 되어, 토양을 비옥하게 하고 식물의 성장을 촉진한다는 것을 알게 되었습니다. ❺저는 귀하의 커피숍에서 상당한 양의 찌꺼기가 생긴다는 것을 알고 있습니다. ❻따라서 집에서 비료를 만드는 저의 퇴비화 과정에 포함시킬 수 있도록 귀하의 커피 찌꺼기를 제가 수거할 수 있을지 문의 드리고자 합니다. ❼이 협력은 귀하의 폐기물을 줄이고 환경에 긍정적인 영향을 미칠 것입니다. ❽제 요청에 선뜻 동의하신다면, 제게 알려 주시기를 바랍니다. ❾저는 어떤 질문이나 제안이든 논의할 준비가 되어 있습니다. ❿이 요청을 고려해 주시는 것에 감사드립니다.

Arbor Gardening의 Meg Kelly 드림

Quick Check 빈칸 완성하기

❶ I am reaching out with a m_____ beneficial proposal.

❷ Recently, I have learned that coffee grounds make excellent organic f_____, enriching the soil and promoting plant growth.

정답 1 (m)utually 2 (f)ertilizer

핵심 키워드 enjoying, toys, peppers, yelled, crying

❶The night was beautiful, / but everyone [except me] was busy. // ❷I was enjoying some
그 밤은 아름다웠다 /　　　　　　하지만 나를 제외한 모두가 바빴다 //　　　　　　나는 혼자 있는 시간을 조금 즐기고
　　　　　　　　　　　　　　　　　　　　　　　　　　　　　　전치사구(everyone 수식)

alone time. // ❸I played with my toys / [while Mother made supper, / and Uncle Jeff went
있었다 //　　나는 장난감을 갖고 놀았다 /　 어머니가 저녁 식사를 준비하는 동안 /　　그리고 Jeff 삼촌이 가축에게 먹이를
　　　　　　　　　　　　　　　　　　　부사절(시간)

outside to feed the livestock]. // ❹My sisters and Uncle Scott were busy with various
주러 밖에 나가 있었다 //　　　　　　　누나들과 Scott 삼촌은 여러 집안일로 분주하였다 /

chores / [as I happily pushed a toy car back and forth on the table / {until it bumped the
집안일 /　　　나는 식탁 위에서 장난감 자동차를 즐겁게 이리저리 밀다가 /　　　그것이 결국 고추를 담아 놓은
　　　　　부사절(시간)　　　　　　　　　　　　　　　　　　　　　　　　부사절(시간)　(…하여) 결국

plate of peppers}]. // ❺I picked one up and put it in my mouth, / [which burned {as soon
접시에 부딪쳤다 //　　　　나는 (고추) 하나를 집어서 그것을 내 입에 넣었다 /　　　그것을 씹자마자 입이 불타는 듯하였다 //
　　　　　　　　　　　　　　= a pepper　　관계절(my mouth를 추가적으로 설명)　　　　　부사절(시간)　　~하자마자

as I bit into it}]. // ❻My face turned hot. // ❼I rubbed my face [trying to make it cooler], /
　　　　　　　　　　　 내 얼굴이 뜨거워졌다 //　　나는 얼굴을 식혀 보려 문질렀다 /　　= my face
　　　　　　　　　　　　　　　　　　　　　　　　분사구문(의미상의 주어 I에 대한 부수적 설명)

but this only made things worse. // ❽My face turned as red as an apple, / and I could not
하지만 오히려 이것은 상황을 악화시킬 뿐이었다 //　　내 얼굴은 매우 빨개졌다 /　　　그리고 눈을 뜰 수 없었다 //
　　　　　　　　　　　　　　　　　　　　　　　　　　매우 빨간

open my eyes. // ❾When I rubbed them, / the pain was like [needles stabbing into my
내가 눈을 비볐을 때 /　　　그 고통은 마치 바늘이 눈을 찌르는 것 같았다 //
　　　　　　　　 = my eyes　　　동명사구(like의 목적어)　　동명사구의 의미상의 주어

eyes]. // ❿I yelled to my mother and Uncle Jeff to help, / [while {covering my eyes with
　　　　 나는 어머니와 Jeff 삼촌에게 도와 달라고 큰 소리로 외쳤다 /　　　손으로 눈을 가리고, 울며불며하였고, 허공으로 발을
　　　　　　　　　　　　　　　　　　　　　　　　　　　　　　while + 분사구문

my hands}, {crying}, and {kicking my feet in the air}]. //
허우적대며 //
　　병렬구조

어휘

☐ supper 저녁 식사　　　　　☐ livestock 가축　　　　　☐ bump 부딪치다, 충돌하다
☐ rub 비비다, 문지르다　　　　☐ yell 큰 소리로 외치다

글의 흐름 파악

도입(❶~❷)

'나'를 제외한 가족 모두가 일을 하고 있음

- 가족 모두가 집안일로 분주한 저녁 시간
- 혼자 놀고 있는 '나'

↓

전개 1(❸~❹)

접시에 담긴 고추를 발견함

- 식탁 위에서 즐겁게 갖고 놀던 장난감 자동차
- 고추를 담아 놓은 접시에 부딪힌 장난감 자동차

↓

전개 2(❺~❿)

아주 매운 고추를 먹고 나서 고통을 느낌

고추를 먹어 보고 나서 호되게 느껴보는 매운맛과 고통

지문 배경지식

Scoville Heat Units(스코빌 지수)

특정 고추나 향신료의 캡사이신(Capsaicin) 함량을 측정하여 매운 정도를 나타내는 것으로 미국의 약사이자 화학자 Wilbur Scoville이 개발했다. 일반적으로 스코빌 지수가 높을수록 해당 음식의 매운 정도가 높다. 예를 들어, 일반적인 청양고추는 4,000~12,000 SHU 정도이며, 동남아시아의 '버즈아이' 고추는 50,000 SHU를 가질 수 있다. 그리고 멕시코의 '하바네로' 같은 고추는 수십만 SHU를 가진다.

구문 해설

❹ My sisters and Uncle Scott were busy with various chores [as I happily pushed a toy car back and forth on the table {until it bumped the plate of peppers}].

[ ]는 as에 의해 유도되는 부사절이고, 그 안의 { }는 시간의 부사절이다.

❼ I rubbed my face [trying to make it cooler], but this only made things worse.

[ ]는 주절의 주어 I를 의미상의 주어로 하는 분사구문으로 주절의 내용을 추가로 설명하고 있다.

전문 해석

❶그 밤은 아름다웠지만, 나를 제외한 모두가 바빴다. ❷나는 혼자 있는 시간을 조금 즐기고 있었다. ❸어머니가 저녁 식사를 준비하고, Jeff 삼촌이 가축에게 먹이를 주러 밖에 나가 있는 동안 나는 장난감을 갖고 놀았다. ❹누나들과 Scott 삼촌은 여러 집안일로 분주하였고, 나는 식탁 위에서 장난감 자동차를 즐겁게 이리저리 밀다가 그것이 결국 고추를 담아 놓은 접시에 부딪쳤다. ❺나는 (고추) 하나를 집어서 그것을 내 입에 넣었는데, 그것을 씹자마자 입이 불타는 듯하였다. ❻내 얼굴이 뜨거워졌다. ❼나는 얼굴을 식혀 보려 문질렀지만, 오히려 이것은 상황을 악화시킬 뿐이었다. ❽내 얼굴은 매우 빨개졌고, 눈을 뜰 수 없었다. ❾내가 눈을 비볐을 때, 그 고통은 마치 바늘이 눈을 찌르는 것 같았다. ❿나는 손으로 눈을 가리고, 울며불며하였고, 허공으로 발을 허우적대며 어머니와 Jeff 삼촌에게 도와 달라고 큰 소리로 외쳤다.

Quick Check 적절한 말 고르기

1 I played with my toys during / while Mother made supper, and Uncle Jeff went outside to feed the livestock.

2 I yelled to my mother and Uncle Jeff to help, while covering / covered my eyes with my hands.

정답 1 while 2 covering

핵심 키워드 **workshops, benefits, attending, the early stages**

❶Workshops are often associated with conferences, / and often begin a day or two /
→ be associated with: ~과 관련이 있다
워크숍은 자주 학회와 관련이 있다 / 그리고 하루 이틀 전에 시작하는 경우가 흔하다 /

in advance of the regular program. // ❷Many busy people are reluctant to take off the time. //
→ be reluctant to *do*: ~하기를 꺼리다
정규 프로그램에 앞서서 // 많은 바쁜 사람들은 시간을 내기를 꺼린다 //

❸However, / there are significant benefits / [to be realized by attending workshops], /
→ to부정사구의 수동태(significant benefits를 구체적으로 설명)
그러나 / 상당한 이점이 있다 / 워크숍에 참여함으로써 얻게 될 /

especially for those / [in the early stages of their career]. // ❹The obvious one is [to
→ 사람들 → 전치사구(추상적 장소) → to부정사구(주격 보어)
사람들에게는 특히 (그러하다) / 경력 초기 단계에 있는 // 분명한 것은 새로운 기술을 배우는 것이다 /

learn new skills / under the direction of a seasoned expert {selected by the organizer} /
→ 분사구
주최자에 의해 선정된 경험 많은 전문가의 지도 아래 /

in an area {of interest and importance to the field}]. // ❺A workshop is an investment
→ 전치사구(「of+추상명사」 형태로 an area를 수식)
(해당) 분야의 관심 및 중요 영역에서 // 워크숍은 효과를 지닌 투자다 /

with leverage / [that goes far beyond the payment of a day away from work]. //
→ 효과 → 관계절
직장을 결근하는 하루의 비용을 훨씬 넘어서는 //

❻For example, / [learning a software tool, / {even one ⟨you are already familiar with⟩}], /
→ 주어 → 동격 → 관계절
예를 들어 / 소프트웨어 도구를 배우는 것은 / 여러분이 이미 알고 있는 것이라 하더라도 /

can up level your own skills / [to make you more productive]. // ❼You may learn a
→ to부정사구(결과) → make+목적어+목적격 보어(형용사)
여러분 자신의 기술 수준을 향상할 수 있다 / 그래서 여러분을 더 생산적으로 만든다 // 여러분은 기술이나 도구의 특징을

technique or a feature of a tool / [that was not obvious], / but [which can complete within
→ 관계절 → 병렬구조
배울 수도 있다 / 분명하지 않았던 / 그런데 불과 몇 분 만에 완전한 것이 되게 할 수 있는 /

minutes / {what you might have struggled to accomplish across hours or days}]. // ❽It is
→ 명사절(complete의 목적어) → It is ~ that ... 강조 구문
완성하기 위해 몇 시간 또는 며칠에 걸쳐 애썼을지도 모르는 것을 // 바로

[these gems] / [you should be seeking at a workshop]. //
→ 강조 → that
이런 보석들이다 / 워크숍에서 여러분이 찾아야 할 것은 //

어휘

- ☐ conference 학회
- ☐ realize (이익을) 얻다
- ☐ productive 생산적인
- ☐ in advance of ~에 앞서서
- ☐ seasoned 경험 많은, 노련한
- ☐ complete 완전한 것이 되게 하다
- ☐ reluctant 꺼리는, 마음 내키지 않는
- ☐ leverage 효과, 영향력, 지레의 힘
- ☐ gem 보석

글의 흐름 파악

> ### 도입(❶~❷)
> **시간 내기 꺼려지는 워크숍**
> - 워크숍은 정규 프로그램에 앞서서 시작함
> - 바쁜 사람들은 참석하기 꺼림

> ### 주장(❸)
> **도움이 되는 워크숍**
> 경력의 초기 단계에 있는 사람들에게 워크숍 참석은 상당한 이점이 있음

> ### 근거(❹~❼)
> **워크숍 참석의 이점**
> - 경험 많은 전문가에게서 기술을 배울 수 있음
> - 기술 수준을 향상할 수 있는 투자임

> ### 마무리(❽)
> **워크숍 참석의 가치**
> 워크숍에서 보석처럼 가치 있는 것을 찾을 수 있음

지문 배경지식

콘퍼런스, 세미나, 워크숍은 각각 무엇일까요?

콘퍼런스는 다양한 세션과 연사가 참여하는 대규모 행사로, 한 분야의 연구와 동향을 공유하는 것을 목표로 한다. 세미나는 전문가가 특정 주제에 대해 발표하고 토론과 심도 있는 이해를 도모하는 소규모 집중 모임이다. 워크숍은 참가자들이 조력자의 안내에 따라 실습 활동과 기술 향상 연습에 참여하여 실질적인 학습과 문제 해결 능력을 키우는 고도로 상호작용적인 세션이다.

구문 해설

❸ However, there are significant benefits [to be realized by attending workshops], especially for those [in the early stages of their career].

첫 번째 [ ]는 to부정사구로 significant benefits를 수식한다. 두 번째 [ ]는 those를 수식하는 전치사구이다.

❽ It is [these gems] you should be seeking at a workshop.

「It is ~ that ...」 강조 구문을 사용하여 [ ] 부분을 강조하고 있으며, that은 생략되었다.

전문 해석

❶ 워크숍은 자주 학회와 관련이 있고, 정규 프로그램에 앞서서 하루 또는 이틀 전에 시작하는 경우가 흔하다. ❷ 많은 바쁜 사람들은 시간을 내기를 꺼린다. ❸ 그러나 워크숍에 참여함으로써 얻게 될 상당한 이점이 있으며, 경력 초기 단계에 있는 사람들에게는 특히 그러하다. ❹ 분명한 것은 (해당) 분야의 관심 및 중요 영역에서 주최자에 의해 선정된 경험 많은 전문가의 지도 아래 새로운 기술을 배우는 것이다. ❺ 워크숍은 직장을 결근하는 하루의 비용을 훨씬 넘어서는 효과를 지닌 투자다. ❻ 예를 들어, 여러분이 이미 알고 있는 것이라 하더라도 소프트웨어 도구를 배우는 것은 여러분 자신의 기술 수준을 향상해서 여러분을 더 생산적으로 만들 수 있다. ❼ 여러분은 분명하지 않았던, 그런데 완성하기 위해 몇 시간 또는 며칠에 걸쳐 애썼을지도 모르는 것을 불과 몇 분 만에 완전한 것이 되게 할 수 있는 기술이나 도구의 특징을 배울 수도 있다. ❽ 워크숍에서 여러분이 찾아야 할 것은 바로 이런 보석들이다.

Quick Check 빈칸 완성하기

1 Many busy people are r_____ to take off the time.

2 A workshop is an investment with I_____ that goes far beyond the payment of a day away from work.

정답 1 (r)eluctant 2 (l)everage

핵심 키워드 **author, social rejection, isolate, friend, family member, connection**

❶The single worst thing [you, as an author, can do / to fight the neural onslaught /
작가로서 여러분이 할 수 있는 한 가지 최악의 일은 /　　　　　　　　　　　신경계의 맹습에 대항하기 위해 /
관계절(관계사 생략)

{triggered by social rejection}] / is [to isolate and pretend {nothing happened}]. // ❷[All
사회적 거절에 의해 유발되는 　　　　　　　　　　고립되어 아무 일도 일어나지 않은 척하는 것이다 //　　　　　　여러분이
분사구　　　　　　　　　　　　　　to부정사구(주격 보어)　　　　명사절(pretend의 목적어, that 생략)　　주어

you're doing] / is [proving to the brain / {that it was right}] — you're cast out, alone, / with
하고 있는 일이란 /　뇌에게 입증하는 꼴이 될 뿐이다 /　그것이 맞다는 것을 /　즉 여러분은 소외당해 혼자 남았다 /　의지할
　　　　　　　주격 보어　　명사절(proving의 목적어)　　　　수동태

no one {to count on}]. // ❸It's just a matter of time / [before the dingo attacks your baby]. //
사람이 아무도 없이 //　　　시간문제일 뿐이다 /　　딩고가 여러분의 아기를 습격하는 일이 일어나는 것은 //
to부정사구(no one을 구체적으로 설명)　　It's just a matter of time before ~: ~하는 것은 시간문제일 뿐이다　　부사절(시간)

❹It will [sense that danger is getting closer] / and [increase the neural firing {that creates
아기는 위험이 점점 가까워지고 있다는 것을 감지할 것이다 /　　　그리고 신경 발화를 증가시킬 것이다 /　　　훨씬 더 많은 고통을
Your baby(= Your brain)　　　　　　　　병렬구조　　　　　　　　　　　　　　　　　　　　　　　관계절

even more distress}]. // ❺[If you get a letter of rejection or a bad review], / you should pick
유발하는 //　　　만약 여러분이 거절의 편지나 나쁜 평을 받는다면 /　　여러분은 전화기를 드는
　　　　　　　　부사절(조건)

up the phone / and talk to a friend or family member. // ❻And [if you're really feeling bad], /
것이 좋다 /　그리고 친구나 가족과 통화한다 //　　그리고 여러분이 정말로 기분이 나쁘다면 /
　　　　　　　　　　　　　　　　　　　　　　　부사절(조건)

make plans to be with someone / or, preferably a group / for lunch, coffee or dinner. //
누군가와 함께 시간을 보낼 계획을 세우라 /　혹은 되도록 여러 사람과 /　점심 식사, 커피 또는 저녁 식사 시간에 //

❼Studies have shown / [that the pain of rejection decreases *significantly* / {when you
연구에 따르면 /　거절당한 고통이 '상당히' 감소한다 /　여러분이 친구나
　　　　　　　　　명사절(shown의 목적어)　　　　　　　　　　　　　　　부사절(시간)

reach out to friends or family}]. // ❽Why? // ❾(It is) Because the feeling of connection calms /
가족에게 손을 내밀 때 //　왜일까 //　연결되어 있다는 느낌이 진정시키기 때문이다 /

the electrically excitable cells in your brain. // ❿[Once you're around tribes {that matter
전기적으로 쉽게 흥분하는 뇌세포들을 //　　일단 여러분이 자신에게 소중한 동료들과 함께 있으면 /
　　　　　　　　　　　　　　　　　　　　부사절(조건)　　　　　　　　　　관계절

to you}], / the brain sends out a new message: / "*Oh, wait. That's not a dingo.*" //
뇌는 새로운 메시지를 내보낸다 /　오, 기다려 봐. 그건 딩고가 아니야 //
a new message의 내용

*onslaught: 맹습, 맹공격　**dingo: 딩고(호주 들개)

어휘
☐ neural 신경계의 　　　　　☐ trigger 유발하다 　　　　　☐ rejection 거절, 거부
☐ cast out ~을 소외하다 　　☐ count on ~에 의지하다 　　☐ firing 발화, 점화, 공격, 발사
☐ preferably 되도록 　　　　☐ electrically 전기적으로 　　☐ tribe 동료, 부족

도입(❶~❹)

사회적 거절에 대한 잘못된 대응

작가로서 사회적 거절을 당했을 때 고립을 선택하는 것은 뇌세포의 신경 발화를 증가시켜 고통을 가중함

↓

주장(❺~❻)

사회적 교류의 중요성

사회적 거절을 당했을 때는 적극적으로 친구 또는 가족과의 사회적 교류에 나서야 함

↓

근거(❼~❿)

진정되는 뇌세포

연구에 따르면 주변 사람과 연결되어 있다는 느낌이 전기적으로 쉽게 흥분하여 고통을 유발하는 뇌세포들을 진정시킴

dingo(딩고)

딩고는 야생화된 개로, 오스트레일리아에 서식하고 있다. 귀가 쫑긋하고 꼬리가 크며 몸이 비대하다. 어깨높이 60cm, 몸길이 90cm, 꼬리 길이 30cm가량이고, 몸무게는 20kg 정도이다. 몸털은 적갈색·황갈색·흰색·검은색 등 여러 가지를 보인다.

❹ It will [sense that danger is getting closer] and [increase the neural firing {that creates even more distress}].

두 개의 [ ]는 and로 대등하게 연결되어 있다. { }는 the neural firing을 수식하는 관계절이다.

❼ Studies have shown [that the pain of rejection decreases *significantly* {when you reach out to friends or family}].

[ ]는 shown의 목적어인 명사절이고, 그 안의 { }는 시간의 부사절이다.

❶사회적 거절에 의해 유발되는 신경계의 맹습에 대항하기 위해 작가로서 여러분이 할 수 있는 한 가지 최악의 일은 고립되어 아무 일도 일어나지 않은 척하는 것이다. ❷여러분이 하고 있는 일이란 뇌에게 그것이 맞다는 것, 즉 여러분은 소외당해 혼자 남았고 의지할 사람이 아무도 없다는 것을 입증하는 꼴이 될 뿐이다. ❸딩고가 여러분의 아기를 습격하는 일이 일어나는 것은 시간문제일 뿐이다. ❹아기는 위험이 점점 가까워지고 있다는 것을 감지할 것이고, 훨씬 더 많은 고통을 유발하는 신경 발화를 증가시킬 것이다. ❺만약 여러분이 거절의 편지나 나쁜 평을 받는다면, 여러분은 전화기를 들어서 친구나 가족과 통화하는 것이 좋다. ❻그리고 여러분이 정말로 기분이 나쁘다면, 점심 식사, 커피 또는 저녁 식사에 누군가와, 혹은 되도록 여러 사람과 함께 시간을 보낼 계획을 세우라. ❼연구에 따르면 여러분이 친구나 가족에게 손을 내밀 때 거절당한 고통이 '상당히' 감소한다. ❽왜일까? ❾연결되어 있다는 느낌이 전기적으로 쉽게 흥분하는 뇌세포들을 진정시키기 때문이다. ❿일단 여러분이 자신에게 소중한 동료들과 함께 있으면, 뇌는 "오, 기다려 봐. 그건 딩고가 아니야."라는 새로운 메시지를 내보낸다.

적절한 말 고르기

❶ Because the feeling of connection / isolation calms the electrically excitable cells in your brain.

❷ Once you're around tribes that matter to you, the brain sends out / takes in a new message: "*Oh, wait. That's not a dingo.*"

정답 1 connection 2 sends out

핵심 키워드 raw, irrelevant, bump-ups, random, informal, side conversation

❶You generate more and better ideas / [when you regularly expose yourself to new
여러분은 더 많고 더 나은 아이디어를 생성한다 /   → 부사절(시간)   새로운 정보를 정기적으로 접할 때 /

→ 지시형용사   → 전치사구(장소)
information], / and that new information often comes [from your colleagues]. // ❷Steven
        그리고 그러한 새로운 정보는 자주 여러분의 동료들에게서 나온다 //   Steven

Johnson describes it this way: / "You have half of an idea, / somebody else has the other
Johnson은 그것을 이렇게 설명하는데 /   "여러분은 아이디어의 반쪽을 가지고 있다 /   다른 누군가가 나머지 반쪽을 가지고 있다 /

          → 부사절(조건)   → = halves of an idea
half, / and [if you're in the right environment], / they turn into something / larger than the
    그래서 만약 여러분이 적절한 환경에 있다면 /   그것들은 무언가로 바뀌게 된다."(라는 것이다) / 그 부분의 합보다 더 큰 //

                                 → share의 목적어   전치사구(추상적 장소)
sum of their parts." // ❸Sometimes you share raw and seemingly irrelevant material / [in
                때때로 여러분은 다듬어지지 않은 그리고 관련성이 없어 보이는 자료를 공유하기도 한다 /   최근에

         → 명사절(of의 목적어)   → 현재완료
the form of {what you have recently read or seen}]. // ❹Sometimes you have a discussion
읽거나 본 것의 형태 속에서 //   때로는 여러분은 문제에 관해 토론을 하기도 한다 /

             → 관계절(관계사 생략)   → ~과 공통의
about a problem / [you have in common with someone else]. // ❺But it is actually much
            누군가와 공통의 //   하지만 사실상 훨씬 더 도움이 된다 /

        → 부사절(시간)   when
more helpful / [when these bump-ups are random and informal] / than [they are governed
        이러한 접촉은 무작위적이고 비공식적일 때 /   의제와 마감일에 의해 좌우될 때보다 //
                               부사절(시간) → = these bump-ups

                       it is ~ that ... 강조 구문 ←   → 강조
by an agenda and a deadline]. // ❻In other words, / it is [the brief side conversation / at the
                   다시 말해서 /   바로 간단한 곁다리 대화이다 /   회의의

                              → ~로 이어지다   → 돌파구
beginning or end of the meeting] / that is more likely to lead to creative breakthroughs /
시작이나 끝에서 (이루어지는) /   창의적인 돌파구로 이어질 가능성이 더 큰 것은 /

than the meeting itself. //
회의 자체보다 //

어휘

□ generate 생성하다   □ colleague 동료   □ irrelevant 관련성이 없는
□ bump-up (우연한) 접촉, 마주침   □ agenda 의제, 일정, 안건   □ side 곁다리의, 부수적인
□ breakthrough 돌파구

글의 흐름 파악

도입(❶~❷)
아이디어 생산
새로운 정보를 동료로부터 얻으면 더 많고 더 나은 아이디어를 만들어 냄

↓

전개(❸~❹)
정보 교류를 위한 접촉
• 읽거나 보는 것의 형태로 다듬어지지 않은 관련 없는 자료를 공유함 • 누군가와 공통의 문제를 토론함

↓

결론(❺~❻)
무작위적이고 비공식적인 접촉
정해진 회의, 의제 자체보다는 정해지지 않거나 곁다리로 이루어진 비공식적인 접촉이 아이디어 생산에 효과적임

지문 배경지식

Pixar Headquaters(픽사 본사)

픽사 본사 건물은 스티브 잡스가 재설계했다. 이 건물에는 원래 컴퓨터 기술자, 애니메이터, 경영진과 편집자가 세 가지 영역에서 근무하고 있었다. 잡스는 일하는 방식과 문화로 그룹을 구분하는 것은 솔루션과 아이디어를 공유하는 데 효과적이지 않다고 보고, 각 팀이 서로 더 자주 만날 수 있는 개방형 사무실을 설계했다. 오늘날 픽사 본사 건물을 둘러보면 창의성과 협업을 촉진하도록 설계된 공간을 곳곳에서 볼 수 있다.

구문 해설

❸ Sometimes you share raw and seemingly irrelevant material in the form of [what you have recently read or seen].

[ ]는 전치사 of의 목적어로 쓰인 명사절이다.

❹ Sometimes you have a discussion about a problem [you have in common with someone else].

[ ]는 a problem을 수식하는 관계절이고, 관계사는 생략되었다.

전문 해석

❶여러분은 새로운 정보를 정기적으로 접할 때, 더 많고 더 나은 아이디어를 생성하며, 그러한 새로운 정보는 자주 여러분의 동료들에게서 나온다. ❷Steven Johnson은 그것을 이렇게 설명하는데, "여러분은 아이디어의 반쪽을 가지고 있고, 다른 누군가가 나머지 반쪽을 가지고 있어서, 만약 여러분이 적절한 환경에 있다면, 그것들은 그 부분의 합보다 더 큰 무언가로 바뀌게 된다."라는 것이다. ❸때때로 여러분은 다듬어지지 않은 그리고 관련성이 없어 보이는 자료를 최근에 읽거나 본 것의 형태 속에서 공유하기도 한다. ❹때로는 누군가와 공통의 문제에 관해 토론을 하기도 한다. ❺하지만 이러한 접촉은 의제와 마감일에 의해 좌우될 때보다 무작위적이고 비공식적일 때 사실상 훨씬 더 도움이 된다. ❻다시 말해서, 창의적인 돌파구로 이어질 가능성이 더 큰 것은 회의 자체보다 바로 회의의 시작이나 끝에서 이루어지는 간단한 곁다리 대화이다.

Quick Check 빈칸 완성하기

❶ You generate more and better ideas when you regularly e_____ yourself to new information, and that new information often comes from your colleagues.

❷ You have half of an idea, somebody else has the other half, and if you're in the right environment, they turn into something larger than the s_____ of their parts.

정답 1 (e)xpose 2 (s)um

핵심 키워드 **traumatize, retraumatize, stress, traumatic, diminished**

❶Most of us have heard / [someone, perhaps ourselves, say something / like "Oh my
우리들 대부분은 들어 본 적이 있다 / 누군가가, 아마도 우리 자신이, 말을 하는 것을 / "맙소사, 어젯밤 그
→ 명사절(heard의 목적어, 접속사 that 생략)
→ ~과 같은

God, that movie last night was so disturbing, I left the theater traumatized."] // ❷Or we've
영화는 너무 충격적이었어 나는 트라우마를 겪은 상태에서 극장을 나왔어."와 같은 // 또는 (일반적으로

read a (typically dismissive) news story / about university students [agitating for "content
경멸적인) 뉴스 기사를 우리는 읽은 적이 있다 / '콘텐츠에 대한 경고'를 강력히 주장하는 대학생들에 대한 /
→ 분사구

warnings"] / [lest they be "retraumatized" by {what they hear}]. // ❸In all these cases, / the
부사절(원인)← →~하지 않도록 자신들이 듣는 것에 의해 '재차 트라우마를 겪지' 않도록 // 이 모든 경우 /
→ 명사절(by의 목적어)

usage is understandable but misplaced; / [what people are actually referring to {in these
그 (어휘의) 쓰임이 이해는 가지만 잘못된 것인데 / 사실 이러한 경우들에 사람들이 실제로 말하고 있는 것은 '스트레스'이다 /
→ 명사절(주어) 전치사구(추상적 장소)←

cases}] is *stress*, / [physical and/or emotional]. // ❹[As Peter Levine aptly points out], /
신체적인 그리고/또는 정서적인 // Peter Levine이 적절하게 지적하듯이 /
→ stress에 대한 추가적인 설명 →부사절(양태)

"Certainly, / all traumatic events are stressful, / but not all stressful events are traumatic." //
확실히 / 모든 트라우마가 되는 사건은 스트레스를 유발한다 / 그렇지만 스트레스를 유발하는 사건 모두가 트라우마가 되는 것은 아니다 //
→ 부분 부정: 모두가 ~한 것은 아니다

❺An event is traumatizing, or retraumatizing, / [only if it renders one *diminished*, / which
어떤 사건이 트라우마를 초래하거나, 혹은 재차 트라우마를 초래하는 경우이다 / 그 사건이 사람을 '위축되도록' 만드는 경우뿐이다 / 다시 말해
부사절(조건)← → (오직) ~한 경우뿐 →render+목적어+목적격 보어(과거분사) → 다시 말해

is to say psychically (or physically) *more limited* / than before / in a way {that *persists*}]. //
정신적으로 (또는 신체적으로) '더 제한되게' / 이전보다 / '지속적인' 방식으로 //
→ 관계절

❻[Much in life], / [including in art and/or social intercourse or politics], / may be upsetting,
인생에서의 많은 일이 / 예술 그리고/또는 사회적 교류 또는 정치를 포함하여 / 당혹스럽고 괴로우며 심지어
→ 주어 → 삽입구(열거)

distressing, even very painful / without being newly traumatic. // ❼That is not to say / [that
매우 고통스러울 수도 있다 / 새롭게 트라우마를 유발하지 않으면서 // 그렇다고 그것이 말하는 것은 아니다 /
→ ~하지 않으면서 →명사절(say의 목적어)

old traumatic reactions, / {having nothing to do with ⟨whatever's going on⟩}, / cannot be
오래된 트라우마에 따른 반응이 / 지금 일어나고 있는 일이 무엇이든 그것과는 관련 없는 / 현재의 스트레스로
→ 분사구문(old traumatic reactions를 부가적 설명) → 명사절(with의 목적어) → 수동태
→ have nothing to do with: ~과 관련 없는

triggered by present-day stresses]. //
인해 유발될 수 없다고 //

*agitate for: ~을 강력히 주장하다 **render: ~을 …하게 만들다

어휘

□ disturbing 충격적인 □ traumatize 트라우마를 초래하다 □ dismissive 경멸적인, 무시하는
□ usage (언어의) 쓰임, 용법 □ misplaced 잘못된, 잘못된 대상을 향한 □ aptly 적절하게
□ diminished 위축된, 감소한 □ persist 지속하다 □ intercourse 교류

전문 해석

❶우리들 대부분은 누군가가, 아마도 우리 자신이, "맙소사, 어젯밤 그 영화는 너무 충격적이었어. 나는 트라우마를 겪은 상태에서 극장을 나왔어."와 같은 말을 하는 것을 들어 본 적이 있다. ❷또는 자신들이 듣는 것에 의해 '재차 트라우마를 겪지' 않도록 '콘텐츠에 대한 경고'를 강력히 주장하는 대학생들에 대한 (일반적으로 경멸적인) 뉴스 기사를 우리는 읽은 적이 있다. ❸이 모든 경우, 그 (어휘의) 쓰임이 이해는 가지만 잘못된 것인데, 사실 이러한 경우들에 사람들이 실제로 말하고 있는 것은 신체적인 그리고/또는 정서적인 '스트레스'이다. ❹Peter Levine이 적절하게 지적하듯이, "확실히, 모든 트라우마가 되는 사건은 스트레스를 유발하지만, 스트레스를 유발하는 사건 모두가 트라우마가 되는 것은 아니다." ❺어떤 사건이 트라우마를 초래하거나, 재차 트라우마를 초래하는 경우는 그 사건이 사람을 '위축되도록' 만드는 경우, 다시 말해 '지속적인' 방식으로 정신적으로 (또는 신체적으로) 이전보다 '더 제한되게' 만드는 경우뿐이다. ❻예술 그리고/또는 사회적 교류 또는 정치를 포함하여 인생에서의 많은 일이 새롭게 트라우마를 유발하지 않으면서 당혹스럽고 괴로우며 심지어 매우 고통스러울 수도 있다. ❼그렇다고 그것이 지금 일어나고 있는 일이 무엇이든 그것과는 관련 없는 오래된 트라우마에 따른 반응이 현재의 스트레스로 인해 유발될 수 없다고 말하는 것은 아니다.

구문 해설

❸ In all these cases, the usage is understandable but misplaced; [what people are actually referring to in these cases] is *stress*, physical and/or emotional.

[ ]는 명사절로 세미콜론에 이어지는 절에서 주어 역할을 한다.

❼ That is not to say [that old traumatic reactions, {**having nothing to do with** whatever's going on}, cannot be triggered by present-day stresses].

[ ]는 say의 목적어 역할을 하는 접속사 that이 이끄는 명사절이고, 그 안의 { }는 old traumatic reactions를 의미상의 주어로 하는 분사구문이며, '~과 아무런 관련이 없다'라는 의미의 「have nothing to do with ~」가 사용되었다.

핵심키워드 **exercise, mind, metabolic energy, athletes, vitality**

❶Condition literally means / the working order of something, / [its state and quality]. //
컨디션은 말 그대로 의미한다 / 어떤 것이 작동하는 상태 / 즉 그것의 상태 및 질을 //

❷A wealth of neuroscience shows / [that exercise improves the quality of your mind / by
신경 과학의 풍부한 연구는 보여 준다 / 운동이 여러분의 정신의 질을 향상한다는 것을 /

enlarging and stimulating certain reactive areas / in the higher order region of the brain /
반응 부위를 확장하고 자극함으로써 / 뇌의 보다 고차원 영역의 /

{that govern evaluative thought}]. // ❸The transfer of metabolic energy literally / lights
평가적인 사고를 지배하는 // 신진대사 에너지의 이동은 말 그대로 / 이러한

these areas up, / [exciting neuronal signals], / [creating synaptic plasticity], / and [allowing
부위를 환하게 밝힌다 / 신경 신호를 자극하면서 / 시냅스의 가소성을 생성하면서 / 그리고 정보를 더 빨리

for faster processing of information]. // ❹The appeal [of watching great athletes] / lies [in
처리할 수 있게 하면서 // 위대한 운동선수들을 관람하는 매력은 / 완전하게

their full realization / {of the capabilities inside their skin}, / not just {of their bone and
실현되는 것을 보는 것에 있다 / 그들의 피부 안에 있는 능력들이 / 그들의 뼈와 힘줄뿐만 아니라 //

tendon}]. // ❺Any longtime observer of them can't fail to notice / there is a glow to them, / [a
그들을 오래 관찰한 사람이라면 누구라도 눈치채지 못할 리 없다 / 그들에게는 빛나는 무언가가 있다는 것을 / 즉

vitality]. // ❻We are all creatures of light and electricity / as well as tissue, / and exercise
생기가 // 우리는 모두 빛과 전기로 이루어진 존재이다 / (세포) 조직뿐만 아니라 / 그리고 운동은 우리

acts within us / like stirring of a swarm of fireflies. // ❼It creates a fundamental emergent
안에서 작용한다 / (불빛을 내뿜는) 반딧불 떼를 휘저어 놓는 움직임처럼 // 그것은 기초적인 새로운 에너지를 만들어 낸다 /

energy, / [one {we are all capable of tapping}] / — and the more we have of it, / the more
우리 모두가 활용할 능력이 있는 에너지이며 / 그리고 우리가 그것을 더 많이 가지고 있을수록 / 우리의 생각이

vivid our thoughts are liable to be. //
더 활발할 가능성이 크다 //

*metabolic: 신진대사의 **synaptic plasticity: 시냅스 가소성 ***tendon: (근육의) 힘줄

어휘

- □ literally 말 그대로
- □ working order 정상적으로 작동하는 상태; 호조(好調), 순조로움
- □ high order 고차원
- □ evaluative 평가적인
- □ transfer 이동
- □ capability 능력
- □ glow 빛
- □ tissue (세포) 조직

도입(①)

컨디션

정상적인 작동 상태와 그 질

↓

전개 1(②~③)

정신의 상태와 질을 끌어올리는 운동

- 운동이 두뇌의 특정 반응 부위를 자극하여 고차원 영역의 상태와 질을 향상함
- 신진대사 에너지의 전달이 정보 처리 속도를 높임

↓

전개 2(④~⑤)

신체의 생기를 더해 주는 운동

운동선수를 관찰해보면 운동이 생기를 더해 줌을 알 수 있음

↓

결론(⑥~⑦)

에너지를 만들어 내는 운동

- 운동은 우리 안에서 반딧불 떼를 휘저어 놓는 것과 같음
- 운동은 생각을 활발하게 할 수 있는 새로운 에너지를 만들어 냄

전문 해석

❶컨디션은 말 그대로 어떤 것이 작동하는 상태, 즉 그것의 상태 및 질을 의미한다. ❷신경 과학의 풍부한 연구는 운동이 평가적인 사고를 지배하는, 뇌의 보다 고차원 영역의 특정 반응 부위를 확장하고 자극함으로써 여러분의 정신의 질을 향상한다는 것을 보여 준다. ❸신진대사 에너지의 이동은 말 그대로 이러한 부위를 환하게 밝혀, 신경 신호를 자극하고, 시냅스의 가소성을 생성하여, 정보를 더 빨리 처리할 수 있게 한다. ❹위대한 운동선수들을 관람하는 매력은 그들의 뼈와 힘줄뿐만 아니라 그들의 피부 안에 있는 능력들이 완전하게 실현되는 것을 보는 것에 있다. ❺그들을 오래 관찰한 사람이라면 누구라도 그들에게는 빛나는 무언가, 즉 생기가 있다는 것을 눈치채지 못할 리 없다. ❻우리는 모두 (세포) 조직뿐만 아니라 빛과 전기로 이루어진 존재이며, 운동은 우리 안에서 (불빛을 내뿜는) 반딧불 떼를 휘저어 놓는 움직임처럼 작용한다. ❼그것은 기초적인 새로운 에너지를 만들어 내는데, 우리 모두가 활용할 능력이 있는 에너지이며, 우리가 그것을 더 많이 가지고 있을수록 우리의 생각이 더 활발할 가능성이 크다.

지문 배경지식

metabolic energy(신진대사 에너지)
생물학적인 관점에서 살아있는 조직이나 세포가 활동하고 기능을 수행하는 데 필요한 에너지를 의미한다. 이 에너지가 있어야 운동. 세포분열. 단백질 합성 등과 같은 생물학적 프로세스가 가능하다. 세포 내 에너지 공급이 충분하지 않으면 세포 기능에 문제가 발생할 수 있으며, 종종 질병의 원인이 된다.

구문 해설

❸ The transfer of metabolic energy literally lights these areas up, [exciting neuronal signals], [creating synaptic plasticity], and [allowing for faster processing of information].

세 개의 [ ]는 the transfer of metabolic energy를 의미상의 주어로 하는 분사구문으로 and에 연결되어 순차적인 행위의 흐름을 보여 준다.

❹ The appeal [of watching great athletes] lies in their full realization of the capabilities inside their skin, [not just of their bone and tendon].

첫 번째 [ ]는 The appeal을 수식하는 전치사구이고, 두 번째 [ ]는 not에 이끌려 the capabilities를 수식하는 전치사구이다.

Quick Check 빈칸 완성하기

❶ Condition literally means the working o_____ of something, its state and quality.

❷ Any longtime observer of them can't fail to notice there is a glow to them, a v_____.

정답 1 (o)rder 2 (v)itality

핵심 키워드 caring for, household children, activity, consume

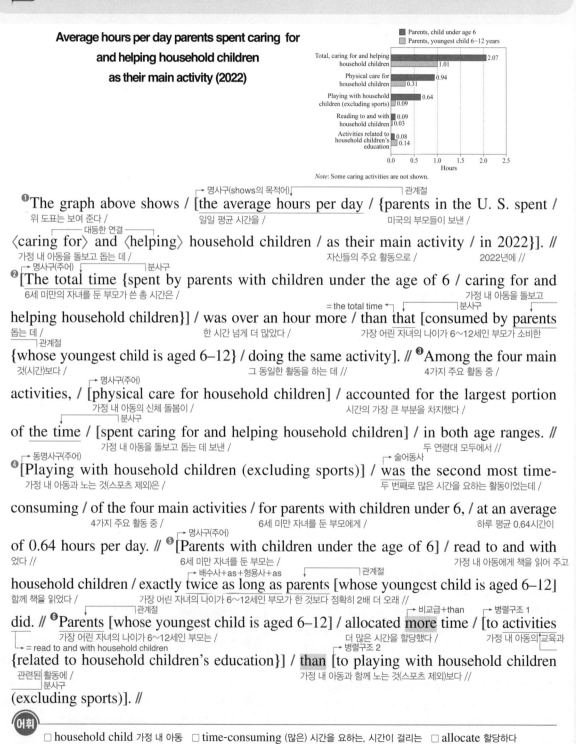

Average hours per day parents spent caring for and helping household children as their main activity (2022)

■ Parents, child under age 6
□ Parents, youngest child 6–12 years

Total, caring for and helping household children — 2.07 / 1.01
Physical care for household children — 0.94 / 0.31
Playing with household children (excluding sports) — 0.64 / 0.09
Reading to and with household children — 0.09 / 0.03
Activities related to household children's education — 0.08 / 0.14

Hours 0.0 0.5 1.0 1.5 2.0 2.5

Note: Some caring activities are not shown.

❶The graph above shows / [the average hours per day / {parents in the U. S. spent /
위 도표는 보여 준다 / 　　　명사구(shows의 목적어)　일일 평균 시간을 / 　　관계절　미국의 부모들이 보낸 /

⟨caring for⟩ and ⟨helping⟩ household children / as their main activity / in 2022}]. //
대등한 연결　가정 내 아동을 돌보고 돕는 데 / 　자신들의 주요 활동으로 / 　2022년에 //

❷[The total time {spent by parents with children under the age of 6 / caring for and
명사구(주어)　6세 미만의 자녀를 둔 부모가 쓴 총 시간은 / 분사구　가정 내 아동을 돌보고

helping household children}] / was over an hour more / than that [consumed by parents
돕는 데 / 　한 시간 넘게 더 많았다 / = the total time　분사구　가장 어린 자녀의 나이가 6~12세인 부모가 소비한

{whose youngest child is aged 6–12} / doing the same activity]. // ❸Among the four main
관계절　것(시간)보다 / 　그 동일한 활동을 하는 데 // 　4가지 주요 활동 중 /

activities, / [physical care for household children] / accounted for the largest portion
　명사구(주어)　가정 내 아동의 신체 돌봄이 / 　시간의 가장 큰 부분을 차지했다 /

of the time / [spent caring for and helping household children] / in both age ranges. //
분사구　가정 내 아동을 돌보고 돕는 데 보낸 / 　두 연령대 모두에서 //

❹[Playing with household children (excluding sports)] / was the second most time-
동명사구(주어)　가정 내 아동과 노는 것(스포츠 제외)은 / 술어동사　두 번째로 많은 시간을 요하는 활동이었는데 /

consuming / of the four main activities / for parents with children under 6, / at an average
4가지 주요 활동 중 / 　6세 미만 자녀를 둔 부모에게 / 　하루 평균 0.64시간이

of 0.64 hours per day. // ❺[Parents with children under the age of 6] / read to and with
었다 // 　명사구(주어)　6세 미만 자녀를 둔 부모는 / 　가정 내 아동에게 책을 읽어 주고

household children / exactly twice as long as parents [whose youngest child is aged 6–12]
함께 책을 읽었다 / 배수사+as+형용사+as　관계절　가장 어린 자녀의 나이가 6~12세인 부모가 한 것보다 정확히 2배 더 오래

did. // ❻Parents [whose youngest child is aged 6–12] / allocated more time / [to activities
가장 어린 자녀의 나이가 6~12세인 부모는 / 관계절　더 많은 시간을 할당했다 / 비교급+than　가정 내 아동의 교육과 병렬구조 1

{related to household children's education}] / than [to playing with household children
= read to and with household children　관련된 활동에 / 병렬구조 2　가정 내 아동과 함께 노는 것(스포츠 제외)보다 //

(excluding sports)]. //
분사구

어휘
□ household child 가정 내 아동　□ time-consuming (많은) 시간을 요하는, 시간이 걸리는　□ allocate 할당하다

도입(❶)
표 소개
미국 부모들이 자신들의 주요 활동으로 가정 내 아동을 돌보고 돕는 데 보낸 일일 평균 시간

↓

전개(❷~❻)
구체적 정보 서술
• 총 시간은 6세 미만 자녀를 둔 부모가 가장 어린 자녀의 나이가 6~12세인 부모보다 한 시간 넘게 더 많았음 • 4가지 주요 활동 중 가정 내 아동의 신체 돌봄이 두 연령대 모두에서 오랜 시간을 차지함 • 6세 미만 자녀를 둔 부모는 가정 내 아동과 노는 시간(스포츠 제외)이 두 번째로 길었음 • 6세 미만 자녀를 둔 부모는 가장 어린 자녀가 6~12세인 부모보다 정확히 2배 더 오래 가정 내 아동에게 책을 읽어 주고 함께 책을 읽음 (X) • 가장 어린 자녀가 6~12세인 부모는 아동과 함께 노는 것(스포츠 제외)보다 아동의 교육과 관련된 활동에 더 많은 시간을 할당함

❸ Among the four main activities, [physical care for household children] accounted for the largest portion of the time [spent caring for and helping household children] in both age ranges.

첫 번째 [ ]는 문장의 주어 역할을 하는 명사구이고, 두 번째 [ ]는 the time을 수식하는 분사구이다.

❻ Parents [whose youngest child is aged 6–12] allocated more time [to activities {related to household children's education}] than [to playing with household children (excluding sports)].

첫 번째 [ ]는 Parents를 수식하는 관계절이고, 두 번째와 세 번째 [ ]는 비교 구문에서 than으로 대등하게 연결되어 병렬구조를 이루고 있다. 두 번째 [ ] 안의 { }는 activities를 수식하는 분사구이다.

❶ 위 도표는 2022년 미국의 부모들이 자신들의 주요 활동으로 가정 내 아동을 돌보고 돕는 데 보낸 일일 평균 시간을 보여 준다. ❷ 6세 미만의 자녀를 둔 부모가 가정 내 아동을 돌보고 돕는 데 쓴 총 시간은 가장 어린 자녀의 나이가 6~12세인 부모가 그 동일한 활동을 하는 데 소비한 시간보다 한 시간 넘게 더 많았다. ❸ 4가지 주요 활동 중 가정 내 아동의 신체 돌봄이 두 연령대 모두에서 가정 내 아동을 돌보고 돕는 데 보낸 시간의 가장 큰 부분을 차지했다. ❹ 가정 내 아동과 노는 것(스포츠 제외)은 6세 미만 자녀를 둔 부모에게 4가지 주요 활동 중 두 번째로 많은 시간을 요하는 활동이었는데, 하루 평균 0.64시간이었다. ❺ 6세 미만 자녀를 둔 부모는 가장 어린 자녀의 나이가 6~12세인 부모가 한 것보다 정확히 2배 더 오래 가정 내 아동에게 책을 읽어 주고 함께 책을 읽었다. (X) ❻ 가장 어린 자녀의 나이가 6~12세인 부모는 가정 내 아동과 함께 노는 것(스포츠 제외)보다 가정 내 아동의 교육과 관련된 활동에 더 많은 시간을 할당했다.

Quick Check T, F 고르기

1 The time parents with children under the age of 6 spent reading to and with household children was longer than that they spent on activities related to household children's education. T / F

2 Among the four main activities, parents whose youngest child is aged 6–12 spent the least time on playing with household children (excluding sports). T / F

정답 1 T 2 F

핵심 키워드 **folk artist, wire, sculptures**

❶Self-taught folk artist Vannoy Streeter was [born / in Tennessee in 1919] / and [raised on
독학으로 배운 민속 예술가 Vannoy Streeter는 태어났다 /　　　　　1919년에 Tennessee에서 /　　　그리고 말 농장에서
　　　　　　　　　　　　　　　　　　　　　　　　병렬구조

a horse farm]. // ❷[Inspired by the toys in storefront windows / {that were too expensive for
자랐다 //　　　　　　가게 앞 진열창 안 장난감들에서 영감을 받아 /　　　　　　너무 비싸서 자신의 가족이 감당할 수 없었던 /
　　　　　분사구문　　　　　　　　　　　　　　　　　　　　관계절　　　too ~ to …: 너무 ~해서 … 할수없다

his family to afford}], / he studied their details / and collected wire and other materials /
자신의 가족이 to afford}] /　그는 그것들의 세부 사항을 연구했다 /　그리고 철사와 다른 재료를 수집했다 /

[to make their exact replicas]. // ❸From the age of 16, / he had many careers, / [working on
그리하여 그것들의 정확한 복제품을 만들었다 //　　16세부터 /　　　　그는 많은 직업을 가졌다 /　　　철도에서 일하고
　to부정사구(결과)　　　　　　　　　　　　　　　　분사구문(had many careers를 구체적으로 설명) ◀　　　전치사구(시간)

the railroads / and as a lumberyard hand, janitor, and hospital orderly]. // ❹[Through it all], /
그리고 목재 저장소의 일꾼, 청소원, 병원 잡역부로 (일하며) //　　　　그 모든 것을 하는 동안 내내 /
　　　　　　　　　　　　일꾼

he continued to make his wire sculptures. // ❺He used only his hands, pliers, cutters,
그는 철사 조각품을 계속 만들었다 //　　　　그는 오직 자신의 손, 집게, 절단기, 그리고 철사만을 사용하였다 /

and wire / [to form intricate designs]. // ❻He continued to make his wire sculptures, /
그리고 철사를 /　　그리하여 복잡한 디자인을 만들었다 //　　그는 계속해서 철사 조각품을 만들었다 /
　　　　　　to부정사구(결과)

[eventually gaining national attention]. // ❼He became known / for his depictions of the
결국 전국적인 주목을 얻게 되었으며 //　　　　그는 유명해졌다 /　　　유명한 말 품종을 묘사한 작품들로 /
　분사구문(주절이 기술하는 내용의 결과)　　　　　　　become known for: ~로 유명해지다

famous horse breed, / [Tennessee Walking Horse]. // ❽In 1990, / he was a demonstrating
Tennessee Walking Horse라는 //　　　　1990년에 /　　그는 시연 예술가였다 /
　　　　　동격

artist / [at the National Black Arts Festival in Atlanta]. // ❾Shelbyville proclaimed April
　　　Atlanta에서 개최된 National Black Arts Festival에서 //　　　Shelbyville에서는 1992년 4월 25일을 Vannoy
　　전치사구(장소)　　　　　　　　　　　　　　　proclaim+목적어+목적격 보어(명사구)

25, 1992, Vannoy Streeter Day. // ❿His work has been displayed in the White House. //
Streeter의 날로 선포했다 //　　　　그의 작품은 백악관에 전시된 적이 있다 //
　　　　　　　　　　　　현재완료 수동태

⓫His passion for creating wire sculptures / continued [until his passing in 1998]. //
철사 조각품을 만드는 것에 대한 그의 열정은 /　　1998년 그가 사망할 때까지 계속되었다 //
　　　　　　　　　　　　　　　전치사구(시간)

*replica: 복제품

어휘

□ self-taught 독학으로 배운[습득한], 독학의　□ folk 민속의　□ lumberyard 목재 저장소
□ hand 일꾼, 직공　□ janitor 청소원, 건물 관리인　□ orderly (병원의) 잡역부
□ pliers 집게, 펜치　□ intricate 복잡한　□ depiction (묘사한) 작품, 묘사
□ breed 품종

글의 흐름 파악

도입(❶)

Vannoy Streeter의 출생과 성장

1919년 테네시 주의 말 농장에서 태어나고 자란 민속 예술가

↓

전개 1(❷~❺)

Vannoy Streeter의 재능과 작품 제작

- 어린 시절 비싼 장난감 대신 철사로 그 복제품을 만들었음
- 16세부터 일하기 시작했고, 그런 중에도 계속 철사 조각품을 만들었음
- 간단한 공구만 활용해서 손으로 복잡한 디자인의 철사 조각품을 제작함

↓

전개 2(❻~⓫)

Vannoy Streeter의 성과 및 사망

- Tennessee Walking Horse를 묘사한 것으로 전국적으로 유명해짐
- Vannoy Streeter의 날이 선포되고, 백악관에 작품이 전시되기도 함
- 1998년 사망할 때까지 열정적으로 계속 작품을 만들었음

전문 해석

❶독학으로 배운 민속 예술가 Vannoy Streeter는 1919년에 Tennessee에서 태어나 말 농장에서 자랐다. ❷너무 비싸서 자신의 가족이 감당할 수 없었던 가게 앞 진열창 안 장난감들에서 영감을 받아 그는 그것들의 세부 사항을 연구하고 철사와 다른 재료를 수집하여 그것들의 정확한 복제품을 만들었다. ❸16세부터 그는 많은 직업을 가졌는데, 철도에서 일하고 목재 저장소의 일꾼, 청소원, 병원 잡역부로 일했다. ❹그 모든 것을 하는 동안 내내 그는 철사 조각품을 계속 만들었다. ❺그는 오직 자신의 손, 집게, 절단기, 그리고 철사만을 사용하여 복잡한 디자인을 만들었다. ❻그는 계속해서 철사 조각품을 만들었고, 결국 전국적인 주목을 얻게 되었다. ❼그는 유명한 말 품종인 Tennessee Walking Horse를 묘사한 작품들로 유명해졌다. ❽1990년에 그는 Atlanta에서 개최된 National Black Arts Festival에서 시연 예술가였다. ❾Shelbyville에서는 1992년 4월 25일을 Vannoy Streeter의 날로 선포했다. ❿그의 작품은 백악관에 전시된 적이 있다. ⓫철사 조각품을 만드는 것에 대한 그의 열정은 1998년 그가 사망할 때까지 계속되었다.

지문 배경지식

Tennessee Walking Horse

부드럽고 편안한 걸음걸이로 유명한 말 품종으로 다양한 승마 활동에서 인기가 높다. 미국 남부, 특히 테네시주에서 유래한 이 말은 선별적인 육종과 훈련을 통해 특유의 높은 걸음걸이를 갖추고 있으며, 다재다능하고 온화한 기질과 기승자를 기쁘게 하는 성품으로 높이 평가받고 있기도 하다.

구문 해설

❸ From the age of 16, he had many careers, [working on the railroads and as a lumberyard hand, janitor, and hospital orderly].

[ ]는 he를 의미상의 주어로 하여 주절이 기술하는 내용을 추가로 설명하는 분사구문이다.

❺ He used only his hands, pliers, cutters, and wire [to form intricate designs].

[ ]는 결과를 나타내는 to부정사구이다.

Quick Check T, F 고르기

1 During his younger years, Vannoy Streeter was in charge of managing a lumber yard.
T / F

2 Vannoy Streeter continued wire crafting until his death. T / F

정답 1 F 2 T

핵심
키워드 **handcrafted, sculpture, spiritual, religious, anthropomorphic, stone**

❶*Homo habilis* can be considered [the inventor of human culture] / because of his
└→ 명사구(be considered의 보어)
'Homo habilis'는 인간 문화의 창시자로 간주될 수 있다 /   수공예품을 만들어 냈기

production of handcrafted items. // ❷The handmade products [which he started to craft] /
때문에 //   └─────────────────┘관계절
                                            그가 만들기 시작한 수공품은 /
                                                                   ┌→ 분사구
had two different functions; / there were utensils [needed for use in material culture] / and
두 가지 서로 다른 기능을 가졌는데 /   물질문화에서 사용하기 위해 필요한 도구가 있었다 /   그리고
┌──────────┐관계절   └→ 분사구
art [(which was sculpture)] [required by spiritual life]. // ❸The production of sculpture
종교적인 생활이 필요로 하는 (조각품인) 예술이 있었다 //   조각품의 제작은 생겨났다 /
┌→ take place: 생겨나다 ┌→ 부사절(이유)   앞서는   ┌→ 과거완료   형식상의 주어 ┐
took place / [because a preceding spiritual life had happened previously]. // ❹In fact it is
            그에 앞서는 종교적인 삶이 이전에 있었기 때문에 //   사실 가능하지 않다 /
                         └→ 내용상의 주어   ┌→ might have p.p.: ~였을 수도 있다
not possible / [that spirituality and sculpture might have developed at the same time]. //
영성(靈性)과 조각품이 동시에 생겨났을 수도 있다는 것은 //
                                          ┌→ 전치사구(추상적인 장소)   not A but B: A가 아니라 오히려 B ┐
❺The idea of creating sculpture arises [from spiritual needs]. // ❻Sculpture was not
조각품을 만든다는 생각은 종교적인 필요에서 발생한다 //   조각품은 그 자체가 목적이 아니다 /
┌→ A ┌→ 목적   ┌→ B   ┌──────────┐관계절
[an end onto itself] / but [stood to symbolize certain things / {that referred back to life's
오히려 특정한 일들을 상징하기 위해 존재했다 /   삶의 종교적인 측면을 다시 언급하는 //
                        └→ stand: 존재하다
religious aspects}]. // ❼The earliest sculptures were crudely made, / like the utensils
                                                                   ┌→ ~과 마찬가지로
종교적인 측면을 //   초기의 조각품은 투박하게 만들어졌다 /   동시대의 도구와 마찬가지로
                                      분사 ┌────────┐ ┌────────┐관계절
in the same period. // ❽These sculptures could also be [modified] stones / [that had an
                    이러한 조각품은 변형된 돌들일 수도 있었다 /   우연히 의인화된
┌→ 모습   ┌→ 수동태
anthropomorphic look by chance]. // ❾The same stone tools and the same techniques were
모습을 지닌 //   동일한 석기와 동일한 기술이 그것들을 다듬기 위해 사용되었는데 /
= these sculptures   = these sculptures   ┌→ 제거된 모습   to부정사구(목적)
used [to work them]; / they may show minor removal of material, / [so as to make the
└→ to부정사구(목적) 그것들은 재료가 약간 제거된 모습을 보여 줄 수도 있다 /   이미지를 더욱 사실적으로 보이게
                                                      make+목적어+목적격 보어(동사원형)
image look more realistic]. //
하려고 //

*crudely: 투박하게 **anthropomorphic: 의인화된

어휘

□ utensil 도구   □ spiritual 종교적인, 영적인   □ preceding 앞서는, 선행하는
□ arise from ~에서 발생하다   □ symbolize 상징하다   □ refer back to ~을 다시 언급하다
□ modified 변형된, 수정된   □ look 모습, 생김새   □ removal 제거
□ realistic 사실적인

글의 흐름 파악

도입(❶~❷)

석기를 만들어 쓴 초기 인류, 호모 하빌리스

- 수공예품을 만든 인간 문화의 창시자
- 물질문화에서 필요한 도구와 종교 생활에서 필요한 조각품을 만들었음

↓

전개 1(❸~❻)

종교적 조각품

- 종교적인 삶이 있어야만 조각품이 생겨날 수 있음
- 조각품을 만드는 것 자체가 목적이 아니라 종교적인 필요가 조각품을 만든 목적임

↓

전개 2(❼~❾)

조각품의 의인화된 모습

- 조각품은 도구들과 마찬가지로 투박하였음
- 우연히 의인화된 모습을 지닌 변형된 돌이거나 사실적으로 보이려고 재료가 약간 제거된 모습일 수 있음

전문 해석

❶'Homo habilis'는 수공예품을 만들어 냈기 때문에 인간 문화의 창시자로 간주될 수 있다. ❷그가 만들기 시작한 수공품은 두 가지 서로 다른 기능을 가졌는데, 물질문화에서 사용하기 위해 필요한 도구가 있었고, 종교적인 생활이 필요로 하는 (조각품인) 예술이 있었다. ❸조각품의 제작은 그에 앞서는 종교적인 삶이 이전에 있었기 때문에 생겨났다. ❹사실 영성(靈性)과 조각품이 동시에 생겨났을 수도 있다는 것은 가능하지 않다. ❺조각품을 만든다는 생각은 종교적인 필요에서 발생한다. ❻조각품은 그 자체가 목적이 아니라, 삶의 종교적인 측면을 다시 언급하는 특정한 일들을 상징하기 위해 존재했다. ❼초기의 조각품은 동시대의 도구와 마찬가지로 투박하게 만들어졌다. ❽이러한 조각품은 우연히 의인화된 모습을 지닌 변형된 돌들일 수도 있었다. ❾동일한 석기와 동일한 기술이 그것들을 다듬기 위해 사용되었는데, 그것들은 이미지를 더욱 사실적으로 보이게 하려고 재료가 약간 제거된 모습을 보여 줄 수도 있다.

지문 배경지식

Homo habilis(호모 하빌리스)

약 230만~140만 년 전 아프리카에 살았던 초기 인류 종. 도구 제작 능력이 뛰어난 것으로 알려져 있다. 현생 인류와 비교해 뇌 크기는 작았지만 고도의 인지 능력을 보여 주었다. 청소부나 사냥꾼으로 추정되는 이들은 다양한 작업에 석기를 사용했다. 초기 오스트랄로피테쿠스 종과 호모 에렉투스 같은 더 발전된 호모 종 사이의 틈새를 메우는 인류 진화의 중요한 종이다.

구문 해설

❽ These sculptures could also be modified stones [that had an anthropomorphic look by chance].

[ ]는 modified stones를 수식하는 관계절이다.

❾ The same stone tools and the same techniques were used [to work **them**]; **they** may show minor removal of material, so as to make the image look more realistic.

[ ]는 목적을 나타내는 to부정사구이고, 그 안의 them은 앞 문장의 These sculptures를 가리킨다. 세미콜론에 이어진 절의 they도 These sculptures를 가리킨다.

Quick Check 적절한 말 고르기

1 The production of sculpture took place because a preceding / following spiritual life had happened previously.

2 The idea of creating sculpture arises from secular / spiritual needs.

정답 1 preceding 2 spiritual

핵심 키워드 **weathering, rock, heat, wind, expansion, contraction, flaking**

❶Exfoliation weathering, / [also known as onion weathering], / refers to peeling off
박리 풍화는 / 양파 풍화라고도 알려져 있는데 / 삽입구 암석에서 동심(同心)의 면이 벗겨지는

concentric shells of rocks / due to combined actions of heat and wind / [in {hot arid
것을 가리킨다 / 때문에 열과 바람의 결합 작용 때문에 / 전치사구(장소) 고온 건조 지역, 반건조

and semi-arid regions} and {monsoon lands}]. // ❷Exfoliation is more common [over
병렬구조 지역 그리고 몬순 지대에서 // 전치사구(장소) 박리는 결정질 암석에서 더 흔하다 //

crystalline rocks]. // ❸[The outer shells of rocks become loose / due to alternate expansion
결정성의 암석의 바깥 면은 느슨해진다 / 교차하여 일어나는 팽창과 수축 때문에 /

and contraction / {due to ⟨high temperature during day time⟩ and ⟨comparatively
전치사구(alternate expansion and contraction을 설명) 병렬구조
낮 동안의 높은 기온과 밤 동안의 비교적 낮은 기온 각각으로 인해 /

low temperature during night⟩ respectively}] / and [these loosened shells are removed
병렬구조 수동태
그리고 이렇게 느슨해진 면은 강한 바람에 의해 제거된다(벗겨져 나간다) //

(peeled off) by strong winds]. // ❹Differential heating / [of outer and lower shells of a
전치사구(Differential heating을 수식)
차등 가열이 / 암석 덩어리의 바깥 면과 더 아래에 있는 면의 /

rock mass] / causes *flaking*. // ❺The solar radiation goes through up to a few centimetres
술어동사
'박리 현상'을 일으킨다 // 태양 복사열은 불과 최대 몇 센티미터까지만 통과한다 /

only / in the rocks [having low thermal conductivity]. // ❻Thus, / the outer shells of such
분사구
낮은 열전도율을 가진 암석 내에서 // 따라서 / 이러한 암석의 바깥 면은 더 팽창하게 된다 /

rocks expand more / than the shells [lying just below]. // ❼This differential expansion of
분사구
바로 그 아래에 있는 면보다 // 이러한 암석면의 불균등한 팽창은 /

rock shells / causes flaking / [wherein the thin rock sheets are detached from the rock
부사절(장소)
박리 현상을 일으킨다 / 얇은 암판이 암석 덩어리로부터 분리되는 그곳에서 //

mass]. // ❽These detached rock sheets are later on removed by strong winds. // ❾Thus,
수동태 나중에
이렇게 분리된 암판은 나중에 강한 바람에 의해 제거된다 // 따라서

sheets after sheets of rocks are peeled off / and the rocks continue to be bare. //
암석의 암판은 한겹 한겹 벗겨지게 된다 / 그리고 암석은 계속해서 드러나는 상태가 된다 //

*concentric: 동심(同心)의 **arid: 건조 ***flaking: 박리 현상

어휘
- exfoliation 박리 (작용), 벗겨짐
- crystalline 결정성의
- contraction 수축
- radiation 복사(열)
- detached 분리된
- weathering 풍화 (작용)
- loose 느슨해진, 고정되어 있지 않은
- respectively 각각
- thermal conductivity 열전도율
- combined 결합된
- expansion 팽창
- differential heating 차등 가열
- wherein 그곳에서, 그 점에서

주제(**❶**)
박리 풍화 현상의 정의
열과 바람에 의해 암석에서 동심의 면이 벗겨지는 박리 풍화 현상

↓

전개 1(**❷~❹**)
차등 가열에 의한 박리 현상
• 낮 동안의 높은 기온과 밤 동안의 낮은 기온이 교차하며 결정질 암석의 바깥 면이 느슨해짐 • 강한 바람에 의해 느슨해진 바깥 면이 제거되는 박리 현상이 생김

↓

전개 2(**❺~❾**)
태양 복사열에 의한 박리 현상
• 암석의 낮은 열전도율로 태양 복사열은 암석에 깊이 침투하지 못함 • 암석의 바깥 면과 그 아래의 면 사이의 열로 인한 팽창이 균일하지 못하여 바깥의 암판이 분리되는 박리 현상이 생김

arid region(건조 지역)

기후대의 건조 지역. 강수량이 적고 물의 가용성이 제한적인 지역이다. 일반적으로 식생이 거의 또는 전혀 없는 건조한 기후를 보이며 사막이나 반건조 지형과 관련이 있는 경우가 많다. 예로는 아프리카의 사하라 사막, 남아메리카의 아타카마 사막, 호주의 아웃백 일부 지역이 있다.

❻ Thus, the outer shells of such rocks expand more than the shells [lying just below].

[ ]는 the shells를 수식하는 분사구이다.

❼ This differential expansion of rock shells causes flaking [**wherein** the thin rock sheets are detached from the rock mass].

[ ]는 '그곳에서'라는 뜻의 wherein이 이끄는 부사절이다.

❶박리 풍화는 양파 풍화라고도 알려져 있는데, 고온 건조 지역, 반건조 지역, 그리고 몬순 지대에서 열과 바람의 결합 작용 때문에 암석에서 동심(同心)의 면이 벗겨지는 것을 가리킨다. ❷박리는 결정질 암석에서 더 흔하다. ❸낮 동안의 높은 기온과 밤 동안의 비교적 낮은 기온 각각으로 인해 교차하여 일어나는 팽창과 수축 때문에 암석의 바깥 면은 느슨해지고, 이렇게 느슨해진 면은 강한 바람에 의해 제거된다(벗겨져 나간다). ❹암석 덩어리의 바깥 면과 더 아래에 있는 면의 차등 가열이 '박리 현상'을 일으킨다. ❺태양 복사열은 낮은 열전도율을 가진 암석 내에서 불과 최대 몇 센티미터까지만 통과한다. ❻따라서 이러한 암석의 바깥 면은 바로 그 아래에 있는 면보다 더 팽창하게 된다. ❼이러한 암석면의 불균등한 팽창은 얇은 암판이 암석 덩어리로부터 분리되는 그곳에서 박리 현상을 일으킨다. ❽이렇게 분리된 암판은 나중에 강한 바람에 의해 제거된다. ❾따라서 암석의 암판은 한겹 한겹 벗겨지게 되고, 암석은 계속해서 드러나는 상태가 된다.

Quick Check 빈칸 완성하기

1 The outer shells of rocks become loose due to a_____ expansion and contraction due to high temperature during day time and comparatively low temperature during night respectively and these loosened shells are removed (peeled off) by strong winds.

2 Thus, sheets after sheets of rocks are peeled off and the rocks continue to be b_____.

정답 1 (a)lternate 2 (b)are

핵심 키워드 **ethnic identity, linguistic choice, minority language, negative attitude, language shift**

❶ → 명사구(주어)
[A focus on ethnic identity and attitudes / {among members of a minority group}] /
민족 정체성과 태도에 초점(을 맞추면) / 　　　　　소수 민족 집단 구성원들 사이의 /

→ 술어동사 　　　　　→ 전치사구(fruitful을 수식) 　　　　　　　　→ 수동태
may prove to be fruitful / [in understanding their linguistic choices]. // ❷Attitudes are
유익하다는 것이 입증될 수도 있다 / 　그들의 언어 선택을 이해하는 데 // 　　　　　　　태도는 형성된다 /

→ 전치사구(수단)
developed / [through experience and learning in social contexts]. // ❸Studies of language
　　　　　사회적 상황에서 경험과 학습을 통해 // 　　　　　언어 사멸에 관한 연구는 보여 주었다 /

→ 명사절(shown의 목적어) 　→ 부사절(시간)
death have shown / [that {when a minority language loses domains}, / this will lead to
　　　　　　소수 민족 언어가 세력 범위를 잃을 때 / 　　이것이 소수 민족의 사람들

pressure on the minority population. // ❹A negative attitude [toward the language of the
에게 압박으로 이어질 것임을 // 　　소수 민족 집단 언어에 대한 부정적인 태도가 /

minority group] / is likely to develop, / and at one point, / the minority group will [abandon
　　　　　생겨날 가능성이 있다 / 　　그리고 언젠가 / 　　소수 민족 집단이 자신들의 언어를 포기하게 될 것이다 /

→ 병렬구조 　　　　　　　　　　　　　→ 전치사구(장소)
their own language] / and [shift to the majority language]. // ❺The negative attitude [toward
　　　　그리고 다수 민족 언어로 전환한다 // 　　소수 민족 언어에 대한 부정적인 태도는 /

→ 동명사구(to의 목적어) 　→ 의미상의 주어
the minority language] / may next lead to / [parents no longer transmitting their own
　　　　다음에 초래할 수도 있다 / 　부모가 더 이상 자신의 언어를 자녀에게 전수하지 않는 결과를 /

→ 쓰이지 않게 되다
language to the children], / and the language will then be out of use. // ❻The negative
　　　　그리고 그러면 그 언어는 쓰이지 않게 될 것이다 // 　　그 부정적인 태도는 /

→ not only A but also B 　　→ A 　　　　　　　　　　　→ B
attitude / is not only {related to the minority language}, but also {to the language users}, /
　　　소수 민족 언어뿐만 아니라 언어 사용자와도 관련이 있다 /

→ 수동태 　　　　　　→ 전치사구(a strategy를 수식) 　　→ 관계절 → 수동태
and language shift can be seen as a strategy / [for obtaining an identity {that is positively
그리고 (다수 언어로의) 언어 전환은 전략으로 여겨질 수 있다 / 　긍정적으로 평가되는 정체성을 얻기 위한 /

→ 명사절(find의 목적어)
evaluated}], / and the minority members thus find / [that they have to deny their ethnic
　　　　그리고 따라서 소수 민족 구성원들은 알게 된다 / 　그들이 자신의 민족 정체성을 부정해야 한다고 //

identity]. //

어휘

☐ ethnic 민족의　　　　　　　☐ fruitful 유익한, 효과가 큰　　　　　☐ linguistic 언어의
☐ language death 언어 사멸　　☐ domain 세력 범위　　　　　　　　☐ abandon 포기하다, 버리다
☐ transmit 전수하다, (후세에) 전하다　☐ be out of use 쓰이지 않게 되다, 사용되고 있지 않다

도입(①)

소수 민족의 정체성과 언어에 대한 태도

소수 민족의 언어 선택을 이해하는 데 있어서 소수 민족의 정체성과 언어에 대한 태도에 초점을 맞추는 것이 유익함

⬇

발전(②~⑤)

소수 민족의 언어 사용에 대해 생겨나는 부정적 태도

- 소수 민족 언어가 세력을 잃으면 그것의 사용자에 대한 압박이 생김
- 소수 민족 언어 사용자는 다수 집단의 언어로 자신의 언어를 전환하고, 결국 소수 민족 언어는 사멸함

⬇

결론(⑥)

부정적 태도가 민족 정체성에 가져오는 영향

다수 집단의 언어로의 전환을 선택한 언어 사용자는 긍정적인 정체성을 획득하고자 자신의 민족 정체성을 부정함

지문 배경지식

language death(언어 사멸)
한 언어의 사용자 집단 내 일상적인 의사소통에서 그 언어가 이제는 사용되지 않는 현상을 말한다. 이는 문화적 동화, 이주, 정치적 억압 또는 더 널리 사용되는 언어의 우세 등 다양한 요인으로 인해 발생할 수 있다. 화자들이 다른 언어, 일반적으로 지배적이거나 권위 있는 언어를 사용하게 되면 그들의 원래 언어는 젊은 세대에게 전승되지 않아 결국 사멸될 수 있다.

구문 해설

❸ Studies of language death have shown [that {when a minority language loses domains}, this will lead to pressure on the minority population].

[ ]는 shown의 목적어인 명사절이고, 그 안의 { }는 시간의 부사절이다.

❻ [The negative attitude is **not only** {related to the minority language}, **but also** {to the language users}], and [language shift can be seen as a strategy for obtaining an identity that is positively evaluated], and [the minority members thus find that they have to deny their ethnic identity].

세 개의 [ ]는 and로 대등하게 연결되어 있고, 두 개의 { }는 '~뿐만 아니라 …도'라는 의미의 「not only ~ but also ....」에 연결되어 있다.

전문 해석

❶소수 민족 집단 구성원들 사이의 민족 정체성과 태도에 초점을 맞추면 그들의 언어 선택을 이해하는 데 유익하다는 것이 입증될 수도 있다. ❷태도는 사회적 상황에서 경험과 학습을 통해 형성된다. ❸언어 사멸에 관한 연구는 소수 민족 언어가 세력 범위를 잃을 때, 이것이 소수 민족의 사람들에게 압박으로 이어질 것임을 보여 주었다. ❹소수 민족 집단 언어에 대한 부정적인 태도가 생겨날 가능성이 있으며, 언젠가 소수 민족 집단이 자신들의 언어를 포기하고 다수 민족 언어로 전환하게 될 것이다. ❺소수 민족 언어에 대한 부정적인 태도는 다음에 부모가 더 이상 자신의 언어를 자녀에게 전수하지 않는 결과를 초래할 수도 있으며, 그러면 그 언어는 쓰이지 않게 될 것이다. ❻그 부정적인 태도는 소수 민족 언어뿐만 아니라 언어 사용자와도 관련이 있으며, (다수 언어로의) 언어 전환은 긍정적으로 평가되는 정체성을 얻기 위한 전략으로 여겨질 수 있고, 따라서 소수 민족 구성원들은 자신의 민족 정체성을 부정해야 한다고 알게 된다.

Quick Check 적절한 말 고르기

1 A focus on ethnic identity and attitudes among members of a minority group may prove to be futile / fruitful in understanding their linguistic choices.

2 A positive / negative attitude toward the language of the minority group is likely to develop, and at one point, the minority group will abandon their own language and shift to the majority language.

정답 1 fruitful 2 negative

핵심 키워드 **nutrient mixtures, real food, digestive tract, organs, by mouth**

❶Hospitalized clients / [who are fed nutrient mixtures through a vein] / often improve
입원 환자들은 / 정맥을 통해 영양소 혼합물을 공급받는 / 급격한 개선을 보이는

dramatically / [when they can finally eat food]. // ❷Something [in real food] is important
경우가 많다 / 마침내 그들이 음식을 먹을 수 있을 때 // 실제 음식에 있는 무언가가 건강에 중요하다 /

to health / — but what is it? // ❸What does food offer / [that cannot be provided through
그런데 그것이 무엇일까 // 음식은 무엇을 제공하는 것일까 / 주삿바늘이나 튜브를 통해서는 제공될 수 없는 //

a needle or a tube]? // ❹Science has some partial explanations, / [some physical and some
과학은 부분적인 설명을 일부 제공한다 / 그중 일정 부분은 신체적이고 일정 부분은

psychological]. // ❺In the digestive tract, / the stomach and intestine are dynamic, living
심리적인 // 소화관에서 / 위와 장은 역동적인 살아 있는 장기들이다

organs, / [changing constantly / in response {to the foods ⟨they receive⟩} / — {even to
끊임없이 변화하는 / 그것이 받은 음식에 반응하여 / 단지 음식의

just the sight, aroma, and taste of food}]. // ❻[When a person is fed through a vein], / the
모습, 향, 그리고 맛에도 (반응한다) // 사람이 정맥을 통해 (영양분을) 공급받을 때 / 소화

digestive organs, / like unused muscles, / weaken and grow smaller. // ❼The digestive
기관은 / 사용하지 않은 근육처럼 / 약해지고 더 작아진다 // 소화 기관은 또한

organs also release hormones / in response to food, / and these send messages to the brain /
호르몬을 방출한다 / 음식에 반응하여 / 그리고 이것들이 메시지를 뇌에 전달한다 /

[that bring the eater a feeling of satisfaction]: / ["There, that was good. / Now I'm full."] //
먹는 사람에게 만족감을 가져다주는 / "거봐요, 그거 맛있었어요 / 이제 배가 부릅니다."(와 같은) //

❽Eating offers both physical and emotional comfort. // ❾Medical science now dictates /
먹는 것은 신체적이면서도 정서적인 안락함을 제공한다 // 의학은 이제 지시한다 /

[that a person should be fed through a vein / for as short a time as possible] / and [that
사람은 정맥을 통해 (영양분을) 공급받아야 한다고 / 가능한 한 짧은 시간 동안만 / 그리고 입으로

real food taken by mouth should be reintroduced / as early as possible]. //
섭취되는 실제 음식이 재도입되어야 한다고 / 가능한 한 빨리 //

*vein: 정맥 **digestive tract: 소화관 ***intestine: 장(腸)

어휘

- hospitalized 입원한
- nutrient 영양소
- mixture 혼합물
- partial 부분적인
- release 방출하다
- comfort 안락함, 위안
- dictate 지시하다, 규정하다
- reintroduce 재도입하다

도입(①)

입원 환자의 상태 호전

영양을 정맥 주사로 공급받을 때보다 음식으로 직접 먹을 때 입원 환자의 상태가 급격히 개선됨

전개 1(②~③)

음식에 있는 건강에 중요한 것

음식에는 영양소 혼합물보다 건강에 중요한 무엇이 있음

전개 2(④~⑧)

신체적, 심리학적 까닭

• 소화관은 음식에 대응하여 반응하는 장기로, 음식을 공급받지 못하면 약해짐
• 음식에 반응하는 소화 기관은 만족의 느낌을 뇌에 전달하는 호르몬을 내보냄

결론(⑨)

음식을 실제 섭취하는 것의 긴급한 필요성

정맥으로 영양분을 공급받는 환자는 가능한 한 즉시 실제 음식을 섭취해야 함

전문 해석

❶정맥을 통해 영양소 혼합물을 공급받는 입원 환자들은 마침내 음식을 먹을 수 있을 때 급격한 개선을 보이는 경우가 많다. ❷실제 음식에 있는 무언가가 건강에 중요한데, 그것이 무엇일까? ❸음식은 주삿바늘이나 튜브를 통해서는 제공될 수 없는 무엇을 제공하는 것일까? ❹과학은 부분적인 설명을 일부 제공하며, 그중 일정 부분은 신체적이고 일정 부분은 심리적이다. ❺소화관에서 위와 장은 그것이 받은 음식에 반응하여 끊임없이 변화하는 역동적인 살아 있는 장기들로, 단지 음식의 모습, 향, 그리고 맛에도 반응한다. ❻사람이 정맥을 통해 (영양분을) 공급받을 때, 사용하지 않은 근육처럼 소화 기관은 약해지고 더 작아진다. ❼소화 기관은 또한 음식에 반응하여 호르몬을 방출하며, 이것들이 먹는 사람에게 "거봐요, 그거 맛있었어요. 이제 배가 부릅니다."와 같은 만족감을 가져다주는 메시지를 뇌에 전달한다. ❽먹는 것은 신체적이면서도 정서적인 안락함을 제공한다. ❾의학은 이제 사람은 가능한 한 짧은 시간 동안만 정맥을 통해 (영양분을) 공급받아야 하고, 입으로 섭취되는 실제 음식이 가능한 한 빨리 재도입되어야 한다고 지시한다.

지문 배경지식

digestive organs(소화 기관)

소화 기관이라는 용어는 음식물을 신체에 흡수하여 사용할 수 있는 작은 분자로 분해하는 소화 과정에 관여하는 신체의 기관을 의미한다. 이러한 기관에는 입, 식도, 위, 소장, 대장(결장), 간, 담낭, 췌장이 포함되며, 기능에 따라 소화 과정에서 조절, 소화 운동, 소화액 분비, 그리고 흡수 등의 특정한 역할을 한다.

구문 해설

❺ In the digestive tract, the stomach and intestine are dynamic, living organs, [changing constantly in response {to the foods ⟨they receive⟩} — {even to just the sight, aroma, and taste of food}].

[ ]는 dynamic, living organs를 부가적으로 설명하는 분사구문이다. 두 개의 { }가 병렬구조를 이루며 대시로 연결되어 있고, ⟨ ⟩는 the foods를 수식하는 관계사가 생략된 관계절이다.

❾ Medical science now dictates [that a person should be fed through a vein for as short a time as possible] and [that real food taken by mouth should be reintroduced as early as possible].

두 개의 [ ]는 dictates의 목적어인 명사절로 and로 연결되어 있다.

Quick Check 빈칸 완성하기

1 When a person is fed through a vein, the digestive organs, like u_____ muscles, weaken and grow smaller.

2 Eating offers both physical and emotional c_____.

정답 1 (u)nused 2 (c)omfort

핵심 키워드 **visual storytelling, juxtaposing images, shot, frame**

❶The process of visual storytelling, / [whether the medium is a comic strip, cartoon, or
시각적 스토리텔링 과정에는 / ┌─부사절(양보) 매체가 연재 만화든, 만화 영화든, 영화든 /

motion picture], / involves [juxtaposing images / {that have no real meaning by themselves, /
동명사구(involves의 목적어) 이미지들을 나란히 놓는 것이 포함된다 / 관계절 단독으로는 아무런 실질적인 의미가 없는 / 단독으로는

but have a greater meaning / ⟨when placed with a series of other images⟩}]. // ❷Take for
하지만 더 큰 의미를 갖는다 / 접속사가 명기된 시간의 분사구문 일련의 다른 이미지와 함께 놓였을 때 // 다음 숏을 예로

example the following shot: / a young man runs down the sidewalk in busy New York
들어 본다면 / 한 젊은 남성이 붐비는 뉴욕시의 인도를 달려간다(고 하자) //

City. // ❸This shot, by itself, means nothing. // ❹We cannot tell / [to what or from what he
이 숏 그 자체로는 아무런 의미가 없다 // 그 자체로는 우리는 알 수 없다 // 명사절(tell의 목적어) 그가 무엇을 향해 또는 무엇으로부터 달리고

is running] / or [even why he is running]. // ❺[If we take a completely unrelated shot / and
있는지를 / 병렬구조 또는 왜 그가 달리고 있는지조차도 // 부사절(조건) 만약 우리가 완전히 관련 없는 숏을 가져온다면 / 그래서

edit it / either {before} or {after} the shot of the young man {running}], / it will give added
그것을 편집한다 / either A or B ┌A ┌B 그 달리는 젊은 남성의 숏 앞이나 뒤 둘 중의 한 곳에 / 분사구 이는 그 숏에 추가된 의미를

meaning to the shot. // ❻For example: / Let's edit a shot of a dog [running] / [before the
부여할 것이다 // 예를 들어 / 달리는 개의 숏을 편집해 보자 / 분사구 전치사구(장소) 달리는 남성의 숏

shot of the man {running}]. // ❼[Even though the dog and the man do not appear in the
앞에 // 분사구 부사절(양보) 비록 개와 남성이 같은 프레임에 나타나지는 않지만 /

same frame], / the audience will [automatically associate the two shots together] / and
관객들은 그 두 개의 숏을 함께 자동적으로 관련시켜 생각할 것이다 / 병렬구조 그리고

[assume that the dog is chasing the man]. //
개가 남성을 뒤쫓고 있다고 가정한다 //

*juxtapose: 나란히 놓다

어휘
□ medium 매체　　□ comic strip 연재 만화, 4컷 만화　　□ motion picture 영화
□ unrelated 관련 없는

주제(①)
연속된 이미지가 의미를 생성
그 자체로는 의미가 없는 하나의 숏이 다른 숏과 나란히 놓이면 의미를 생성함

↓

예시(②~⑦)
달리는 남자와 개의 숏
• 의미를 파악할 수 없는 남자의 달리기 • 전혀 관련 없는 개가 달리는 숏을 그 장면 앞에 연결함 • 관객은 두 숏을 연결하여 개가 남자를 뒤쫓고 있다는 의미를 생성함

지문 배경지식

visual storytelling(시각적 스토리텔링)
이미지를 텍스트 또는 기타 시각적 요소와 함께 활용하여 이야기나 메시지를 전달하는 이야기 전개 기법이다. 아이디어, 감정 또는 정보를 청중에게 전달하기 위해 삽화, 사진, 동영상 또는 그래픽 디자인과 같은 시각적 요소를 사용하는 것을 포함한다. 시각적 스토리텔링은 광고, 영화, 만화책, 인포그래픽, 프레젠테이션, 소셜 미디어 콘텐츠 등 다양한 형태에서 찾아볼 수 있다.

구문 해설

❻ For example: Let's edit a shot of a dog [running] [before the shot of the man {running}].

첫 번째 [ ]는 a dog을 수식하는 분사구이고, 두 번째 [ ]는 before로 유도되는 장소를 나타내는 전치사구이다. 그 안의 { }는 the man을 수식하는 분사구이다.

❼ [Even though the dog and the man do not appear in the same frame], the audience will [automatically associate the two shots together] and [assume that the dog is chasing the man].

첫 번째 [ ]는 Even though에 의해 유도된 양보의 부사절이다. 두 번째와 세 번째의 [ ]는 조동사 will에 이어지는 동사구로 and로 대등하게 연결되어 있다.

전문 해석

❶시각적 스토리텔링 과정에는 매체가 연재 만화든, 만화 영화든, 영화든 단독으로는 아무런 실질적인 의미가 없지만, 일련의 다른 이미지와 함께 놓였을 때 더 큰 의미를 갖는 이미지들을 나란히 놓는 것이 포함된다. ❷다음 숏을 예로 들어 본다면, 한 젊은 남성이 붐비는 뉴욕시의 인도를 달려간다고 하자. ❸이 숏 그 자체로는 아무런 의미가 없다. ❹우리는 그가 무엇을 향해 또는 무엇으로부터 달리고 있는지, 또는 왜 그가 달리고 있는지조차도 알 수 없다. ❺만약 우리가 완전히 관련 없는 숏을 가져와서 달리는 그 젊은 남성의 숏 앞이나 뒤 둘 중의 한 곳에 편집하면, 이는 그 숏에 추가된 의미를 부여할 것이다. ❻예를 들어, 달리는 남성의 숏 앞에 달리는 개의 숏을 편집해 보자. ❼비록 개와 남성이 같은 프레임에 나타나지는 않지만, 관객들은 그 두 개의 숏을 함께 자동적으로 관련시켜 생각하고 개가 남성을 뒤쫓고 있다고 가정할 것이다.

Quick Check 적절한 말 고르기

❶ The process of ⟨visual / interactive⟩ storytelling, whether the medium is a comic strip, cartoon, or motion picture, involves juxtaposing images that have no real meaning by themselves, but have a greater meaning when placed with a series of other images.

❷ If we take a completely unrelated shot and edit it either before or after the shot of the young man running, it will ⟨give / remove⟩ added meaning to the shot.

정답 1 visual 2 give

핵심키워드 **demarcation, group, proximity, associate, share**

❶ 명사구(주어)
[Demarcations among groups] are formed / [as we develop our own personal
집단 간의 경계는 형성된다 /   우리가 자신만의 개인적 정체성을 발전시킬 때 /
                                                                         부사절(시간)

형용사구
identities, / {distinct from our families and neighbors}]. // ❷ Such groups are usually
가족이나 이웃과 구별되는 //   그러한 집단은 보통 처음에는 근접성에 의해
                                                                         수동태

such groups를 의미함
established first by proximity, / but they are reinforced through regular interaction. //
형성된다 /   하지만 그것은 규칙적인 상호 작용을 통해 강화된다 //

❸ Our lives become intertwined / with the people [with whom we repeatedly associate]. //
우리의 삶은 엮이게 된다 /   우리가 반복적으로 어울리는 사람들과 //
                                                                         관계절

❹ 관계절1   관계절2
Official groups [of which we are members], / or [to which we turn for support], / are
우리가 구성원인 공식적 집단은 /   혹은 지원을 위해 의지하는 (공식적인 집단은) /   또한

관계절
places [where we may also form more intimate connections]; / work groups are officially
우리가 더 친밀한 관계를 형성할 수도 있는 곳이다 /   작업 집단은 공식적으로는 만들어진다 /

동격
created / by the fact [that members all work together], / but within that group / a smaller
구성원 모두가 함께 일한다는 사실에 의해 /   하지만 그 집단 내에서 /   정기적으로 함께

관계절
group of coworkers [who regularly lunch together], / for instance, / may form. // ❺ These
점심을 먹는 더 작은 동료 집단이 /   예를 들어 /   형성될 수도 있다 //   이러한

병렬구조
groups [probably share actual or virtual proximity] / but [may be created primarily
집단은 아마도 실제적 또는 가상적 근접성을 공유한다 /   하지만 주로 공유된 경험을 통해 생성될 수도 있다 /

관계절
through shared experiences / {that establish common values, behaviors, and attitudes}]. //
공통의 가치관, 행동, 그리고 태도를 확립하는 //

❻ 부사절(이유)   병렬구조
They may form / [because members {share a common interest} / or {come together to
그것은 형성될 수 있다 /   구성원들이 공통의 관심사를 공유하거나 /   또는 특정 목적을 달성하기 위해 함께

fulfill a particular purpose}]. //
모이기 때문에 //

*demarcation: 경계 **proximity: 근접성

어휘

□ identity 정체성   □ distinct 구별되는, 별개의   □ reinforce 강화하다
□ interaction 상호 작용   □ intertwine 엮다   □ associate with ~과 어울리다
□ turn to ~에게 의지하다   □ intimate 친밀한   □ virtual 가상의
□ primarily 주로   □ attitude 태도   □ fulfill 달성하다

도입(❶)

집단 간의 경계 형성

집단 간의 경계는 정체성 발전과 함께 형성됨

전개(❷~❹)

집단의 강화

- 집단은 규칙적 상호 작용을 통해 강화
- 공식적 집단 내에서 반복적으로 어울리는 사람들과 더 친밀한 관계가 됨

부연(❺~❻)

친밀한 집단의 형성

- 근접성 공유 또는 공통의 가치관, 행동, 태도에 관한 공유된 경험을 통해 생성됨
- 공통의 관심사를 공유하거나 특정 목적을 달성하기 위해 함께 모이기 때문에 형성될 수 있음

구문 해설

❷ [Such groups **are** usually **established** first by proximity], but [they **are reinforced** through regular interaction].

두 개의 [ ]는 but으로 대등하게 연결되었으며, 그 안에 「be동사 + p.p.」 형태의 수동태가 사용되었다.

❸ Our lives become intertwined with the people [with whom we repeatedly associate].

[ ]는 the people을 수식하는 관계절이다.

전문 해석

❶집단 간의 경계는 우리가 가족이나 이웃과 구별되는 자신만의 개인적 정체성을 발전시킬 때 형성된다. ❷그러한 집단은 보통 처음에는 근접성에 의해 형성되지만, 그것은 규칙적인 상호 작용을 통해 강화된다. ❸우리의 삶은 우리가 반복적으로 어울리는 사람들과 엮이게 된다. ❹우리가 구성원이거나 지원을 위해 의지하는 공식적인 집단은 또한 우리가 더 친밀한 관계를 형성할 수도 있는 곳인데, 작업 집단은 공식적으로는 구성원 모두가 함께 일한다는 사실에 의해 만들어지지만, 그 집단 내에서 예를 들어 정기적으로 함께 점심을 먹는 더 작은 동료 집단이 형성될 수도 있다. ❺이러한 집단은 아마도 실제적 또는 가상적 근접성을 공유하지만, 주로 공통의 가치관, 행동, 그리고 태도를 확립하는 공유된 경험을 통해 생성될 수도 있다. ❻그것은 구성원들이 공통의 관심사를 공유하거나 특정 목적을 달성하기 위해 함께 모이기 때문에 형성될 수 있다.

Quick Check 빈칸 완성하기

❶ According to the text, official groups may serve as places where more intimate c_____ can develop.

❷ Groups may form because members share a c_____ interest or unite to achieve a particular purpose.

정답 1 (c)onnections 2 (c)ommon

핵심
키워드 **research, sampling procedure, non-probability sample, representative**

❶ ┌→ 부사절(시간)   ┌→ make sure to *do* : 반드시 ~하라   ┌→ 명사절(determine의 목적어)
[Whenever you read a research report], / make sure to determine / [what sampling
연구 보고서를 읽을 때마다 /   반드시 알아내라 /   어떤 표본 추출 절차가

                ┌→ 현재완료 수동태(have been p.p.)
procedures have been used / {to select the research participants}]. // ❷In some cases, /
사용되었는지 /   연구 참여자를 선택하기 위해 //   몇몇 경우에는 /
                                    └→ to부정사구(목적)   ┌→ ~에 기초하여
researchers make statements about populations / on the basis of non-probability samples, /
연구자들이 모집단에 대한 진술을 한다 /   비확률 표본에 기초하여 /
┌→ 관계절(non-probability samples를 추가적으로 설명)   ┌─────────┐ 관계절(목적격 관계대명사 that/which 생략)
[which are not likely to be representative of the population {they are interested in}]. //
자신이 관심 있는 모집단을 대표하지 않을 가능성이 있는 //

            ┌───┐ 관계절   ┌→ be asked to *do* : ~하도록 요청받다   ┌→ 병렬구조 ┐
❸For instance, / polls [in which people are asked / to {call a 900 number} or {log on to
예를 들어 /   사람들이 요청받는 여론 조사는 /   900번 서비스에 전화를 걸거나 어떤 웹사이트에 로그인하여 /

a website} / to express their opinions on a given topic] / may contain sampling bias /
                주어진 주제에 대한 자신의 의견을 표명하도록 /   표본 추출 편향을 포함할 수도 있다 /
┌→ 부사절(이유)   ┌──────┐ 관계절
[because people {who are in favor of (or opposed to) the issue} / may have more time or
왜냐하면 그 문제에 찬성하는 (혹은 반대하는) 사람들이 /   그렇게 할 더 많은 시간이나 동기가 있을

                                        ❹┌→ 부사절(시간)   ┌→ 삽입구
more motivation to do so]. // [Whenever the respondents, {rather than the researchers},
수도 있기에 //   연구자가 아니라 응답자들이 표본의 일부가 될 것인지를 선택할 때마다 /
        ┌→ choose의 목적어
choose {whether to be part of the sample}], / sampling bias is possible. // ❺The important
                                              표본 추출 편향이 생길 수 있다 //   중요한 것은 계속 인지하고
                명사절(전치사 of의 목적어) ←┐   현재완료 수동태(have been p.p.) ┐   ┌─── 병렬구조 ───┐
thing is [to remain aware / of {what sampling techniques have been used}] / and [to draw
있는 것이다 /   어떤 표본 추출 기술이 사용되었는지를 /   그리고 그에 맞게 여러분

your own conclusions accordingly]. //
자신의 결론을 도출하는 것이다 //

어휘

□ determine 알아내다, 결정하다   □ sampling 표본 추출   □ population 모집단
□ on the basis of ~에 기초하여   □ probability 확률   □ representative 대표
□ poll 여론 조사   □ contain 포함하다   □ bias 편향
□ in favor of ~에 찬성하다   □ be opposed to ~에 반대하다   □ motivation 동기
□ respondent 응답자   □ aware 인지하는

도입(❶)

표본 추출 절차 확인 필요

연구 보고서를 읽을 때 어떤 표본 추출 절차가 사용되었는지 알아내야 함

전개(❷~❸)

표본 추출 편향

- 연구자가 모집단에 대해 진술할 때, 그 모집단을 대표하지 않을 수도 있는 비확률 표본에 기초하는 경우가 있음
- 예시: 사람들이 900번 서비스로 전화를 걸거나 웹사이트에 로그인하도록 하는 여론 조사

결론(❹~❺)

제언

- 응답자가 자신이 표본이 될 것인지를 선택하면 표본 추출 편향이 생김
- 사용된 표본 추출 기술을 인지하고 결론을 도출하는 것이 중요함

sampling bias(표본 추출 편향)

연구를 위해 선택한 그룹이 전체 인구와 일치하지 않을 때 발생하며, 결과의 신뢰성을 떨어뜨린다. 자발적인 참가자만 선택되는 경우 외에도 특정 집단을 누락시키는 바람에 일부 집단이 대표되지 않아 전체 모집단에 대한 부정확한 결론이 도출되는 경우도 있고, 설문조사 참여를 거부하는 응답자 때문에도 편향이 발생할 수 있다.

❹ [Whenever the respondents, rather than the researchers, choose {whether to be part of the sample}], sampling bias is possible.

[ ]는 시간을 나타내는 부사절로 '~할 때마다'라는 의미를 나타내고, 그 안의 { }는 「whether + to부정사구」가 쓰여 '~할지 아닐지'라는 의미를 나타내면서 choose의 목적어 역할을 한다.

❺ The important thing is [{to remain aware of what sampling techniques have been used} and {to draw your own conclusions accordingly}].

[ ]는 보어 역할을 하는 to부정사구이고, 그 안에서 두 개의 { }가 and로 대등하게 연결되어 있다.

❶연구 보고서를 읽을 때마다, 연구 참여자를 선택하기 위해 어떤 표본 추출 절차가 사용되었는지 반드시 알아내라. ❷몇몇 경우에는, 연구자들이 자신이 관심 있는 모집단을 대표하지 않을 가능성이 있는 비확률 표본에 기초하여 모집단에 대한 진술을 한다. ❸예를 들어, 사람들에게 번호 900번 서비스에 전화를 걸거나 어떤 웹사이트에 로그인하여 주어진 주제에 대한 자신의 의견을 표명하도록 요청하는 여론 조사는 그 문제에 찬성하는 (혹은 반대하는) 사람들이 그렇게 할 더 많은 시간이나 동기가 있을 수도 있기 때문에 표본 추출 편향을 포함할 수도 있다. ❹연구자가 아니라 응답자들이 자신이 표본의 일부가 될 것인지를 선택할 때마다 표본 추출 편향이 생길 수 있다. ❺중요한 것은 어떤 표본 추출 기술이 사용되었는지를 계속 인지하고 그에 맞게 여러분 자신의 결론을 도출하는 것이다.

Quick Check 적절한 말 고르기

1 Make sure to determine what sampling procedures have been used to select / selecting the research participants.

2 Polls which / in which people are asked to log on to a website to express their opinions on a given topic may contain sampling bias.

정답 1 select 2 in which

핵심 키워드 **practice, overlearning, automaticity**

❶ → 명사구(주어)
[Training researchers and practitioners] often ask, / "How much practice is enough?" //
훈련 연구자들과 전문가들은 자주 묻는다 / "얼마나 연습하면 충분한가?"라고 //

❷ → 명사절(suggest의 목적어) → 형식상의 주어 → 내용상의 주어 → 부사절(시간)
Some suggest / [that it is sufficient / {to practice ⟨until the task can be performed once /
어떤 이들은 제안한다 / 충분하다고 / 과업을 한 번 수행할 수 있을 때까지 연습하면 /

→ 부사절(양태)
without errors⟩}]. // ❸However, / [as many concert musicians can attest], / this approach
실수 없이 // 그러나 / 많은 콘서트 음악가들이 입증할 수 있듯이 / 이 접근법은 적절한,

→ be unlikely to do: ~할 것 같지 않다 → 부사절(조건)
is unlikely to lead to adequate, long-term task performance. // ❹[If you have ever taken
장기적인 과업 수행으로 이어질 것 같지 않다 // 만약 여러분이 피아노 레슨을 받아 본 적이

→ 명사절(observed의 목적어) → 동명사구(주어)
piano lessons], / you have probably observed / [that {playing a piece without errors
있다면 / 여러분은 아마 관찰했을 것이다 / 한 연습 시간에 실수 없이 어떤 곡을 연주하는 것이 어떤 식으로도

→ 명사절(guarantee의 목적어)
in one practice session} does not in any way guarantee / {that you will be able to play
보장하지 않는다는 것을 / 여러분이 그것을 완벽하게 연주할 수 있을 것이라고 /

→ continue -ing: 계속 ~하다
it flawlessly / a week later or even the next day}]. // ❺Instead, / you need to continue
일주일 후 혹은 그다음 날조차 // 대신 / 여러분은 그것을 계속 연습할 필요가

→ ~이 될 정도로, ~할 정도로
practicing it / to the point of overlearning. // ❻Similarly, / training programs should
있다 / 과잉 학습이 될 정도로 // 마찬가지로 / 훈련 프로그램은 과잉 학습을 강조해야 한다 /

→ 동명사구(전치사 by의 목적어) → present A with B: A에게 B를 주다
emphasize overlearning / by [presenting trainees with several extra learning opportunities /
몇 번의 추가 학습 기회를 연습생들에게 주어서 /

→ 부사절(시간) → result in: ~(이라는 결과)를 가져오다
{even after they have demonstrated mastery of a task}]. // ❼Overlearning results in
그들이 과업을 숙달한 것을 보인 후에도 // 과잉 학습은 자동화를 가져온다 /

→ 관계절(automaticity를 추가적으로 설명) → enable A to do: A로 하여금 ~하게 해 주다
automaticity, / [which enables the person to perform the task / with limited attention]. //
그것은 사람이 과업을 수행할 수 있게 해 준다 / 제한된 주의를 기울여도 //

❽ → 명사절(보어)
An example of automaticity is [when experienced drivers pay little attention to steering /
자동화의 예는 숙련된 운전자가 차량 조종에 거의 신경을 쓰지 않는 경우이다 /

→ while -ing: ~하면서, ~하는 동안에 → 명사절(saying의 목적어)
while driving]. // ❾People often refer to automaticity / by saying [they can do the task "on
운전하면서 // 사람들은 자주 자동화를 언급한다 / '자동 조종 장치 모드로' 또는 '자면서' 과업을 해낼 수 있다고

autopilot" or "in my sleep"]. //
말함으로써 //

어휘

- ☐ practitioner 전문가, (전문직, 기술직 등의) 개업자
- ☐ attest 입증하다
- ☐ performance 수행
- ☐ flawlessly 완벽하게
- ☐ overlearning 과잉 학습
- ☐ automaticity 자동화
- ☐ autopilot 자동 조종 장치
- ☐ approach 접근법
- ☐ observe 관찰하다
- ☐ emphasize 강조하다
- ☐ trainee 연습생, 훈련생
- ☐ attention 주의
- ☐ sufficient 충분한
- ☐ adequate 적절한
- ☐ guarantee 보장하다
- ☐ to the point of ~이 될 정도로, ~할 정도로
- ☐ mastery 숙달
- ☐ steer (차량 따위를) 조종하다

도입(❶~❹)

연습량에 대한 견해

과업을 실수 없이 한 번 수행할 수 있을 때까지 연습하는 것은 충분하지 않으며, 장기적 과업 수행으로 이어지지 않음 (예시: 피아노 연주)

↓

전개(❺~❻)

과잉 학습이 필요

과잉 학습이 될 정도로 연습 및 훈련해야 함

↓

결론(❼~❾)

과잉 학습의 결과

- 과잉 학습은 자동화로 이어지며 주의를 적게 기울여도 작업 수행이 가능해짐 (예시: 숙련된 운전자)
- 자동화는 '자동 조종 장치 모드' 또는 '자면서' 과업을 해낼 수 있다고 표현됨

지문 배경지식

overlearning(과잉 학습)

한 번의 무오류 수행을 하기 위해 자신이 잘 알고 있거나 잘 수행할 수 있는 수준을 달성한 후에도 훈련을 계속하는 것이다. 시간이 지남에 따라 학습의 지속성이 높아지는 이점이 있다.

구문 해설

❻ Similarly, training programs should emphasize overlearning by [presenting trainees with several extra learning opportunities {**even after** they have demonstrated mastery of a task}].

[ ]는 전치사 by의 목적어 역할을 하는 동명사구이고, 그 안의 { }는 시간을 나타내는 부사절로 '~ 후에도'라는 의미를 나타낸다.

❼ Overlearning results in automaticity, [which enables the person to perform the task with limited attention].

[ ]는 automaticity를 추가적으로 설명하는 관계절이다.

전문 해석

❶훈련 연구자들과 전문가들은 자주 "얼마나 연습하면 충분한가?"라고 묻는다. ❷어떤 이들은 과업을 실수 없이 한 번 수행할 수 있을 때까지 연습하면 충분하다고 제안한다. ❸그러나 많은 콘서트 음악가들이 입증할 수 있듯이, 이 접근법은 적절한, 장기적인 과업 수행으로 이어질 것 같지 않다. ❹만약 여러분이 피아노 레슨을 받아 본 적이 있다면, 여러분은 한 연습 시간에 실수 없이 어떤 곡을 연주한다고 해도 그것이 일주일 후 혹은 그다음 날조차 그것을 완벽하게 연주할 수 있을 것이라고 어떤 식으로도 보장하지 않는다는 것을 아마 관찰했을 것이다. ❺대신, 여러분은 과잉 학습이 될 정도로 그것을 계속 연습할 필요가 있다. ❻마찬가지로, 훈련 프로그램은 연습생들이 과업을 숙달한 것을 보인 후에도 몇 번의 추가 학습 기회를 그들에게 주어 과잉 학습을 강조해야 한다. ❼과잉 학습은 자동화를 가져와 사람이 제한된 주의를 기울여도 과업을 수행할 수 있게 해 준다. ❽자동화의 예는 숙련된 운전자가 운전하면서 차량 조종에 거의 신경을 쓰지 않는 경우이다. ❾사람들은 자주 '자동 조종 장치 모드'로 또는 '자면서' 과업을 해낼 수 있다고 말함으로써 자동화를 언급한다.

Quick Check 빈칸 완성하기

1 Training programs should stress o_____ by offering trainees several additional learning opportunities even after they have shown mastery of a task.

2 An example of a_____ is when experienced drivers pay little attention to steering while driving.

핵심 키워드 **price, sport product, perceived value**

❶ 명사구(주어)
[The level of demand and supply, and the price elasticity of a sport product] / are not
수요와 공급의 수준, 그리고 스포츠 상품의 가격 탄력성이 /   유일한 변수는

관계절   명사절(influence의 목적어)
the only variables / [that influence {how sensitive consumers are / to changes in price}]. //
아니다 /   소비자들이 얼마나 민감한지에 영향을 미치는 /   가격 변화에 //

❷ 명사구(주어)
[Consumer sensitivity to price change] is also affected / by the perceived value of the
가격 변화에 대한 소비자의 민감성은 또한 영향을 받는다 /   상품의 인지된 가치에 //

                                    부사절(조건)   명사절(believe의 목적어)   병렬구조
product. // ❸[If consumers believe / {that a sport product ⟨has substantial benefits⟩, / or
만약 소비자들이 믿는다면 /   스포츠 상품이 상당한 혜택을 지니고 있다고 /   혹은

                                    be willing to do: 기꺼이 ~하다   관계절
⟨provides them with social status⟩}], / then they may be willing to pay a price / [that is
자신들에게 사회적 지위를 제공한다고 /   그렇다면 그들은 가격을 기꺼이 지불할 수도 있다 /   시장 평균

                                                        부사절(조건)
higher than the market average]. // ❹Furthermore, / [if sport marketers can increase the
보다 더 높은 //   게다가 /   만약 스포츠 마케터들이 스포츠 상품의 인지된 가치를 높일 수
                                                        앞 절의 a sport product를 의미함
perceived value of a sport product], / then consumers may be willing to pay more for it, /
있다면 /   그렇다면 소비자들은 그것에 대해 더 많은 돈을 기꺼이 지불할 수도 있다 /

and the sport organisation may receive more revenue. // ❺Equally, / some consumers will
그리고 그 스포츠 단체는 더 많은 수익을 얻을 수도 있다 //   마찬가지로 /   일부 소비자들은 상품의 일부 혜택을
                        ~을 포기하다, ~없이 지내다
be willing to go without some product benefits / in exchange for a cheaper price. // ❻For
기꺼이 포기할 것이다 /   더 싼 가격과 맞바꾸어 //   예를
                                                        전치사구   ~을 위해
example, / consumers may be willing to buy a T-shirt [without a fashionable logo] / for the
들어 /   소비자들은 유행하는 로고가 없는 티셔츠를 기꺼이 살 수도 있다 /   돈을 덜 지불
                                    명사절(means의 목적어)
benefit of paying less. // ❼This means / [that the T-shirt producer can {spend less money
하기 위해 //   이것은 의미한다 /   티셔츠 생산자가 자신의 로고를 홍보하는 데 더 적은 돈을 쓸 수 있다는 것을 /

                        병렬구조
on marketing their logo}, / and {sell the product for less}]. //
                        그리고 더 적은 돈에 상품을 판매할 수 있다는 것을 //

*elasticity: 탄력성 **revenue: 수익

어휘

□ demand 수요	□ supply 공급	□ variable 변수
□ sensitive 민감한	□ perceived 인지된, 지각된	□ substantial 상당한
□ status 지위	□ be willing to *do* 기꺼이 ~하다	□ average 평균
□ fashionable 유행하는	□ for the benefit of ~을 위해	

도입(❶)

가격 변화에 대한 소비자의 민감성

스포츠 상품의 가격 변화에 대한 소비자의 민감성에는 수요, 공급, 가격 탄력성 외에 다른 것이 영향을 미침

↓

전개(❷~❹)

인지된 가치에 영향을 받는 가격

- 상품의 가치가 높다고 인지하면 소비자는 높은 가격을 지불함
- 스포츠 상품의 인지된 가치를 높이면 많은 수익을 얻을 수 있음

↓

부연(❺~❼)

가격을 위한 혜택 포기

- 가격이 더 싸다면 소비자는 상품의 일부 혜택을 포기할 수도 있음
- 예시: 가격이 싼 대신 유행하는 로고가 없는 티셔츠 → 티셔츠 생산자는 로고 홍보비용을 줄이고 더 낮은 가격에 판매 가능

구문 해설

❹ Furthermore, [if sport marketers can increase the perceived value of a sport product], then consumers may be willing to pay more for **it**, and the sport organisation may receive more revenue.

[ ]는 조건을 나타내는 부사절이고, it은 [ ] 안의 a sport product를 의미한다.

❼ This means [that the T-shirt producer can {spend less money on marketing their logo}, and {sell the product for less}].

[ ]는 means의 목적어 역할을 하는 명사절이고, 그 안의 두 개의 { }는 and로 대등하게 연결되어 조동사 can과 함께 that절의 술어를 이룬다.

전문 해석

❶ 수요와 공급의 수준, 그리고 스포츠 상품의 가격 탄력성이 소비자들이 가격 변화에 얼마나 민감한지에 영향을 미치는 유일한 변수는 아니다. ❷ 가격 변화에 대한 소비자의 민감성은 또한 상품의 인지된 가치에 영향을 받는다. ❸ 만약 소비자들이 스포츠 상품이 상당한 혜택을 지니고 있거나, 자신들에게 사회적 지위를 제공한다고 믿는다면, 그렇다면 그들은 시장 평균보다 더 높은 가격을 기꺼이 지불할 수도 있다. ❹ 게다가, 만약 스포츠 마케터들이 스포츠 상품의 인지된 가치를 높일 수 있다면, 그렇다면 소비자들은 그것에 대해 더 많은 돈을 기꺼이 지불할 수도 있고, 그 스포츠 단체는 더 많은 수익을 얻을 수도 있다. ❺ 마찬가지로, 일부 소비자들은 더 싼 가격과 맞바꾸어 상품의 일부 혜택을 기꺼이 포기할 것이다. ❻ 예를 들어, 소비자들은 돈을 덜 지불하기 위해 유행하는 로고가 없는 티셔츠를 기꺼이 살 수도 있다. ❼ 이것은 티셔츠 생산자가 자신의 로고를 홍보하는 데 더 적은 돈을 쓸 수 있으며, 더 적은 돈에 상품을 판매할 수 있다는 것을 의미한다.

Quick Check 주어진 말 어순 배열하기

1 The level of demand and supply and the price elasticity of a sport product are not the only variables that influence [consumers, to, are, how sensitive] changes in price.

2 Consumers may be willing to buy a T-shirt without a fashionable logo [paying, the benefit, less, of, for].

정답 1 how sensitive consumers are to 2 for the benefit of paying less

핵심 키워드 **proofread, spelling and grammar checkers, program, error**

❶ Many instructors combine editing and proofreading under one label. // ❷ They are
→ combine A and B: A와 B를 결합하다
editing and proofreading을 의미함
많은 교수자들이 편집과 교정을 하나의 꼬리표를 붙여 결합한다 //
하지만 여기 이

separated here in this text, however, / [because we want to highlight / {that there are
글에서는 그것들이 분리되는데 /
부사절(이유)
우리는 강조하고 싶기 때문이다 /
명사절(highlight의 목적어)
여러분의 글을 다듬는 데

several different steps to polishing your writing}]. // ❸ In addition to [looking at issues of
여러 서로 다른 단계가 있다는 것을 //
문제와 유려함의 문제를 보는 것 외에도 /
동명사구(전치사 to의 목적어)

style and fluidity / {when you edit}], / you also need to proofread your work, / [focusing
부사절(시간)
편집할 때 /
you가 의미상의 주어인 분사구문
여러분은 또한 여러분의 저작을 교정할 필요가 있다 /
문법, 구두점,

on surface features {such as grammar, punctuation, and citations}]. // ❹ Obviously, / you
삽입구(예시)
그리고 인용문과 같은 표면상의 특징에 초점을 맞추어 //
분명히 /
여러분은

can do a first round of proofreading by yourself, / perhaps [referring to the spelling and
독자적으로, 혼자서
독자적으로 1차 교정을 볼 수 있다 /
you가 의미상의 주어인 분사구문
아마 철자 및 문법 검사기를 참조하여 /

grammar checkers / {that are built into most word-processing programs}]. // ❺ However, /
관계절
대부분의 워드 프로세싱 프로그램에 내장된 //
그러나 /

you need to be aware / [that they will not catch all of the errors in your paper]. // ❻ For
be aware+that절: ~이 …하는 것을 알다
여러분은 알고 있어야 한다 /
그것들이 여러분의 논문에 있는 모든 오류를 잡아내지는 못할 것이라는 것을 //
예를

example, / many of them [are "dumb"] / and [do not know / {whether your sentence
병렬구조
명사절(know의 목적어)
들어 /
그중 많은 수는 '멍청하다' /
그리고 알지 못한다 /
여러분의 문장에 'there'가 필요한지, 'their'

needs *there, their,* or *they're*}]. // ❼ Automated grammar and spelling checkers are a good
가 필요한지, 혹은 'they're'가 필요한지 //
자동화된 문법 및 철자 검사기는 좋은 출발점이다 /

place / [to start proofreading your writing], / but you won't want to stop there. // ❽ [If
to부정사구(형용사적 용법)
글 교정을 시작하기 위한 /
하지만, 거기서 멈춰서는 안 될 것이다 //
부사절(조건)
만약

you are working on a piece of writing / {that needs to be polished in its final draft}], /
여러분이 글을 작업하고 있다면 /
관계절
최종 원고에서 다듬어져야 할 /
have+목적어+목적격 보어(동사원형):
~이 …하게 하다

you definitely want to [proofread carefully yourself] / as well as [have someone else
병렬구조
여러분은 직접 신중하게 교정을 봐야 한다 /
다른 사람이 여러분의 논문을 교정하도록 할 뿐만 아니라 //
A as well as B: B 뿐만 아니라 A도

proofread your paper]. //
여러분의 논문을 교정하도록 할 뿐만 아니라

어휘

- □ instructor 교수자
- □ separate 분리하다
- □ feature 특징
- □ obviously 분명히
- □ combine 결합하다
- □ polish 다듬다
- □ punctuation 구두점
- □ refer to ~을 참조하다
- □ proofread 교정을 보다, 교정하다
- □ fluidity 유려함, 유동성
- □ citation 인용문
- □ draft 원고

도입(❶~❸)
편집 외 교정의 필요
• 글을 다듬는 데 있어 편집뿐 아니라 교정의 단계가 필요함 • 표면상의 특징(문법, 구두점, 인용문 등)을 위주로 교정할 필요가 있음

↓

전개(❹~❻)
철자 및 문법 검사기 사용 시 유의점
• 워드 프로세싱 프로그램에 내장된 철자 및 문법 검사기로 1차 교정은 가능하나, 그것이 모든 오류를 잡지는 못함 • 예시: *there* vs. *their* vs. *they're*

↓

결론(❼~❽)
스스로 신중하게 교정 필요
• 자동화된 문법 및 철자 검사기에 멈추면 안 됨 • 타인의 도움과 함께 스스로 신중하게 자신의 글을 교정해야 함

구문 해설

❷ They are separated here in this text, however, [because we want to highlight {that there are several different steps to polishing your writing}].

[ ]는 이유를 나타내는 부사절이고, { }는 highlight의 목적어 역할을 하는 명사절이다.

❸ In addition to [looking at issues of style and fluidity {when you edit}], you also need to proofread your work, [focusing on surface features such as grammar, punctuation, and citations].

첫 번째 [ ]는 전치사 to의 목적어 역할을 하는 동명사구이고, 그 안의 { }는 시간을 나타내는 부사절이다. 두 번째 [ ]는 주절의 주어인 you를 의미상의 주어로 하는 분사구문으로 주어의 부수적 동작을 나타낸다.

전문 해석

❶많은 교수자들이 편집과 교정을 하나의 꼬리표를 붙여 결합한다. ❷하지만 여기 이 글에서는 그것들이 분리되는데, 여러분의 글을 다듬는 데 여러 서로 다른 단계가 있다는 것을 강조하고 싶기 때문이다. ❸편집할 때 문체와 유려함의 문제를 보는 것 외에도, 여러분은 또한 문법, 구두점, 그리고 인용문과 같은 표면상의 특징에 초점을 맞추어 여러분의 저작을 교정할 필요가 있다. ❹분명히, 여러분은 아마 대부분의 워드 프로세싱 프로그램에 내장된 철자 및 문법 검사기를 참조하여 독자적으로 1차 교정을 볼 수 있다. ❺그러나 여러분은 그것들이 여러분의 논문에 있는 모든 오류를 잡아내지는 못할 것이라는 것을 알고 있어야 한다. ❻예를 들어, 그중 많은 수는 '멍청하고' 여러분의 문장에 'there'가 필요한지, 'their'가 필요한지, 혹은 'they're'가 필요한지 알지 못한다. ❼자동화된 문법 및 철자 검사기는 글 교정을 시작하기 위한 좋은 출발점이지만, 거기서 멈춰서는 안 될 것이다. ❽만약 여러분이 최종 원고에서 다듬어져야 할 글을 작업하고 있다면, 반드시 다른 사람이 여러분의 논문을 교정하도록 할 뿐만 아니라 여러분이 직접 신중하게 교정을 봐야 한다.

Quick Check 적절한 말 고르기

1 Many of the automated grammar and spelling checkers are "dumb" and do not know what / whether your sentence needs *there*, *their*, or *they're*.

2 Automated grammar and spelling checkers being / are a good place to start proofreading your writing.

정답 1 whether 2 are

핵심 키워드 **presentation, overload, simultaneous, sequential**

❶In a series of three experiments, / → 명사구(주어) [researchers Slava Kalyuga, Paul Chandler, and
일련의 세 가지 실험에서 / 연구자인 Slava Kalyuga, Paul Chandler, John Sweller는 연구했다 /

→ 전치사 of의 목적어
John Sweller] studied / the effects of [using the same on-screen and auditory textual
동일한 화면 및 청각 텍스트 정보 사용의 효과를 //

→ 명사구(주어)
information]. // ❷In the first two experiments, / [a non-concurrent presentation of auditory
처음 두 실험에서 / 도식에 대한 청각 및 시각적 설명의 비동시적 제시가 /

형용사구(주격 보어)← → ~보다 우수한
and visual explanations of a diagram] / proved [superior / to a concurrent presentation
우수한 것으로 입증되었다 / 동일한 청각 및 시각적 설명의 동시 제시보다 //

→ 전치사 of의 목적어
of {the same auditory and visual explanations}]. // ❸The effect was significant / only
그 효과는 유의미했다 / 교육

→ 부사절(시간)
[when instruction time was limited]. // ❹Simultaneous presentations overloaded working
시간이 제한된 경우에만 // 동시 제시는 작업 기억에 과부하를 걸었다 /

분사구문(앞선 절의 결과 설명)← 동명사구← → 동명사구의 의미상의 주어
memory / by the need to relate both modes / [resulting in {neither mode being processed
두 가지 모드를 모두 연관시켜야 하는 필요에 의해 / 결과적으로 어느 모드도 적절하게 처리되지 않았다 /

→ might have p.p.: ~했을 수도 있다
adequately}] / (unrestricted instruction time might have partially compensated for the
제한되지 않은 교육 시간이 사용 불가한 처리 자원을 일부 보충했을 수도 있음 //

unavailable processing resources). // ❺In contrast, / with sequential presentations, / both
반면 / 순차적인 제시에서는 / 두 모드

→ 수동태 → without -ing: ~하지 않고
modes were studied / without overloading working memory. // ❻The second presentation
모두에 주의가 기울여졌다 / 작업 기억에 과부하를 걸지 않고 // 두 번째 제시가 반복 형식으로 효과적으로

→ 수동태 → 분사구
was effectively used as a form of repetition / [facilitating the positive effects of the
사용되었다 / 첫 번째 제시의 긍정적인 효과를 촉진하는 //

→ 명사구(주어)
first presentation]. // ❼[Evidence for the cognitive load-related nature of the effect]
그 효과의 인지 부하 관련 특성에 대한 증거는 제공되었다 /

→ 수동태
was provided / by subjective rating scales. // ❽The concurrent presentation formats
주관적인 평가 척도에 의해 // 동시 제시 형식은 학습자들에게 주관적으로 인식되었다 /

→ be perceived as: ~이라고 인식되다 → 비교급+than ...: ···보다 더 ~한
were subjectively perceived by the learners / as more demanding / than non-concurrent
더 부담이 크다고 / 비동시적 제시보다 /

presentations. //

*concurrent: 동시 (발생)의 **cognitive: 인지적인

어휘

- □ a series of 일련의
- □ auditory 청각적인, 청각의
- □ diagram 도식
- □ superior to ~보다 우수한
- □ significant 유의미한, 상당한
- □ overload 과부하를 걸다
- □ mode 모드, 방식
- □ adequately 적절하게
- □ partially 부분적으로
- □ compensate for ~을 보충하다
- □ unavailable 사용 불가한
- □ sequential 순차적인
- □ facilitate 촉진하다
- □ rating scale 평가 척도
- □ perceive 인식하다

도입(❶)

텍스트 정보 제시에 관한 연구 소개

동일한 텍스트 정보를 화면으로 그리고 청각적으로 제시하는 것의 효과를 연구함

전개(❷~❹)

비동시적 제시와 동시 제시의 차이

- 화면과 청각 정보를 비동시적으로 제시했을 때 동시 제시보다 우수함
- 동시에 제시할 경우 작업 기억에 과부하가 걸림

결론(❺~❽)

순차적 제시의 효과

- 순차적 제시에서는 화면과 청각 모드 둘 다에 주의가 기울여짐
- 두 번째 제시가 첫 번째 제시의 긍정적인 효과를 촉진하는 반복의 형태가 됨
- 동시 제시 형식은 학습자에게 더 벅차게 느껴짐

지문 배경지식

working memory(작업 기억)

이해, 문제 해결, 추론, 학습과 같은 인지 작업을 완료하는 동안 일시적으로 정보를 저장하고 처리하는 단기 기억의 일종이다. 작업 기억 활용의 예로는 관련된 숫자를 기억하면서 암산을 하거나, 주어진 과제를 완료하는 동안 일련의 지시 사항을 기억하는 것 등이 있다.

구문 해설

❶ In a series of three experiments, researchers Slava Kalyuga, Paul Chandler, and John Sweller studied the effects of [using the same **on-screen** and **auditory** textual information].

[ ]는 전치사 of의 목적어 역할을 하는 동명사구이고, 그 안에서 on-screen과 auditory가 and로 대등하게 연결되어 textual information을 수식한다.

❽ The concurrent presentation formats **were** subjectively **perceived** by the learners **as more demanding than** non-concurrent presentations.

「be perceived as ~」는 '~이라고 인식되다'라는 의미이다.
「비교급 + than」은 '~보다 더 …한'이라는 의미를 나타낸다.

전문 해석

❶일련의 세 가지 실험에서 연구자인 Slava Kalyuga, Paul Chandler, John Sweller는 동일한 화면 및 청각 텍스트 정보 사용의 효과를 연구했다. ❷처음 두 실험에서 도식에 대한 청각 및 시각적 설명의 비동시적 제시가 동일한 청각 및 시각적 설명의 동시 제시보다 우수한 것으로 입증되었다. ❸그 효과는 교육 시간이 제한된 경우에만 유의미했다. ❹동시 제시는 두 가지 모드를 모두 연관시켜야 하는 필요에 의해 작업 기억에 과부하가 걸려, 결과적으로 어느 모드도 적절하게 처리되지 않았다(제한되지 않은 교육 시간이 사용 불가한 처리 자원을 일부 보충했을 수도 있음). ❺반면, 순차적인 제시에서는 작업 기억에 과부하가 걸리지 않고 두 모드 모두에 주의가 기울여졌다. ❻두 번째 제시가 첫 번째 제시의 긍정적인 효과를 촉진하는 반복 형식으로 효과적으로 사용되었다. ❼그 효과의 인지 부하 관련 특성에 대한 증거는 주관적인 평가 척도에 의해 제공되었다. ❽동시 제시 형식은 학습자들에게 비동시적 제시보다 더 부담이 크다고 주관적으로 인식되었다.

Quick Check 적절한 말 고르기

1 Simultaneous presentations overloaded working memory by the need to relate both modes resulting in neither mode being / was processed adequately.

2 According to the text, with simultaneous / sequential presentations, both modes were studied without overloading working memory.

정답 1 being 2 sequential

핵심 키워드 **distraction, information, organization, recall**

❶ [One way to show {that people can actively think during distraction}] / is by looking
명사구(주어) / 명사절(show의 목적어) / 사람들이 주의가 산만한 중에도 능동적으로 사고할 수 있다는 것을 보여 주는 한 가지 방법은 / 정보의 표현이나 조직이

at [how the representation or organization of information changes / {while people are
명사절(전치사 at의 목적어) / 어떻게 달라지는지 살펴보는 것이다 / 부사절(시간) / 사람들이 주의가 산만할 때 //

distracted}]. // ❷In an experiment / [that was part of a series on unconscious thought and
한 실험에서 / 관계절 / 무의식적인 사고와 의사 결정에 관한 시리즈의 일부인 /

decision making], / participants were asked / to form an impression of a fictitious person
be asked to *do*: ~하도록 요청받다 / 참가자들은 요청받았다 / Jeroen이라는 가상의 인물에 대한 인상을 형성하도록 /

[named Jeroen], / [who was described by 18 different sentences]; / each sentence was
분사구 / 관계절(a fictitious person named Jeroen을 추가적으로 설명) / 18개의 서로 다른 문장으로 묘사된 / 각 문장은 예비 테스트를 거쳐 /

pretested / to ensure [it corresponded with one of three trait categories / (intelligence,
명사절(ensure의 목적어) / each sentence를 의미함 / 이 세 가지 특성 범주 중 하나에 들어맞도록 하였다 / correspond with: ~에 들어맞다 / (지능, 외향성, 자유주의자) //

extroversion, and liberal)]. // ❸Participants either recalled as many sentences as they
either A or B: A하거나 B / as ~ as one could: 가능한 한 ~ / 참가자들은 즉시 가능한 한 많은 문장을 회상하거나 /

could immediately, / or after a period of distraction. // ❹The results showed / [that the
또는 일정 기간 주의 산만을 겪은 후에(가능한 한 많은 문장을 회상했다) // 결과는 보여 주었다 / 명사절(showed의 목적어) / 주의 산만을

recall results of the people {who were distracted} / had a greater degree of organization] /
관계절 / 겪은 사람들의 회상 결과가 / greater(비교급) than: ~보다 더 큰 / 조직화 정도가 더 컸다는 것을 /

— the information was clustered around the three trait concepts / — than the protocols
정보가 세 가지 특성 개념을 중심으로 모여 있었다 / 대조군 참가자들의 관찰 기록보다 //

of the control participants. // ❺During distraction, / a process had taken place / [that is
주의 산만을 겪는 동안 / 과정이 일어났다 / 관계절 / 사고에 대한

reminiscent of the classic definition of thinking]: / The information had been shaken
고전적인 정의를 연상시키는 / 과거완료 수동태(had been p.p.) / 즉, 정보가 함께 뒤섞였다 //

together. //

*protocol: (실험 등의) 관찰 기록   **reminiscent: 연상시키는

어휘

□ distraction 주의 산만, 주의를 빼앗김   □ representation 표현   □ unconscious 무의식적인
□ impression 인상   □ fictitious 가상의   □ pretest 예비 테스트를 하다
□ trait 특성   □ extroversion 외향성   □ cluster 모으다

도입(①)

산만한 상태에서 일어나는 능동적인 사고

사람들은 주의가 산만할 때에도 능동적으로 사고하여 정보의 표현이나 조직을 변화시킴

↓

전개(②~③)

실험 과정

- 가상 인물에 대한 18개의 문장을 참가자에게 제시
- 18개의 문장은 세 가지 특성 범주로 나뉠 수 있음
- 참가자들을 즉시 또는 산만하게 한 후 문장을 회상하게 함

↓

결론(④~⑤)

실험 결과

주의 산만을 겪은 이후 회상 결과는 조직화 정도가 더 큼(정보가 서로 뒤섞임)

❷ In an experiment [that was part of a series on unconscious thought and decision making], participants were asked to form an impression of a fictitious person named Jeroen, [who was described by 18 different sentences]; each sentence was pretested to ensure [it corresponded with one of three trait categories (intelligence, extroversion, and liberal)].

첫 번째 [ ]는 an experiment를 수식하는 관계절이고, 두 번째 [ ]는 a fictitious person named Jeroen을 추가적으로 설명하는 관계절이다. 세 번째 [ ]는 ensure의 목적어 역할을 하는 명사절로, 접속사 that이 생략된 것으로 볼 수 있다.

❺ During distraction, a process **had taken** place [that is reminiscent of the classic definition of thinking]: The information **had been shaken** together.

[ ]는 a process를 수식하는 관계절이다. 실험 결과가 나온 것은 과거이고, 사람들이 주의 산만을 겪는 동안 그 과정이 일어나고 정보가 뒤섞인 것은 그것보다 더 이전이므로 과거완료 시제인 had taken과 had been taken이 쓰였다.

❶사람들이 주의가 산만한 중에도 능동적으로 사고할 수 있다는 것을 보여 주는 한 가지 방법은 사람들이 주의가 산만할 때 정보의 표현이나 조직이 어떻게 달라지는지 살펴보는 것이다. ❷무의식적인 사고와 의사 결정에 관한 시리즈의 일부인 한 실험에서 참가자들은 18개의 서로 다른 문장으로 묘사된 Jeroen이라는 가상의 인물에 대한 인상을 형성하도록 요청받았는데, 예비 테스트를 거쳐 각 문장이 세 가지 특성 범주(지능, 외향성, 자유주의자) 중 하나에 들어맞도록 하였다. ❸참가자들은 즉시 또는 일정 기간 주의 산만을 겪은 후에 가능한 한 많은 문장을 회상했다. ❹결과에 따르면 주의 산만을 겪은 사람들의 회상 결과가 대조군 참가자들의 관찰 기록보다 조직화 정도가 더 커서 정보가 세 가지 특성 개념을 중심으로 모여 있었다. ❺주의 산만을 겪는 동안, 사고에 대한 고전적인 정의를 연상시키는 과정이 일어났다. 즉, 정보가 함께 뒤섞였다.

Quick Check 빈칸 완성하기

❶ Looking at how the representation or organization of information changes while people are distracted is one way to show that individuals can engage in a_____ thinking during distraction.

❷ The recall of the sentences by individuals who were d_____ had a greater degree of organization than the protocols of the control participants.

정답 1 (a)ctive 2 (d)istracted

핵심 키워드 **historical, scientific, comparative, comprehensive**

❶[A proper understanding of the relationship between the historical and the scientific] /
→ 명사구(주어)   → between A and B: A와 B 사이의
역사적인 것과 과학적인 것 사이의 관계에 관한 적절한 이해는 /

is important for progress in the social and biological sciences. // ❷There is (or ought to
사회 과학과 생물 과학의 발전에 중요하다 //   긴밀한 상호 작용이 있다(혹은 있어야

be) an intimate interplay / between the study of the unique events of given historical
한다) /   → between A and B: A와 B 사이의
                             주어진 역사적 연쇄 속 독특한 사건에 관한 연구와 /

sequences / and the generalizations about process / [constructed by studying many
                                                                        → 분사구
과정에 관한 일반화 사이에는 /   비교 및 종합적 틀에서 많은 사례를 연구하여 구성된 //

cases in a comparative and comprehensive framework]. // ❸The study of unique cases
                                                            독특한 사례에 대한 연구는 자료를 제공한다 /

furnishes the data / [from which generalizations are derived], / [while the generalizations
                            → 관계절   → 부사절(대조)
일반화가 도출되는 /   반면 일반화는 과정을 더 잘 이해할 수 있게

allow us to understand better the processes / {that operated on particular historical
→ allow ~ to do: ~이 …할 수 있게 하다   → 관계절
해 준다 /   특정 역사적 궤적에서 작동한 //

trajectories}]. // ❹We cannot neglect the close, critical study of particular cases /
                      → not ~ without ...: …하지 않고서는 ~하지 않는다, ~하면 …하게 된다
우리는 특정 사례에 대한 면밀하고 비판적인 연구를 소홀히 할 수 없다 /

without putting the database for generalization in jeopardy. // ❺Besides, / we often have
     → put ~ in jeopardy: ~을 위험에 빠뜨리다
일반화를 위한 데이터베이스를 위험에 빠뜨리지 않고는 //   게다가 /   우리는 자주 정당한 이유가

legitimate reasons / to be curious about [exactly how particular historical sequences, {such
                                          → 명사절(전치사 about의 목적어)   삽입구(예시)←
있다 /   '호모 사피엔스'의 진화와 같은 특정 역사적 연쇄가 정확히 어떻게 발생했는지 궁금해할 //

as the evolution of *Homo sapiens*}, occurred]. // ❻On the other hand, / it is from the study
                              it is ~ that ... 강조 구문(from the study of many cases를 강조)←
                    반면에 /   많은 사례에 대한 연구에서 비롯된다 /

of many cases / that we form a body of theory about evolutionary processes. // ❼No one
                우리가 진화 과정에 대한 많은 이론을 형성하는 것은 //   어떤 한 가지

historical trajectory contains enough information / to obtain a very good grasp of the
                    → enough ~ to do: …할 만큼 충분한 ~
역사적 궤적도 충분한 정보를 포함하지 않는다 /   과정을 매우 잘 이해할 수 있을 만큼 /

processes / [that affected its own evolution]. // ❽Data are missing / [because the record
              → 관계절   → 부사절(이유)
과정 /   그것 자체의 진화에 영향을 미친 //   자료가 누락되어 있다 /   기록이 불완전하기 때문에 //

is imperfect]. // ❾The lineage may be extinct, / and so direct observation is impossible. //
                      계보가 멸종되어 있을 수도 있다 /   따라서 직접 관찰은 불가능하다 //

❿[Even if the lineage is in existence], / experimentation may be impossible / for practical
   → 부사절(양보)
계보가 존재한다 하더라도 /   실험이 불가능할 수도 있다 /   현실적인 혹은 윤리적인

or ethical reasons. // ⓫Potential causal variables may be correlated in particular cases, /
이유로 //   잠재적인 인과 변수들이 특정 사례에서 상관관계가 있을 수도 있다 /

so [understanding their behavior] may be impossible. // The comparative method can

동명사구(주어)

따라서 그것들의 행동을 이해하는 것이 불가능할 수도 있다 //

비교 방법은 흔히 그러한 사례를 명확하게 만들 수 있다 //

often clarify such cases. // ["Scientists" need "historians"] / and ["historians" need

'과학자'는 '역사학자'를 필요로 한다 /

병렬구조

그리고 '역사학자'도 '과학자'를 필요로 한다 //

"scientists" as well]. //

*trajectory: 궤적   **put ~ in jeopardy: ~을 위험에 빠뜨리다   ***lineage: 계보

어휘

- ☐ intimate 긴밀한
- ☐ generalization 일반화
- ☐ furnish 제공하다
- ☐ legitimate 정당한
- ☐ extinct 멸종된
- ☐ causal 인과의, 원인이 되는

- ☐ interplay 상호 작용
- ☐ comparative 비교의
- ☐ derive 도출하다
- ☐ grasp 이해
- ☐ observation 관찰
- ☐ variable 변수

- ☐ sequence 연쇄, 순서
- ☐ comprehensive 종합적인
- ☐ critical 비판적인, 엄밀한
- ☐ evolution 진화
- ☐ potential 잠재적인

도입(❶~❷)
역사와 과학의 관계 이해
흐름 속 사건에 대한 연구와 사례에 대한 일반화 사이에는 긴밀한 상호 작용이 있음

전개(❸~⓫)
사례 연구와 일반화
• 사례 연구는 일반화를 위한 자료를 제공하고, 일반화는 과정 이해에 도움을 줌 • 사례 연구를 소홀히 할 경우 일반화를 위한 데이터베이스가 위험해지고, 사례 연구만 할 경우 불완전한 기록 등으로 이론 형성이 어려움

결론(⓬~⓭)
종합적인 틀 필요
• 특정 사례만 연구하는 것의 단점을 비교 방법이 보완함 • 과학자와 역사학자는 서로를 필요로 함

전문 해석

❶역사적인 것과 과학적인 것 사이의 관계에 관한 적절한 이해는 사회 과학과 생물 과학의 발전에 중요하다. ❷주어진 역사적 연쇄 속 독특한 사건에 관한 연구와 비교 및 종합적 틀에서 많은 사례를 연구하여 구성된 과정에 관한 일반화 사이에는 긴밀한 상호 작용이 있다(혹은 있어야 한다). ❸독특한 사례에 대한 연구는 일반화가 도출되는 자료를 제공하는 반면, 일반화는 특정 역사적 궤적에서 작동한 과정을 더 잘 이해할 수 있게 해 준다. ❹우리가 특정 사례에 대한 면밀하고 비판적인 연구를 소홀히 하게 되면 일반화를 위한 데이터베이스를 위험에 빠뜨리게 만들고 만다. ❺게다가, 우리는 자주 '호모 사피엔스'의 진화와 같은 특정 역사적 연쇄가 정확히 어떻게 발생했는지 궁금해할 정당한 이유가 있다. ❻반면에, 우리가 진화 과정에 대한 많은 이론을 형성하는 것은 많은 사례에 대한 연구에서 비롯된다. ❼어떤 한 가지 역사적 궤적도 그것 자체의 진화에 영향을 미친 과정을 매우 잘 이해할 수 있을 만큼 충분한 정보를 포함하지 않는다. ❽기록이 불완전하기 때문에 자료가 누락되어 있다. ❾계보가 멸종되어 있을 수도 있어서, 직접 관찰은 불가능하다. ❿계보가 존재한다 하더라도, 현실적인 혹은 윤리적인 이유로 실험이 불가능할 수도 있다. ⓫잠재적인 인과 변수들이 특정 사례에서 상관관계가 있을 수도 있으므로, 그것들의 행동을 이해하는 것이 불가능할 수도 있다. ⓬비교 방법은 흔히 그러한 사례를 명확하게 만들 수 있다. ⓭'과학자'는 '역사학자'를 필요로 하며 '역사학자'도 '과학자'를 필요로 한다.

Homo sapiens(호모 사피엔스)

생물학에서 현생인류를 가리키는 말로, 호모 사피엔스는 4~5만 년 전부터 지구상에 널리 퍼져 나가 후기 구석기 문화를 발생시켰다. 직립과 보행에 완전히 적응했으며, 언어와 정교한 도구를 사용하는 등 초기 인류보다 발전된 모습을 보였다.

lineage(계보)

조상–혈통 관계로 연결된 생물학적 개체들의 서열로, 한 종이 옛 조상으로부터 진화해 온 방식을 나타낼 수 있다.

구문 해설

❺ Besides, we often have legitimate reasons to be curious about [exactly how particular historical sequences, {such as the evolution of *Homo sapiens*}, occurred].

[   ]는 전치사 about의 목적어 역할을 하는 명사절이고, 그 안의 {   }는 예시를 나타내는 삽입구이다.

❼ No one historical trajectory contains **enough information to obtain** a very good grasp of the processes [that affected its own evolution].

「enough + 명사 + to부정사구」는 '~할 만큼 충분한 …'이라는 의미이다. [   ]는 the processes를 수식하는 관계절이다.

Quick Check T, F 고르기

❶ The study of unique historical cases provides the data necessary for deriving generalizations about processes. T / F

❷ The comparative method is seldom useful for clarifying particular cases where potential causal variables are correlated. T / F

정답 1 T 2 F

실전편

실전모의고사 3회

핵심키워드 **students, educate, fire drill, cooperation**

Dear Mr. Brown,
Brown 선생님께

❶[As part of our ongoing commitment to community safety], / we are dedicated to
전치사구
저희의 지역 사회 안전에 대한 진행 중인 헌신의 일환으로 /
be dedicated to: ~에 전념하다
저희는 모든 개인, 특히 학생들의

[ensuring the well-being of all individuals, especially students]. // ❷It is crucial / [{to
동명사구(전치사 to의 목적어)
안녕을 보장하는 데 전념하고 있습니다 //
형식상의 주어   내용상의 주어
매우 중요합니다 /   그들

educate them on proper evacuation procedures} and {familiarize them with the sound
병렬구조
에게 적절한 대피 절차를 교육하고 화재경보기 소리에 친숙하게 하는 것이 //
(to)

of fire alarms}]. // ❸A fire drill is an essential exercise / [that prepares students, staff,
관계절
소방 훈련은 필수적인 훈련입니다 /   학생, 사무직원, 교직원이 비상 상황에 대비하는 //

and faculty for emergency situations]. // ❹Therefore, we request your cooperation [in
전치사구(상황)
그러므로, 저희는 귀하의 학교에서 소방 훈련을 실시함에 있어 귀하의 협조를

conducting a fire drill at your school]. // ❺Our highly trained personnel will supervise
부탁드립니다 //
저희의 고도로 훈련된 직원들이 훈련을 감독하고 조정할 것입니다 /

and coordinate the drill, / [ensuring a safe and controlled environment throughout the
분사구문(주절의 부수적 상황)
훈련 시간 동안 내내 안전하고 통제된 환경을 보장하면서 //

exercise]. // ❻The drill will last about an hour, / and we will provide an overall plan for
훈련은 약 1시간 동안 진행될 것입니다 /   그리고 저희는 소방 훈련에 대한 전반적인 계획을 제공할 것입니다 //

the fire drill. // ❼Please notify students in advance / [so that they are familiar with {how
사전에
학생들에게 사전에 공지해 주시기 바랍니다 /
부사절(목적)   명사절(전치사 with의 목적어)
그들이 소방 훈련이 어떻게 진행되는지를 숙지할 수 있도록 //

fire drills work}]. // ❽Your cooperation is invaluable [in fostering a safe environment at
전치사구(상황)
귀하의 협조는 귀하의 학교에서 안전한 환경을 조성하는 데 매우 귀중합니다 //

your school]. // ❾[Should you have any questions], / please do not hesitate to contact us
If가 생략되어 주어와 조동사가 도치된 구문
추가적인 질문이 있으시면 /   주저하지 마시고 539-497-0701로 연락주시기 바랍니다 //

at 539-497-0701. //

Sincerely,

Andres Serrano

Fire Chief

Sandy Summer Fire Station
Sandy Summer 소방서장 Andres Serrano 드림

어휘
- □ ongoing 진행 중인
- □ ensure 보장하다
- □ personnel 직원
- □ overall 전반적인
- □ foster 조성하다
- □ commitment 헌신, 전념
- □ evacuation 대피
- □ supervise 감독하다
- □ notify 공지하다
- □ be dedicated to ~에 전념하다
- □ drill 훈련
- □ coordinate 조정하다
- □ invaluable 매우 귀중한

도입(❶)

우리(소방서)의 전념

학생들의 안녕을 보장하는 데에 전념

↓

요지(❷~❹)

소방 훈련의 당위성과 협조 요청

• 학생들에게 대피 절차를 교육하고 화재경보기 소리에 친숙해지도록 교육할 필요성
• 소방 훈련의 필수성
• 학교에서 소방 훈련을 위한 협조 요청

↓

부연(❺~❾)

구체적인 정보

• 소방 직원들의 훈련 감독 및 조정
• 훈련 시간 공지
• 추가적인 정보가 필요한 경우에 대비해 연락망 제공

❶ [As part of our ongoing commitment to community safety], we **are dedicated to** [ensuring the well-being of all individuals, especially students].

첫 번째 [ ]는 As가 유도하는 전치사구이고, '~에 전념하다'의 의미의 「be dedicated to ~」의 표현이 사용되었으며 두 번째 [ ]는 전치사 to의 목적어 역할을 하는 동명사구이다.

❼ Please notify students in advance [so that they are familiar with {how fire drills work}].

[ ]는 목적의 의미를 나타내는 부사절이고, 그 안의 { }는 전치사 with의 목적어 역할을 하는 명사절이다.

Brown 선생님께

❶저희의 지역 사회 안전에 대한 진행 중인 헌신의 일환으로, 저희는 모든 개인, 특히 학생들의 안녕을 보장하는 데 전념하고 있습니다. ❷그들에게 적절한 대피 절차를 교육하고 화재경보기 소리에 친숙하게 하는 것이 매우 중요합니다. ❸소방 훈련은 학생, 사무직원, 교직원이 비상 상황에 대비하는 필수적인 훈련입니다. ❹그러므로, 저희는 귀하의 학교에서 소방 훈련을 실시함에 있어 귀하의 협조를 부탁드립니다. ❺저희의 고도로 훈련된 직원들이 훈련을 감독하고 조정하며, 훈련 시간 동안 내내 안전하고 통제된 환경을 보장할 것입니다. ❻훈련은 약 1시간 동안 진행되며, 저희는 소방 훈련에 대한 전반적인 계획을 제공할 것입니다. ❼학생들이 소방 훈련이 어떻게 진행되는지를 숙지할 수 있도록 사전에 공지해 주시기 바랍니다. ❽귀하의 협조는 귀하의 학교에서 안전한 환경을 조성하는 데 매우 귀중합니다. ❾추가적인 질문이 있으시면, 주저하지 마시고 539-497-0701로 연락주시기 바랍니다.

Sandy Summer 소방서장

Andres Serrano 드림

1 It is crucial to educate them on proper evacuation procedures and familiarize / familiarizes them with the sound of fire alarms.

2 Our highly trained personnel will supervise and coordinate the drill, ensure / ensuring a safe and controlled environment throughout the exercise.

정답 1 familiarize 2 ensuring

핵심 키워드 **no-parking zone, emergency entrance, attendant, beg, park, a relaxed smile**

❶ 부사절(시간)
[When she arrived at the hospital], / Terina hastily pulled her car up to the curb of a
그녀가 병원에 도착했을 때 / Terina는 주차 금지 구역의 도로 경계석에 자신의 차를 서둘러 세웠다 /

분사구문(주절의 부수적 상황)
no-parking zone, / [desperately looking for a suitable parking spot]. // ❷Her heart raced
적당한 주차 공간을 필사적으로 찾으면서 // 그녀의 심장은 불안 때문에

분사구문(주절의 이전 상황 설명) 명사절(Determining의 목적어)
with anxiety. // ❸[Determining {that the emergency entrance seemed her only choice}], /
아주 빨리 뛰었다 // 응급실 출입구가 그녀의 유일한 선택인 것 같다고 결정하고 나서 /

as ~ as one can = as ~ as possible
Terina inched her car / as close to the edge of the pavement as she could. // ❹She
Terina는 자신의 차를 조금씩 움직였다 / 그녀가 할 수 있는 한 인도의 가장자리에 가깝게 // 그녀는

to부정사구(목적) make sure that ~: ~이라는 것을 확인하다
stopped behind a cement column, / and then glanced around / [to make sure that the
시멘트 기둥 뒤에서 멈추었다 / 그리고 주위를 힐끗 보았다 / 구급차가 자유롭게 드나들 수 있는지

부사절(시간) 지각동사(saw)+목적어+목적격 보어
ambulances could enter and exit freely]. // ❺[Before she could step out], / she saw a tall
확인하기 위해 // 그녀가 차에서 나오기 전에 / 그녀는 키 큰 젊은 안내원이

분사구문(주절의 부수적 상황)
young attendant waving her away. // ❻"You can't park there, ma'am," he shouted, [walking
자신에게 나가라고 손짓하는 것을 보았다 // 그는 "거기에 주차하시면 안 됩니다, 부인."이라고 소리치면서, 그녀의 차로 걸어왔다 //

분사구문(주절의 부수적 상황)
towards her car]. // ❼"I've hurt my wrist," Terina said, / [looking up at him through her
"제가 손목을 다쳤어요."라고 Terina는 말했다 / 열린 창문을 통해 그를 올려다보면서 //

분사구문(주절의 부수적 상황) 명사절(감정의 원인)
open window]. // ❽Her eyes begged, [hoping for his pity]. // ❾"I'm afraid [that I'm a bit
그녀의 눈은 간청했고, 그의 동정을 바라고 있었다 // 제가 조금 어지러운 것 같아요 //

분사구문(주절의 부수적 상황)
dizzy."] // ❿He looked around, [assessing the situation], then suggested, / "If you like,
그는 주위를 둘러보며 상황을 판단한 다음, 제안했다 / 원하신다면, 저에게

부사절(시간)
you can give me your keys. / I'll park your car in the lot. / [When you're finished], go to
열쇠를 주세요 / 제가 주차장에 당신의 차를 주차하겠습니다 / 일을 마치고, 안내 데스크로 가세요 /

부사절(부대상황)
the front desk, / and they'll call me to get it for you." // ⓫Terina showed a relaxed smile [as
그러면 그들이 제가 차를 당신께 가져오도록 전화할 것입니다 // Terina는 진정된 한숨을 내쉬며 편안한 미소를 보였다 /

she let out a calming sigh]. //

어휘
- □ pull ~ up (차를) 세우다
- □ edge 가장자리
- □ glance 힐끗 보다
- □ sigh 한숨
- □ curb 도로 경계석
- □ pavement 인도
- □ attendant 안내원
- □ inch 조금씩 움직이다
- □ column 기둥
- □ pity 동정

도입(①~④)
위급 상황에서 주차 문제
병원에 도착한 Terina는 위급한 상황에서 임시로 주차를 하였음

↓

전개(⑤~⑨)
안내원의 제지
• 안내원이 주차를 할 수 없다고 제지함 • 사정을 이해해달라고 간청하는 Terina

↓

마무리(⑩~⑪)
주차를 대신해 주겠다는 안내원
• 주차를 대신해 주겠다는 안내원 • 안도하는 Terina

구문 해설

❶ [When she arrived at the hospital], Terina hastily pulled her car up to the curb of a no-parking zone, [desperately looking for a suitable parking spot].

첫 번째 [ ]는 시간의 의미를 나타내는 부사절이고, 두 번째 [ ]는 Terina를 의미상의 주어로 하여 주절의 부수적인 상황을 나타내는 분사구문이다.

⑪ Ternia showed a relaxed smile [as she let out a calming sigh].

[ ]는 '~하며'의 의미를 나타내는 접속사 as가 이끄는 부사절이다.

전문 해석

❶Terina가 병원에 도착했을 때 주차 금지 구역의 도로 경계석에 자신의 차를 서둘러 세우고 적당한 주차 공간을 필사적으로 찾았다. ❷그녀의 심장은 불안 때문에 아주 빨리 뛰었다. ❸응급실 출입구가 그녀의 유일한 선택인 것 같다고 결정하고 나서, Terina는 할 수 있는 한 자신의 차를 인도의 가장자리에 가깝게 조금씩 움직였다. ❹그녀는 시멘트 기둥 뒤에서 멈춘 다음 구급차가 자유롭게 드나들 수 있는지 확인하기 위해 주위를 힐끗 보았다. ❺차에서 나오기도 전에, 그녀는 키 큰 젊은 안내원이 자신에게 나가라고 손짓하는 것을 보았다. ❻그는 "거기에 주차하시면 안 됩니다, 부인."이라고 소리치면서, 그녀의 차로 걸어왔다. ❼"제가 손목을 다쳤어요."라고 Terina는 말하면서, 열린 창문을 통해 그를 올려다보았다. ❽그녀의 눈은 간청했고, 그의 동정을 바라고 있었다. ❾"제가 조금 어지러운 것 같아요." ⑩그는 주위를 둘러보며 상황을 판단한 다음, "원하신다면, 저에게 열쇠를 주세요. 제가 주차장에 당신의 차를 주차하겠습니다. 일을 마치고, 안내 데스크로 가시면 그들이 제가 차를 당신께 가져오도록 전화할 것입니다."라고 제안했다. ⑪Terina는 진정된 한숨을 내쉬며 편안한 미소를 보였다.

Quick Check 적절한 말 고르기

1 Determining that / what the emergency entrance seemed her only choice, Terina inched her car as close to the edge of the pavement as she could.

2 "I've hurt my wrist," Terina said, looked / looking up at him through her open window.

정답 1 that 2 looking

모든 국가가 제 몫을 다하는 세계적 체계

핵심키워드 chains, count, fair share, parasitic nation, a well-balanced system, equitable

❶Strength stems from the chains / [formed by a world {united to overcome the different
힘은 사슬에서 생긴다 /   여러 가지 난제를 극복하기 위해 하나가 된 세계에 의해 형성되는 //

challenges}]. // ❷Every nation should count and should have its role to play, / based on
모든 국가는 중요성을 지녀야 하며 각자의 역할을 지녀야 한다 /   그것의 자원,

its resources, its economic weight, and its demographic pole. // ❸It is time for a planetary
경제적 비중, 그리고 인구학적 지위를 바탕으로 //   이제는 지구적 지정학이 필요한 때이다 /

geopolitics, / a global economy [that sees to it that all people are secure, stable, and
즉, 모든 사람이 안전하고, 안정적이며, 자신의 정당한 몫만큼 기여하고 싶도록 보장하는 세계 경제(가 필요한 때이다) //

motivated to contribute their fair share]. // ❹There should not be any parasitic nation [that
단지 받아먹고 보살핌을 받기 위해 존재하는 어떠한 기생 국가도 있어서는 안된다 //

is there only to be fed and taken care of]. // ❺There must be a well-balanced system with
적절한 구조를 지닌 균형 잡힌 체계가 있어야 한다 /

the appropriate structures / [to confirm, implement, and correct the machinery]. // ❻The
기구의 타당성을 확인하고, 실행하고, 바로잡을 수 있는 //   철의

fall of the Iron Curtain can teach us valuable lessons. // ❼Wouldn't it be great / [to have
장막의 붕괴는 우리에게 귀중한 교훈을 가르쳐 줄 수 있다 //   멋지지 않을까 /   예를 들어,

a definite date to wipe out famine from the globe], for instance? // ❽Or immunize all
지구상에서 기근을 쓸어버릴 확실한 날짜를 갖는 것이 /   아니면 매우 많은 아기들의

children against certain widespread diseases [that destroy so many babies]? // ❾Or teach
생명을 앗아 가는 널리 퍼진 특정 질병을 막기 위해 모든 아이들에게 백신 주사로 면역력을 갖게 한다면 //   아니면 세상

the world's population [how to read and write]? // ❿[To reach such noble goals], / there
사람들에게 읽고 쓰는 법을 가르친다면 //   그러한 고귀한 목표들에 도달하기 위해서는 /   공평하고,

must be a global system [that is equitable, transparent, and diligent]. //
투명하고, 끊임없이 노력하는 세계적인 체계가 있어야만 한다 //

*demographic: 인구학의 **transparent: 투명한

어휘

☐ planetary 지구상의　　　☐ geopolitics 지정학　　　☐ see to it that ~을 보장하다[분명하게 하다]
☐ share 몫　　　　　　　☐ parasitic 기생의　　　　☐ confirm (타당성을) 확인하다
☐ implement 실행하다　　　☐ machinery 기구, 조직　　☐ definite 확실한
☐ wipe out ~을 쓸어버리다　☐ immunize (백신 주사로) 면역력을 갖게 하다
☐ noble 고귀한　　　　　☐ equitable 공평한

글의 흐름 파악

도입(①)
힘이 생기는 요인
힘은 난제를 극복하기 위해 하나가 된 세계의 사슬에서 생김

↓

주장(②~⑤)
모든 국가의 참여의 당위성
• 모든 국가는 중요하고 각자의 역할을 해야 함 • 기생하는 국가가 있어서는 안 됨 • 균형 잡힌 체계가 필요함

↓

예시(⑥~⑨)
사례들
• 철의 장막의 붕괴가 주는 교훈 • 기근 퇴치, 백신 주사 접종, 읽고 쓰는 능력을 길러내기 위해 세계가 협력해야 할 필요성

↓

결론(⑩)
세계적인 체계의 필요성
공평하고 투명하고 끊임없이 노력하는 세계적인 체계의 필요성

지문 배경지식

geopolitics(지정학)

지구의 지리(인적, 물리적)가 정치와 국제 관계에 미치는 영향을 연구하는 학문으로서 일반적으로 국가와 국가 간의 관계를 지칭하지만, 국제적으로 인정이 제한된 사실상의 독립 국가와 하위 국가 지정학적 실체(연방, 연맹 또는 준연방 체제를 구성하는 연합 국가) 간의 관계라는 두 가지 다른 종류의 국가에 초점을 맞출 수도 있다.

구문 해설

❸ It is time for a planetary geopolitics, [a global economy {that sees to it that all people are secure, stable, and motivated to contribute their fair share}].

[ ]는 a planetary geopolitics와 동격을 이루는 명사구이고, 그 안의 { }는 a global economy를 수식하는 관계절이다.

❺ There must be a well-balanced system with the appropriate structures [to confirm, implement, and correct the machinery].

[ ]는 a well-balanced system with the appropriate structures를 수식하는 to부정사구이다.

전문 해석

❶힘은 여러 가지 난제를 극복하기 위해 하나가 된 세계가 형성하는 사슬에서 생긴다. ❷모든 국가는 중요성을 지녀야 하며 그것의 자원, 경제적 비중, 그리고 인구학적 지위를 바탕으로 각자의 역할을 지녀야 한다. ❸이제는 지구적 지정학, 즉 모든 사람이 안전하고, 안정적이며, 자신의 정당한 몫만큼 기여하고 싶도록 보장하는 세계 경제가 필요한 때이다. ❹단지 받아먹고 보살핌을 받기 위해 존재하는 어떠한 기생 국가도 있어서는 안 된다. ❺기구의 타당성을 확인하고, 실행하고, 바로잡을 수 있는 적절한 구조를 지닌 균형 잡힌 체계가 있어야 한다. ❻철의 장막의 붕괴는 우리에게 귀중한 교훈을 가르쳐 줄 수 있다. ❼예를 들어, 지구상에서 기근을 쓸어버릴 확실한 날짜를 갖는다면 멋지지 않을까? ❽아니면 매우 많은 아기들의 생명을 앗아 가는 널리 퍼진 특정 질병을 막기 위해 모든 아이들에게 백신 주사로 면역력을 갖게 한다면? ❾아니면 세상 사람들에게 읽고 쓰는 법을 가르친다면? ❿그러한 고귀한 목표들에 도달하기 위해서는, 공평하고, 투명하고, 끊임없이 노력하는 세계적인 체계가 있어야만 한다.

Quick Check T, F 고르기 / 빈칸 완성하기

❶ There should be any parasitic nation that is there only to be fed and taken care of.

$\boxed{\text{T / F}}$

❷ To reach such noble goals, there must be a global system that is e_____, transparent, and diligent.

절대적인 영원성에 대한 반박

EBS 수능완성 121쪽

핵심키워드 **dynamic, the scientifically observable, eternal, suspect, technologically empowered**

❶ → 전치사구(양보)
[In spite of the immense and widespread evidence / ┌─── 동격 ───┐ {that the cosmos is a dynamic
거대하고 널리 퍼진 증거에도 불구하고 /　　　　　　　　　　우주는 역동적이고 창조적인 현실이라는 /

→ 명사절(believe의 목적어) → 전치사구(추상적 장소)
and creative reality}], / we could still (and many do) believe / [that {"behind or above"
우리는 여전히 믿을 수 (그리고 많은 사람들이 실제로 믿고) 있다 /　　순간적이고 과학적으로 관찰 가능한 것의

the scene of the temporal and the scientifically observable}, / something eternal and
장면 '뒤에 또는 너머에' /　　　　　　　　　　　　　　　　영원하고 절대적으로 안정적인 무언가가

→ 명사절의 술어동사
absolutely stable exists]. // ❷ But the credibility of such a view is increasingly suspect, /
존재한다는 것을 //　　　　그러나 그러한 견해의 신빙성은 점점 더 의심스럽다 /

→ 부사절(이유)
[since all around us, and in the observable heavens above, / we see a creative and
왜냐하면 우리의 모든 주변과 위의 관측 가능한 하늘에서 /　　　　우리는 정적인 것 대신 창조적이고 변화하는

→ ~ 대신　　　→ = reality　→ 전치사구(자격)　→ 전치사(~과 관련한)
transforming reality, rather than a static one]. // ❸ [As a key point regarding the credibility
현실을 보기 때문이다 //　　　　　　　　　　관점의 신뢰성과 관련한 핵심 사항으로서 /

　　　　부사절(~함에 따라) ←　→ 명사구(부사절의 주어)
of perspectives], / [as {observations of nature and the universe} became more detailed,
지연과 우주의 관찰이 더욱 상시하고, 예리하고, 체계적이 됨에 따라 /

penetrating, systematic, / and technologically empowered with improved observational
그리고 개선된 관측 도구(허블 망원경과 전자 현미경의 발전을 생각해 보라)로 인해 기술적으로 능력을 부여받게

instruments (consider the evolution of the Hubble telescope and electron microscopes)], /
(됨에 따라) /

→ 술어동사　　　　　　　　　　　　　　　　　　　　　　　　전치사구 ←
the dynamism of nature has become increasingly more evident and widespread / [at
자연의 역동성은 점점 더 분명해지고 널리 퍼지게 되었다 /　　　　　　　　　　　　　　아원자

　　　　　　　→ 전치사구(multiple levels of reality 수식)　　　　　　→ 명사구(주어)
multiple levels of reality], [from the subatomic to the super-galactic]. // ❹ [Belief in the
입자에서 초은하계에 이르기까지, 다양한 수준의 현실에서 //　　　　　　　　　　절대적으로 영원하고

→ 술어동사
absolutely eternal and stable] flies in the face of everything. //
안정적인 것에 대한 믿음은 모든 것에 반하는 것이다 //

*penetrating: 예리한　**super-galactic: 초은하계의

어휘

□ immense 거대한　　　　　□ temporal 순간적인, 일시적인　　□ observable 관찰 가능한
□ eternal 영원한　　　　　　□ credibility 신뢰성　　　　　　　□ suspect 의심스러운
□ perspective 관점　　　　　□ empowered 능력을 부여받은　　　□ electron 전자
□ microscope 현미경　　　　□ subatomic 아원자의, 원자보다 작은
□ fly in the face of (권위·충고·관습·위험 등을) 무시하고 행동하다

도입(❶)

영원하고 절대적인 것에 관한 통념

우리는 영원하고 절대적인 무언가가 존재한다고 믿음

↓

주제(❷)

창조적이고 변화하는 현실

우리의 모든 주변과 관측 가능한 하늘에서 창조적이고 변화하는 현실을 봄

↓

부연(❸)

과학과 기술의 발달이 증명하는 자연의 역동성

과학과 기술의 발달로 드러나는 현실 → 자연의 역동성이 분명해짐

↓

결론(❹)

절대적인 영원성과 안정성에 대한 믿음의 모순성

절대적으로 영원하고 안정적인 것에 대한 믿음은 모든 것에 반하는 것임

지문 배경지식

the Hubble telescope(허블 망원경)

허블 망원경은 1990년에 지구 저궤도에 발사되어 현재도 작동 중인 우주 망원경이다. 최초의 우주 망원경은 아니지만 가장 크고 다재다능한 망원경 중 하나이며, 중요한 연구 도구이자 천문학의 홍보 효자 역할을 한다. 허블 망원경은 천문학자 에드윈 허블의 이름을 따서 명명되었다.

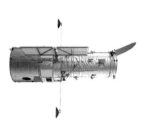

구문 해설

❸ [As a key point regarding the credibility of perspectives], [as observations of nature and the universe became more detailed, penetrating, systematic, and technologically empowered with improved observational instruments (consider the evolution of the Hubble telescope and electron microscopes)], the dynamism of nature has become increasingly more evident and widespread at multiple levels of reality, from the subatomic to the super-galactic.

첫 번째 [ ]는 As가 유도하는 전치사구이고, 두 번째 [ ]는 '~함에 따라'의 의미를 나타내는 접속사 as가 이끄는 부사절이다.

❹ [Belief in {the absolutely eternal and stable}] flies in the face of everything.

[ ]는 주어인 명사구이고, 그 안의 { }는 전치사 in의 목적어인 명사구이다.

전문 해석

❶우주가 역동적이고 창조적인 현실이라는 거대하고 널리 퍼진 증거에도 불구하고, 우리는 여전히 순간적이고 과학적으로 관찰 가능한 것의 장면 '뒤에 또는 너머에', 영원하고 절대적으로 안정적인 무언가가 존재한다고 믿을 수 (그리고 많은 사람들이 실제로 믿고) 있다. ❷그러나 그러한 견해의 신빙성은 점점 더 의심스러운데, 우리의 모든 주변과 위의 관측 가능한 하늘에서, 우리는 정적인 것 대신 창조적이고 변화하는 현실을 보기 때문이다. ❸관점의 신뢰성과 관련한 핵심 사항으로서, 자연과 우주의 관찰이 더욱 상세하고, 예리하고, 체계적이고, 개선된 관측 도구(허블 망원경과 전자 현미경의 발전을 생각해 보라)로 인해 기술적으로 능력을 부여받게 됨에 따라, 자연의 역동성은 아원자 입자에서 초은하계에 이르기까지, 다양한 수준의 현실에서 점점 더 분명해지고 널리 퍼지게 되었다. ❹절대적으로 영원하고 안정적인 것에 대한 믿음은 모든 것에 반하는 것이다.

Quick Check 빈칸 완성하기

1 All around us, and in the observable heavens above, we see a creative and transforming reality, rather than a s_____ one.

2 The d_____ of nature has become increasingly more evident and widespread at multiple levels of reality, from the subatomic to the super-galactic.

정답 1 (s)tatic 2 (d)ynamism

핵심 키워드 human identities, redefined, fluid cultural construct, diffuse, disciplinary boundaries

❶ ┌→ 명사구(주어) ┌→ 술어동사
[The examination and understanding of human identities] / has been a major research
인간의 정체성에 대한 조사와 이해는 / 지난 30년 동안 사회 과학의 주요 연구 의제였다 //

agenda in the social sciences for the last 30 years. // ❷In these decades / the concept
이 수십 년간 / 정체성이라는 개념은

┌─── 동격 ───┐
of identity has been redefined. // ❸Previous assumptions / [that genetics and biology
재정의 되었다 // 이전의 가정은 / 유전적 특성과 생물학적 특성이 어떤 사람을

┌→ 명사절(전치사 of의 목적어) 술어동사(수동태)
were the most significant determinants of {what makes a person who they are}] / were
그 사람으로 만들어 주는 가장 중요한 결정 요인이라는 / 명사절(makes의 목적격 보어)→┘ 도전이

┌→ 더 이상 ~ 않다 ┌→ 전치사구(자격)
challenged. // ❹Identity was no longer viewed / [as a passive set of fixed inherent criteria
제기되었다 // 정체성은 더 이상 간주되지 않았다 / 사람들이 가지고 태어나는 고정된 내재적 기준의 수동적인 집합으로서

┌─ 관계절 ┌→ = identity ┌→ 전치사구(자격)
{that people were born with}], / and instead it was viewed [as a fluid cultural construct]. //
그리고 대신에 그것은 유동적인 문화적 구성체로 간주되었다 //

❺ ┌──── 관계절
It was something [that could be chosen, created and manipulated]. // ❻These new ideas
그것은 선택되고 창조되고 조직될 수 있는 것이었다 // 이러한 새로운 생각은 학문적

┌→ 술어동사 1 ┌→ 술어동사 2
quickly diffused across disciplinary boundaries / and were particularly influential in
경계를 넘어 빠르게 퍼졌다 / 그리고 고고학과 인류학에 특히 영향을 미쳤다 /

┌→
archaeology and anthropology / in the context of a renewed interest in ethnicity, / a topic
민족성에 대한 다시 시작된 관심의 상황에서 / 제2차 세계

┌── 관계절 ❼
[that had been avoided since the Second World War]. // These ideas were exported to
대전 이래로 피해 왔던 주제인 // 이러한 생각은 정체성의 다른 측면으로 전파되었다 /

┌→ ~에 비추어
other facets of identity, / and gender especially saw a revolutionary redefining in light of
그리고 성별은 특히 이러한 주장에 비추어 혁명적으로 재정의되었다 //

these arguments. //

*diffuse: 퍼지다

어휘 ────────────────────────────────

- agenda 의제
- determinant 결정 요인
- inherent 내재적인, 본질적인
- criterion 기준 (*pl.* criteria)
- fluid 유동적인, 유연한
- construct 구성체
- manipulate 조작하다
- disciplinary 학문의, 학과의
- boundary 경계
- influential 영향을 미치는
- anthropology 인류학
- ethnicity 민족성
- facet 측면
- revolutionary 혁명적인, 혁명의
- in light of ~에 비추어

도입(①)

인간의 정체성에 대한 연구

인간의 정체성은 지난 30년간 사회 과학의 주요 연구 의제였음

↓

요지(②~⑤)

정체성의 새로운 재정의

- 유전적 특성과 생물학적 특성이 결정 요인이라는 이전의 가정에 도전이 제기됨
- 정체성은 더 이상 고정된 기준의 수동적인 집합이 아님
- 정체성은 유동적인 문화적 구성체이고 선택되고 창조되고 조작될 수 있음

↓

부연(⑥~⑦)

학문적 경계를 넘어 퍼져있는 정체성의 개념

- 정체성의 새로운 개념이 학문적 경계를 넘어 고고학과 인류학에 영향을 미침
- 성별은 이러한 개념의 영향으로 혁명적으로 재정의가 됨

the Second World War(제2차 세계 대전)

제2차 세계 대전은 1939년부터 1945년까지 지속된 세계적인 분쟁으로서 모든 강대국을 포함한 전 세계 대다수 국가가 연합국과 추축국(독일·이탈리아·일본)이라는 두 개의 대립하는 군사 동맹의 일원으로 참전하였다. 많은 참전국이 민간 자원과 군사 자원의 구분을 모호하게 만들 정도로 모든 경제, 산업, 과학 역량을 총동원하여 전쟁에 참여하였다. 항공기는 인구 밀집 지역에 대한 전략적 폭격과 전쟁에서 사용된 유일한 두 개의 핵무기 투하를 가능하게 하는 등 중요한 역할을 했고, 역사상 가장 치명적인 분쟁으로 7,000만~8,500만 명의 사망자가 발생하였다.

❺ It was something [that could be chosen, created and manipulated].

[ ]는 something을 수식하는 관계절이다.

❻ These new ideas quickly diffused across disciplinary boundaries and were particularly influential in archaeology and anthropology in the context of a renewed interest in ethnicity, [a topic {that had been avoided since the Second World War}].

[ ]는 ethnicity와 동격을 이루는 명사구이고, 그 안의 { }는 a topic을 수식하는 관계절이다.

❶인간의 정체성에 대한 조사와 이해는 지난 30년 동안 사회 과학의 주요 연구 의제였다. ❷이 수십 년간 정체성이라는 개념은 재정의 되었다. ❸유전적 특성과 생물학적 특성이 어떤 사람을 그 사람으로 만들어 주는 가장 중요한 결정 요인이라는 이전의 가정에 도전이 제기되었다. ❹정체성은 더 이상 사람들이 가지고 태어나는 고정된 내재적 기준의 수동적인 집합이 아니라 대신에 그것은 유동적인 문화적 구성체로 간주되었다. ❺그것은 선택되고, 창조되고, 조작될 수 있는 것이었다. ❻이러한 새로운 생각은 학문적 경계를 넘어 빠르게 퍼졌고, 제2차 세계 대전 이래로 피해 왔던 주제인 민족성에 대한 다시 시작된 관심의 상황에서 고고학과 인류학에 특히 영향을 미쳤다. ❼이러한 생각은 정체성의 다른 측면으로 전파되었고, 성별은 특히 이러한 주장에 비추어 혁명적으로 재정의되었다.

Quick Check 적절한 말 고르기

1 Previous assumptions that genetics and biology were the most significant determinants of what makes a person who they are was / were challenged.

2 Identity was no longer viewed as a passive set of fixed inherent criteria that / what people were born with.

정답 1 were 2 that

핵심
키워드 **archaeologists, history, writing, dynamic, nonliterate, at pains**

❶Archaeologists are fond of pointing out / [that "history" (in the general sense,
고고학자들은 지적하는 것을 좋아한다 / → 명사절(pointing out의 목적어) (일반적인 의미에서, 인간의 과거에 대한 연구를 의미하는) '역사'가

meaning the study of the human past) does not begin with the advent of writing]. //
문자의 출현과 함께 시작되는 것은 아니라는 점을 //

❷People have always led dynamic, event-filled lives, as much so [in nonliterate times] /
사람들은 항상 문자 이전의 시대에도 마찬가지로 역동적이고 사건으로 가득 찬 삶을 살아왔다 / ── 비교 대상 ──

as [in those documented by texts]. // ❸In the popular imagination, however, / peoples
텍스트에 의해 기록된 시대만큼이나 // 그러나 대중의 상상력에서 / = times 글자로 기록

and eras [not recorded by scripts] are frequently characterized / as static, ahistorical, and
되지 않은 민족과 시대는 자주 간주된다 / 분사구 정적이고, 역사가 없고, 동질적인 것으로 //

homogeneous. // ❹As a result, archaeologists are continually at pains / to emphasize the
그 결과, 고고학자들은 지속적으로 노력한다 / 사실을 강조하기 위해 /

fact / [that past societies {that did not make use of the written word} were as varied and
문자를 사용하지 않았던 과거의 사회가 어느 다른 사회들만큼 다양하고 활동적이었다는 / 동격 관계절 as ~ as ...: ...만큼 ~한(원급 비교)

active as any other], / and [that history does not depend upon the existence of cuneiform
그리고 역사는 설형 문자 서판의 존재, 상형 문자, 또는 알파벳의 발명에 의존하지 않는다는 // 병렬구조 the fact와 동격

tablets, hieroglyphs, or the invention of the alphabet]. // ❺This is particularly true for
이것은 고고학자들에게 특히 사실이다 /

archaeologists / [working in the precolonial contexts of {what later became "settler
나중에 '정착민 사회'가 된 곳(무엇보다도 미국, 캐나다, 호주, 뉴질랜드, 남아프리카 공화국)의 식민지 이전의 상황에서 연구하는 / 분사구 → 명사절(전치사 of의 목적어)

societies" (the United States, Canada, Australia, New Zealand, and South Africa, among

others)}], / [who are burdened with continually repeating the mantra / {that history does
그들은 주문(과 같은 말)을 계속 반복하는 부담을 지고 있다 / 관계절(archaeologists working ~ among others를 추가적으로 설명) 역사가 Columbus, Pizarro, 동격

not begin with the arrival of Columbus, Pizarro, Captain Cook, John Smith, or (insert
Captain Cook, John Smith, 혹은 (여기에 지리적으로 적절한 유럽 탐험가의 이름을 넣으시오)의 도착으로 시작된 것이 아니라는 //

name of geographically appropriate European explorer here)}]. //

*cuneiform: 설형 문자　**hieroglyph: 상형 문자　***mantra: 주문

어휘

□ advent 출현　　　　　　□ dynamic 역동적인　　　　　□ nonliterate 문자 이전 시대의
□ document 기록하다, 문서화하다　□ era 시대　　　　　　　□ static 정적인
□ ahistorical 역사가 없는, 역사와 관련이 없는　□ homogeneous 동질적인, 동종의　□ geographically 지리적으로

글의 흐름 파악

도입(❶~❷)

고고학자의 생각

- 역사는 문자의 출현으로 시작하지 않는다고 생각하는 고고학자
- 문자 이전의 시대에도 역동적이고 사건으로 가득 찬 삶이 있었음

⬇

반박(❸)

대중의 상상력

대중의 상상력에서 글자로 기록되지 않은 민족과 시대는 정적이고 역사가 없고 동질적인 것으로 간주됨

⬇

주제(❹)

고고학자의 노력

고고학자는 문자를 사용하지 않았던 사회가 다양하고 활동적임을 강조하고자 지속적으로 노력함

⬇

결론(❺)

식민지 이전의 상황을 연구하는 고고학자의 노력과 부담

정착민 사회가 된 곳의 식민지 이전의 상황에서 연구하는 고고학자가 대중의 잘못된 믿음을 해소하고자 특히 노력함

전문 해석

❶고고학자들은, (일반적인 의미에서, 인간의 과거에 대한 연구를 의미하는) '역사'가 문자의 출현과 함께 시작되는 것은 아니라는 점을 지적하는 것을 좋아한다. ❷사람들은 항상 텍스트에 의해 기록된 시대만큼이나 문자 이전의 시대에도 마찬가지로 역동적이고 사건으로 가득 찬 삶을 살아왔다. ❸그러나 대중의 상상력에서, 글자로 기록되지 않은 민족과 시대는 자주 정적이고, 역사가 없고, 동질적인 것으로 간주된다. ❹그 결과, 고고학자들은 문자를 사용하지 않았던 과거의 사회가 어느 다른 사회들만큼 다양하고 활동적이었으며, 역사는 설형 문자 서판의 존재, 상형 문자, 또는 알파벳의 발명에 의존하지 않는다는 사실을 강조하기 위해 지속적으로 노력한다. ❺이것은 나중에 '정착민 사회'가 된 곳(무엇보다도 미국, 캐나다, 호주, 뉴질랜드, 남아프리카 공화국)의 식민지 이전의 상황에서 연구하는 고고학자들에게 특히 사실인데, 그들은 역사가 Columbus, Pizarro, Captain Cook, John Smith, 혹은 (여기에 지리적으로 적절한 유럽 탐험가의 이름을 넣으시오)의 도착으로 시작된 것이 아니라는 주문(과 같은 말)을 계속 반복하는 부담을 지고 있다.

지문 배경지식

cuneiform(설형 문자)

고대 메소포타미아의 문자 체계로, 기원전 30세기경 수메르에서 상형 문자로 시작하여 무딘 갈대 필기구로 점토판에 새겨졌으며 추상적이고 특징적인 쐐기 모양으로 발전하여 여러 언어 계열에 적용되었다.

구문 해설

❶ Archaeologists are fond of pointing out [that "history" (in the general sense, meaning the study of the human past) does not begin with the advent of writing].

[ ]는 동명사구 pointing out의 목적어 역할을 하는 명사절이다.

❸ [In the popular imagination], however, peoples and eras [not recorded by scripts] are frequently characterized as static, ahistorical, and homogeneous.

첫 번째 [ ]는 In이 유도하는 전치사구이고, 두 번째 [ ]는 peoples and eras를 수식하는 분사구이다.

Quick Check 빈칸 완성하기

1. People have always led dynamic, event-filled lives, as much so in n_____ times as in those documented by texts.

2. Archaeologists are continually at pains to e_____ the fact that past societies that did not make use of the written word were as varied and active as any other, and that history does not depend upon the existence of cuneiform tablets, hieroglyphs, or the invention of the alphabet.

정답 1 (n)onliterate 2 (e)mphasize

핵심
키워드 **current age, alternative ideal, virtue, smart, slow and careful**

❶ 부사절(시간)
[When reason itself is threatened], / there is an understandable instinct [to try to
이성 자체가 위협받을 때 /   과거로부터 무언가를 되살리거나 구하려는 이해할 만한 본능이 있다 //
to부정사구

revive or rescue something from the past]. // ❷The question is what. // ❸What was so
                                              질문은 (그것이) 무엇인가이다 //   어쨌든 17세기 유럽의

great about those innovations and revolutions of seventeenth-century Europe anyway? //
그러한 혁신과 혁명과 관련해 무엇이 그렇게 대단했는가 //
                형식상의 주어   내용상의 주어
❹It has become a cliché / [to celebrate the rugged individualism, cold rationality, and
진부한 표현이 되었다 /   과학 개척자들의 단호한 개인주의, 냉철한 합리성, 그리고 진리를 추구하는 용기를 기리는 것은 //

truth-seeking courage of the scientific pioneers]. // ❺But in our current age, / [when
                                                      그러나 우리의 현시대에는 /   지능과
                                                                                              추가적 설명

intelligence and calculation are performed faster and more accurately by machines than
계산이 사람들에 의해서보다 기계에 의해 더 빠르고 더 정확하게 수행되는 /

by people], / an alternative ideal is needed. // ❻Perhaps the great virtue of the scientific
               대안적인 이상이 필요하다 //   아마도 과학적 방법의 큰 미덕은 ~일 것이다 /
            술어동사 ← not A but B: A가 아니라 B   병렬구조(주격 보어인 명사절)
method is / not [that it is smart (which is now an attribute of phones, cities, and fridges)]
              그것이 스마트하다는(이것은 현재 전화기, 도시, 냉장고의 속성이다) 것이 아니라 그것이 느리고 신중하다는 것 //
                                              it is ~ that ... 강조 구문 ←   병렬구조
but [that it is slow and careful]. // ❼Maybe it is not [more intelligence] that we need
                                      아마도 우리가 지금 당장 필요로 하는 것은 더 많은 지능이 아니라 우리의 생각과 감정
                                                                                  → not A but B: A가 아니라 B
right now, but [less speed and more care, both in our thinking and our feeling]. // ❽After
모두에 있어서 더 느린 속도와 더 많은 주의일 것이다 //   결국,
                                                          부사절(조건) ←   = emotions (including anger)
all, emotions (including anger) can be completely reasonable, / [if they are granted the
(분노를 포함하여) 감정이 대단히 합리적일 수 있다 /   만약에 그것들이 표명되고 경청 될 수 있는
                                                                                          → 수동태
            to부정사구
time {to be spoken and heard}]. // ❾Conversely, advanced intelligence can be entirely
시간이 주어진다면 //   반대로, 고도의 지능이 완전히 비합리적일 수 있다 /
        부사절(시간) ←   = advanced intelligence
unreasonable, / [when it moves at such speed as to ignore any possibility of dialogue]. //
                   그것이 대화의 어떤 가능성도 무시할 정도의 속도로 움직일 때는 //

*cliché: 진부한 표현 **rugged: 단호한

어휘

□ reason 이성   □ instinct 본능   □ revive 되살아나게 하다
□ individualism 개인주의   □ rationality 합리성   □ pioneer 개척자
□ alternative 대안적인, 대안의 □ virtue 덕목   □ attribute 속성
□ grant 주다, 부여하다

도입 및 전개(❶~❹)

이성이 위협받을 때 과거에서 무언가를 찾고자 하는 본능

- 이성이 위협받을 때 과거에서 찾으려는 본능
- 17세기 유럽 시대는 개인주의, 합리성, 진리를 추구하려는 용기가 덕목이었음

반박(❺)

현시대의 필요한 덕목

현시대에 대안적인 이상의 필요성

주제(❻~❼)

과학적 방법의 큰 미덕

과학적 방법의 큰 미덕은 스마트한 것이 아니라 느리고 신중한 것임

부연(❽~❾)

합리성의 여부

- 감정이 표명되고 경청 될 수 있으면 합리적임
- 고도의 지능이 대화의 가능성이 무시될 정도의 속도로 움직이면 비합리적임

지문 배경지식

rugged individualism(단호한 개인주의)
개인이 외부의 도움, 특히 정부의 도움 없이 자신의 노력으로 더 많은 성공을 거두고, 사회적, 경제적 상호 작용이 개인의 자아, 개인의 자유, 독립에 더 중점을 두는 이상을 가리킨다.

구문 해설

❹ **It** has become a cliché [to celebrate the rugged individualism, cold rationality, and truth-seeking courage of the scientific pioneers].

It은 형식상의 주어이고, [ ]는 내용상의 주어이다.

❼ Maybe **it is** [**not** more intelligence] **that** we need right now, [**but** less speed and more care, **both** in our thinking **and** our feeling].

「it is ~ that …」 강조 구문을 사용하여 두 개의 [ ] 부분을 강조하고 있다. '~이 아니라 …'이라는 의미의 「not ~ but …」과 '~과 … 모두'의 의미의 「both ~ and …」가 사용되었다.

전문 해석

❶이성 자체가 위협받을 때, 과거로부터 무언가를 되살리거나 구하려는 본능이 있다는 것은 이해할 만하다. ❷질문은 (그것이) 무엇인가이다. ❸어쨌든 17세기 유럽의 그러한 혁신과 혁명과 관련해 무엇이 그렇게 대단했는가? ❹과학 개척자들의 단호한 개인주의, 냉철한 합리성, 그리고 진리를 추구하는 용기를 기리는 것은 진부한 표현이 되었다. ❺그러나 지능과 계산이 사람들에 의해서보다 기계에 의해 더 빠르고 더 정확하게 수행되는 우리의 현시대에는, 대안적인 이상이 필요하다. ❻아마도 과학적 방법의 큰 미덕은 그것이 스마트하다는(이것은 현재 전화기, 도시, 냉장고의 속성이다) 것이 아니라 느리고 신중하다는 것일 것이다. ❼아마도 우리가 지금 당장 필요로 하는 것은 더 많은 지능이 아니라, 우리의 생각과 감정 모두에 있어서 더 느린 속도와 더 많은 주의일 것이다. ❽결국, (분노를 포함하여) 감정이 표명되고 경청될 수 있는 시간이 주어진다면 대단히 합리적일 수 있다. ❾반대로, 고도의 지능이 대화의 어떤 가능성도 무시할 정도의 속도로 움직일 때는 그것은 완전히 비합리적일 수 있다.

Quick Check T, F 고르기

❶ The great virtue of the scientific method is not that it is smart but that it is slow and careful. T / F

❷ Advanced intelligence can be entirely reasonable, when it moves at such speed as to ignore any possibility of dialogue.

T / F

정답 1 T 2 F

Americans, assessment, personal financial situations

Americans' Assessments of Personal Financial Situations

Financial situation today	April 2021 %	April 2022 %	April 2023 %
Excellent	12	10	8
Good	45	36	37
Only fair	34	38	39
Poor	9	16	16
Total excellent/good	57	46	45
Total only fair/poor	43	54	55

❶The graph above shows Americans' assessments of their personal financial situations /
위의 도표는 자신들의 개인 재무 상황에 대한 미국인들의 평가를 보여 준다 /

분사구
[ranging from "Poor" to "Excellent" / in the month of April for the years 2021, 2022
'열악한'에서 '뛰어난'에 이르기까지 /   2021년, 2022년, 2023년의 4월에 //

and 2023]. // ❷Between 2021 and 2023, the percentage of "Total excellent/good"
2021년과 2023년 사이에 '뛰어난/좋은 합계'의 비율은 감소했다 /

부사절(대조)   = the percentage
decreased, / [while that of "Total only fair/poor" increased]. // ❸In 2021, "Good" had
반면에 '그저 그런/열악한 합계'의 비율은 증가했다 //   2021년에 '좋은'은 45퍼센트로 가장

the highest percentage of respondents at 45%, / but "Only fair" surpassed "Good" with
높은 응답자의 비율을 보였다 /   그러나 2022년과 2023년에 모두 '그저 그런'이 가장 높은 비율로

the highest percentage in both 2022 and 2023. // ❹In 2023, the percentage of "Poor"
'좋은'을 뛰어넘었다 //   2023년에 '열악한'의 비율은 '뛰어난'의 비율의 2배였다 /

= the percentage   부사절(대조)
was twice that of "Excellent", / [while the percentage of "Only fair" was more than five
반면에 '그저 그런'의 비율은 동일한 해의 '뛰어난'의 비율의 5배를 넘었다 //

= the percentage
times that of "Excellent" in the same year]. // ❺Between 2022 and 2023, the percentage
2022년과 2023년 사이에 '뛰어난'의 비율은 2퍼센트포인트 감소했다 /

부사절(대조)
of "Excellent" decreased by 2 percentage points, / [while the percentage of "Only fair"
반면에 '그저 그런'의 비율은 1퍼센트포인트 증가했다 //

increased by 1 percentage point]. // ❻Between 2021 and 2022, the percentage of "Total
2021년과 2022년 사이에 '뛰어난/좋은 합계'의 비율은 11퍼센트포인트 감소했다 /

부사절(대조)   = the percentage
excellent/good" dropped by 11 percentage points, / [whereas that of "Total only fair/
반면에 '그저 그런/열악한 합계'의 비율은 동일한 퍼센트포인트

poor" increased by the same percentage points]. //
증가했다 //

어휘

□ assessment 평가   □ financial 재정의, 재무의   □ surpass 뛰어넘다, 능가하다

도입()

도표 설명

2021년, 2022년, 2023년의 미국인들의 개인 재무 상황에 대한 평가

↓

전개 1()

도표의 전반적인 설명

'뛰어난/좋은 합계'의 비율은 감소하였지만 '그저 그런/열악한 합계'의 비율은 증가함

↓

전개 2(❸~❻)

도표의 세부적인 설명

- 2021년에 '좋은'은 가장 높은 응답자의 비율이었지만 2022년과 2023년은 '그저 그런'이 가장 높은 비율로 '좋은'을 뛰어넘음
- 2023년에 '열악한'의 비율은 '뛰어난'의 비율의 2배였지만, '그저 그런'의 비율은 '뛰어난'의 비율의 5배를 넘음 (X) → 2023년에 '그저 그런'의 비율은 '뛰어난'의 비율의 5배를 넘지 못함
- 2022년과 2023년 사이에 '뛰어난'의 비율은 2퍼센트포인트 감소하고 '그저 그런'의 비율은 1퍼센트포인트 증가함
- 2021년과 2022년 사이에 '뛰어난/좋은 합계'의 비율은 11퍼센트포인트 감소하고 '그저 그런/열악한 합계'의 비율은 동일한 퍼센트포인트 증가함

구문 해설

❶ The graph above shows Americans' assessments of their personal financial situations [ranging from "Poor" to "Excellent" in the month of April for the years 2021, 2022 and 2023].

[ ]는 Americans' assessments of their personal financial situations를 수식하는 분사구이다.

❹ In 2023, the percentage of "Poor" was twice **that** of "Excellent", [while the percentage of "Only fair" was more than five times **that** of "Excellent" in the same year].

두 개의 that은 각각 the percentage를 대신하고, [ ]는 대조의 의미를 나타내는 부사절이다.

전문 해석

❶위의 도표는 2021년, 2022년, 2023년의 4월에 '열악한'에서 '뛰어난'에 이르기까지 자신들의 개인 재무 상황에 대한 미국인들의 평가를 보여 준다. ❷2021년과 2023년 사이에, '뛰어난/좋은 합계'의 비율은 감소한 반면, '그저 그런/열악한 합계'의 비율은 증가했다. ❸2021년에 '좋은'은 45퍼센트로 가장 높은 응답자의 비율을 보였지만, 2022년과 2023년에 모두 '그저 그런'이 가장 높은 비율로 '좋은'을 뛰어넘었다. ❹2023년에 '열악한'의 비율은 '뛰어난'의 비율의 2배인 반면에, '그저 그런'의 비율은 동일한 해의 '뛰어난'의 비율의 5배를 넘었다. (X) ❺2022년과 2023년 사이에, '뛰어난'의 비율은 2퍼센트포인트 감소한 반면, '그저 그런'의 비율은 1퍼센트포인트 증가했다. ❻2021년과 2022년 사이에 '뛰어난/좋은 합계'의 비율은 11퍼센트포인트 감소한 반면, '그저 그런/열악한 합계'의 비율은 동일한 퍼센트포인트 증가했다.

Quick Check 빈칸 완성하기 / 적절한 말 고르기

1 Between 2021 and 2023, the percentage of "Total excellent/good" decreased, while that of "Total only fair/poor" i_____.

2 Between 2021 and 2022, the percentage of "Total excellent/good" dropped by 11 percentage points, whereas that / those of "Total only fair/poor" increased by the same percentage points.

핵심 키워드 **Anna Mary Robertson Moses, farm, seventies, self-taught, country life, greeting cards**

❶Anna Mary Robertson Moses (1860–1961) was born in Greenwich, New York. //
Anna Mary Robertson Moses(1860~1961)는 뉴욕의 Greenwich에서 태어났다 //

❷She grew up [as one of ten children on her parents' farm]. //
└─ 전치사구(자격)
그녀는 자신의 부모님의 농장에서 열 명의 아이들 중 한 명으로 자랐다 //

❸[Leaving home at age
└─ 분사구문(주절의 이전 상황 설명)
열두 살에 집을 떠나 /

12], / Moses went to work [as a hired girl for a nearby farm]. //
└─ 전치사구(자격)
Moses는 고용된 여자아이로서 근처 농장에서 일하게 되었다 //

❹She married Thomas
Moses in 1887. //
그녀는 1887년에 Thomas Moses와 결혼했다 //

❺They ran a farm and raised five children together. //
그들은 농장을 운영했고 다섯 명의 아이들을 함께 키웠다 //

❻She only
began [devoting herself to painting] / [when she was in her seventies]. //
└─ 동명사구(began의 목적어)   └─ 부사절(시간)   └─ 분사구문(의미상의 주어는 Moses, 수동형)
그녀는 겨우 그림 그리기에 전념하기 시작했다 / 그녀는 칠십 대였을 때에서야 //

❼[Completely
self-taught], / Moses soon became famous for her images of country life. //
완전히 독학하여 / Moses는 곧 시골 생활에 대한 그림들로 유명해졌다 //

❽In the
mid-1940s, her images were featured on greeting cards, / [which introduced her to a
└─ 관계절(주절을 추가적으로 설명)
1940년대 중반에, 그녀의 그림들이 인사말 카드에 실렸다 / 이것은 그녀를 더 많은 애호가들에게 알려지게

wider audience]. // ❾Moses won the Women's National Press Club Award / for her artistic
해 주었다 //   Moses는 Women's National Press Club Award를 수상했다 /   그녀의 예술적인 업적으로 /

achievements / in 1949. // ❿During her career, / Moses created about 1,500 works of art. //
1949년에 //   그녀의 경력 기간 동안 /   Moses는 대략 1,500점의 작품을 창작했다 //

⓫Her paintings still remain popular today / and offer a brief look at America's pastoral
그녀의 그림들은 오늘날에도 여전히 인기가 있고 /   그리고 미국의 목가적인 과거를 엿볼 수 있게 해 준다 //

past. //

어휘

□ hired 고용된   □ completely 완전히   □ pastoral 목가적인

글의 흐름 파악

도입(❶)

Anna Mary Robertson Moses

뉴욕의 Greenwich에서 태어남

↓

전개 1(❷~❺)

그림을 그리기 이전의 삶

- 부모님의 농장에서 열 명의 아이들 중 한 명으로 자라남
- 결혼 후 남편과 함께 농장을 운영하였음

↓

전개 2(❻~⓫)

화가로서의 삶

- 칠십 대였을 때 독학하여 시골 생활을 그리기 시작함
- 1940년대에 그림이 인사말 카드에 실려 대중의 인지도를 높임
- 1949년에 Women's National Press Club Award를 수상함
- 대략 1,500점의 작품을 창작하였고 미국의 목가적인 과거를 엿볼 수 있음

지문 배경지식

the Women's National Press Club(국가 여성 언론 협회)

1919년부터 1971년까지 워싱턴 D.C.에 존재했던 여성 내셔널 프레스 클럽(WNPC)은 내셔널 프레스 클럽(NPC)이 여성의 입회를 거부하면서 등장하였고 여성 언론인들을 적극적으로 지원하였다. 1930년대 초의 WNPC 회장들은 정치, 범죄, 법원, 공공 문제 및 기타 주요 주제를 다루며 남성 언론인들과 당당히 맞섰고 1960년대에는 국무부가 여성 언론인도 참여할 수 있도록 허용해야 한다고 주장했으며, 1985년에 결국 NPC에 합병되었다.

구문 해설

❸ [Leaving home at age 12], Moses went to work as a hired girl for a nearby farm.

[　]는 Moses를 의미상의 주어로 하여 주절의 이전 상황을 진술하는 분사구문이다.

❻ She only began **devoting** herself **to** painting [when she was in her seventies].

「devote oneself to」는 '~에 전념하다'라는 표현이고, [　]는 접속사 when이 유도하는 시간의 부사절이다.

전문 해석

❶Anna Mary Robertson Moses(1860~1961)는 뉴욕의 Greenwich에서 태어났다. ❷그녀는 자신의 부모님의 농장에서 열 명의 아이들 중 한 명으로 자라났다. ❸열두 살에 집을 떠나 Moses는 고용된 여자아이로서 근처 농장에서 일하게 되었다. ❹그녀는 1887년에 Thomas Moses와 결혼했다. ❺그들은 농장을 운영했고 다섯 명의 아이들을 함께 키웠다. ❻그녀는 칠십 대였을 때에서야 겨우 그림 그리기에 전념하기 시작했다. ❼완전히 독학하여, Moses는 곧 시골 생활에 대한 그림들로 유명해졌다. ❽1940년대 중반에, 그녀의 그림들이 인사말 카드에 실렸고, 이것은 그녀를 더 많은 애호가들에게 알려지게 해 주었다. ❾Moses는 1949년에 그녀의 예술적인 업적으로 Women's National Press Club Award를 수상했다. ❿그녀의 경력 기간 동안, Moses는 대략 1,500점의 작품을 창작했다. ⓫그녀의 그림들은 오늘날에도 여전히 인기가 있으며 미국의 목가적인 과거를 엿볼 수 있게 해 준다.

Quick Check 적절한 말 고르기 / 빈칸 완성하기

1 Complete / Completely self-taught, Moses soon became famous for her images of country life.

2 Her paintings still remain popular today and offer a brief look at America's p_____ past.

정답 1 Completely 2 (p)astoral

핵심키워드 **second-order observation, therapist**

❶What does your therapist do / when talking to you? // (your therapist is) ❷He or she makes a so-called
여러분의 치료사는 무엇을 하는가 / 여러분에게 이야기할 때 // 그 또는 그녀는 소위 '2차 관찰'을 한다 // 소위

'second-order observation'. // ❸A first-order observer sees the world / [as it appears to
'2차 관찰' // 1차 관찰자는 세상을 본다 / 자신에게 보이는 대로 // = the world 부사절(양태)

him or her]: / the world is simply there. // ❹The second-order observer, however, ascribes /
1차 관찰자가 / 세상은 그저 거기에 있다 // 그러나 2차 관찰자는 ~의 탓으로 돌린다 / ascribe ~ to ...: ~을 …의 탓으로 돌리다

[what the first-order observer sees] / to *how* it is seen. // ❺*Important*: / we cannot observe
1차 관찰자가 보는 것을 / 그것이 보이는 '방식'의 // '중요한' 것은 ~이다 / 우리는 관찰하는 자신을 관찰할 선행사를 포함하는 관계절

ourselves observing / (which is also why therapists can't treat themselves). // ❻This
수 없다 / 이것이 치료사가 스스로를 치료할 수 없는 이유이기도 하다 // 이는 흔히 재귀대명사(목적어) 재귀대명사(목적어)

is often referred to as the 'blind spot'. // ❼In other words, we are unaware of the way
'사각지대'라고 불린다 // 다시 말해, 우리는 우리가 관찰하는 방식을 알지 못한다 / refer to: ~이라고 하다

[in which we observe]; / we cannot see / [that we cannot see]. // ❽So [by identifying
우리가 알지 못한다 / 볼 수 없다는 것을 // 따라서 누군가의 사각지대를 파악 관계절 명사절(see의 목적어) 전치사구 by -ing: ~함으로써

someone's blind spot], / the second-order observer might [open up a new perspective], /
함으로써 / 2차 관찰자는 새로운 시각을 열어 줄 수도 있다 / 대등한 연결

and [make that person aware, for example, of the fact] / [that he or she could just as
그리고 예를 들어 그 사람이 사실을 인식하게 만들 수 있다 / 그 사람이 무언가를 정말 아주 쉽게 달리 볼 수 make+목적어+형용사 동격 정말 아주, 꼭

easily see something differently]. //
있다는 //

어휘

☐ therapist 치료사 ☐ so-called 소위 ☐ second-order 2차의
☐ ascribe ~ to ... ~을 …의 탓으로 돌리다 ☐ treat 치료하다 ☐ refer to ~이라고 하다, 부르다
☐ blind spot 사각지대 ☐ identify 파악하다 ☐ open up 열다
☐ perspective 시각, 시야

도입(❶~❷)

치료사의 역할과 2차 관찰

치료사는 이야기를 듣는 동안 '2차 관찰'을 수행함

↓

전개(❸~❹)

1차 관찰자와 2차 관찰자의 차이

- 1차 관찰자: 자신에게 보이는 대로 세상을 인식함. 세상은 단순히 그들에게 존재함
- 2차 관찰자: 1차 관찰자가 세상을 보는 '방식'에 초점을 맞추며, 이 관찰 방식 자체를 해석함

↓

적용(❺~❽)

사각지대와 2차 관찰자의 역할

- 우리는 관찰하는 자신을 볼 수 없으며 이를 '사각지대'라고 함
- 우리는 자신의 '사각지대'를 발견하지 못함
- 2차 관찰자는 사각지대를 파악하여, 그 사람의 관점을 쉽게 바꿀 수 있음

지문 배경지식

blind sopt(사각지대)
심리학에서 '남들은 잘 알지만 자기 자신은 모르고 있는' 자기의 모습을 사각지대, 또는 지각하지 못하는 영역이라고 부른다. 예를 들어 내가 가지고 있는 비언어적 행동 특성은 나보다 다른 사람들이 더 잘 알고 있는 경우가 많다.

구문 해설

❹ The second-order observer, however, **ascribes** [what the first-order observer sees] **to** how it is seen.

'~을 …의 탓으로 돌리다'라는 「ascribe ~ to ...」의 표현이 사용되었으며, 선행사를 포함하는 관계절 [ ]는 ascribe의 목적어이다.

❼ In other words, we are unaware of the way [in which we observe]; we cannot see [that we cannot see].

첫 번째 [ ]는 the way를 수식하는 관계절이며, 두 번째 [ ]는 see의 목적어 역할을 하는 명사절이다.

전문 해석

❶여러분의 치료사는 여러분에게 이야기할 때 무엇을 하는가? ❷그 또는 그녀는 소위 '2차 관찰'을 한다. ❸1차 관찰자는 자신에게 보이는 대로 세상을 보며, 세상은 그저 거기에 있다. ❹그러나 2차 관찰자는 1차 관찰자가 보는 것을 그것이 보이는 '방식' 탓으로 돌린다. ❺'중요한' 것은 우리는 관찰하는 자신을 관찰할 수 없다는 것이다(이것이 치료사가 스스로를 치료할 수 없는 이유이기도 하다). ❻이는 흔히 '사각지대'라고 불린다. ❼다시 말해, 우리는 우리가 관찰하는 방식을 알지 못하며, 우리가 볼 수 없다는 것을 알지 못한다. ❽따라서 2차 관찰자는 누군가의 사각지대를 파악함으로써 새로운 시각을 열어 줄 수도 있으며, 예를 들어 그 사람이 무언가를 정말 아주 쉽게 달리 볼 수 있다는 사실을 인식하게 만들 수 있다.

Quick Check 주어진 말 어순 배열하기

1️⃣ What [talking, your, you, does, do, when, therapist, to]?

2️⃣ In other words, [which, we, are, in, of, we, the, unaware, way observe]; we cannot see that we cannot see.

정답 1 does your therapist do when talking to you
2 we are unaware of the way in which we observe

핵심
키워드 **conform, majority, in-group**

❶ ┌→ 형식상의 주어   ┌→ 내용상의 주어   ┌→ 명사절(emphasize의 목적어)
It is important [**to emphasize** / {**that people** 〈**who suppress their true beliefs** / **in**
강조하는 것이 중요하다 /   자신의 진정한 신념을 억누르는 사람들은 /   ┌→ 관계절   ┌→ ~하기 위해
다수

order to conform to the majority view, / **or what they perceive to be the majority**
의 견해를 따르기 위해 /   또는 다수의 견해라고 인식하는 것을 /
┌→ be likely to do: ~할 가능성이 많다
view〉 / **are likely to have an influence** / **on other people's beliefs**}]. // ❷**This fact is of**
영향을 미칠 가능성이 있다 /   다른 사람들의 신념에 //   이 사실은 매우 중요하다 /

great importance / [**for understanding diffusion processes**]. // ❸**One poignant example**
┌→ 전치사구
확산 과정을 이해하는 데 //   하나의 극명한 사례는 갈등이 어떻게 확대

┌→ 명사절(주격 보어)   ❹┌→ ~처럼   ┌→ 주어
is [**how conflicts escalate**]. // **As demonstrated by Timur Kuran,** / [**the pressure on**
되는지이다 //   Timur Kuran이 입증한 바와 같이 /   사람들에게 가해지는 '내집단'

┌→ 관계절
people to conform to the 'in-group']' increases in polarized situations / [**in which the**
에 순응해야 한다는 압력은 양극화된 상황에서 더 커진다 /   외부자 또는 심지어 수동적

cost of remaining an outsider or even a passive bystander increases] / — **because of**
방관자로 남는 데 드는 비용이 증가한다 /   ┌→ ~ 때문에
이는 내집단으로부터

┌→ 전치사 of의 목적어   ┌── 대등한 연결   ┌ 동명사구(전치사 of의 목적어)
both [**the risk of** {**being branded a betrayer by the in-group**}] / **and** [**the risk of** {**being**
배신자로 낙인찍힐 위험 모두 때문에 /   그리고 '외집단'의 공격으로부터 보호받지

left unprotected from attacks from the 'out-group}].' // ❺**As a result, moderates may**
못한 채로 남겨질 위험 //   그 결과 온건파는 자신의 진정한 신념을 억누르게

┌→ 관계절(앞선 절을 추가적으로 설명)   ┌→ gives의 간접목적어   ┌→ gives의 직접목적어
suppress their true beliefs, / [**which gives radical or fanatical elements disproportionate**
될 수 있다 /   이는 급진적이거나 광신적인 요소에 불균형적인 영향력을 부여한다 //

┌→ 전치사구(이유)
influence]. // ❻**At the same time,** [**because of the people who comply**], / **others may get**
동시에, 순응하는 사람들로 인해 /   다른 사람들은 다수가 실제

┌→ 관계절   ┌→ 관계절(앞선 절을 추가적으로 설명)
the impression [**that the majority is bigger than it actually is**], / [**which will increase**
그런 것보다 더 크다는 인상을 받을 수도 있다 /   그로 인해 가능성이 높아질 것이다

┌→ 관계절   ┌→ 관계절
the likelihood / {**that they will comply as well**} / — **or** {**that they will actually change**
그들도 순응할 /   그리고 실제로 신념을 바꿀 //

beliefs}]. //

*diffusion: 확산 **poignant: 극명한, 신랄한 ***fanatical: 광신적인

어휘

□ emphasize 강조하다   □ suppress 억누르다   □ conform 따르다
□ perceive 인식하다   □ conflict 갈등   □ outsider 외부인
□ bystander 방관자   □ moderate 온건파, 중도파   □ radical 급진적인

도입(❶~❷)

신념의 억제와 사회적 영향

자신의 신념을 억누르는 사람들이 다른 이들의 신념에 영향을 미칠 수 있으며, 이는 신념의 확산 과정 이해에 중요함

↓

전개(❸~❹)

사회적 순응의 비용

'내집단' 순응의 압력과 그로 인한 배신자 낙인 및 보호받지 못할 위험이 있음

↓

결론(❺~❻)

순응의 결과와 신념의 확산

• 온건파는 신념을 억누르게 되며 이로 인한 급진적 요소에 영향력이 증가함
• 순응하는 사람들로 인한 다수의 인식 확대가 가능하며 이로 인한 추가적인 순응 또는 신념 변경 가능성이 높아짐

구문 해설

❶ **It** is important [to emphasize {that people ⟨who suppress their true beliefs in order to conform to the majority view, or what they perceive to be the majority view⟩ are likely to have an influence on other people's beliefs}].

It은 형식상의 주어이고, [ ]는 to부정사구로서 내용상의 주어이다. { }는 emphasize의 목적어 역할을 하는 명사절이며, ⟨ ⟩는 people을 수식하는 관계절이다.

❺ As a result, moderates may suppress their true beliefs, [which gives {radical or fanatical elements} {disproportionate influence}].

[ ]는 앞선 절을 추가적으로 설명하는 관계절이며, 첫 번째 { }는 gives의 간접목적어이며, 두 번째 { }는 gives의 직접목적어이다.

전문 해석

❶다수의 견해 또는 다수의 견해라고 인식하는 것을 따르기 위해 자신의 진정한 신념을 억누르는 사람들은 다른 사람들의 신념에 영향을 미칠 가능성이 있다는 점을 강조하는 것이 중요하다. ❷이 사실은 확산 과정을 이해하는 데 매우 중요하다. ❸하나의 극명한 사례는 갈등이 어떻게 확대되는지이다. ❹Timur Kuran이 입증한 바와 같이, 사람들에게 가해지는 '내집단'에 순응해야 한다는 압력은 외부자 또는 심지어 수동적 방관자로 남는 데 드는 비용이 증가하는 양극화된 상황에서 더 커지는데, 이는 내집단으로부터 배신자로 낙인찍힐 위험과 '외집단'의 공격으로부터 보호받지 못한 채로 남겨질 위험 모두 때문이다. ❺그 결과 온건파는 자신의 진정한 신념을 억누르게 될 수 있고, 이는 급진적이거나 광신적인 요소에 불균형적인 영향력을 부여한다. ❻동시에, 순응하는 사람들로 인해 다른 사람들은 다수가 실제 그런 것보다 더 크다는 인상을 받을 수도 있으며, 그로 인해 그들도 순응하거나 실제로 신념을 바꿀 가능성이 높아질 것이다.

Quick Check 적절한 말 고르기

1 It is important to emphasize that people who suppress their true beliefs in order to conform to the majority view, or that / what they perceive to be the majority view are likely to have an influence on other people's beliefs.

2 This fact is of great importance / important for understanding diffusion processes.

정답 1 what 2 importance

핵심 키워드 **human development, universal, culture**

❶ ┌→ 명사구(주어)
[Most classic theories and research on human development] are based on Western
인간 발달에 관한 대부분의 고전적인 이론과 연구는 서양의 표본을 기반으로 한다 /

┌→ 부사절(이유)   ┌→ 명사절(believed 목적어)
samples / [because researchers once believed / {that the processes of human development
연구자들이 한때 믿었기 때문이다 /   인간 발달의 과정이 보편적이라고 //

                                                      ┌→ 명사절(suggest의 목적어)
were universal}]. // ❷More recent observations suggest / [that development varies
                     더 최근의 관찰 결과들은 ~을 시사한다 /   발달은 문화적 상황에 따라 매우 다양하다는

                                                  ┌→ 구체적인 사례 제시
dramatically with cultural context]. // ❸Consider milestones, / [such as the average age
것을 //   중요 시점을 고려해 보라 /   유아가 걷기 시작하는 평균 연령과 같은 //

that infants begin to walk]. // ❹In Uganda, infants begin to walk at about 10 months
                                우간다에서는 유아가 약 10개월의 나이에 걷기 시작한다 /

of age, / in France about 15 months, / and in the United States at about 12 months. //
            프랑스에서는 약 15개월에 /   그리고 미국에서는 약 12개월에 //

                                                                  ┌→ 관계절
❺These differences are influenced by parenting practices [that vary by culture]. //
이러한 차이는 문화에 따라 달라지는 양육 관행의 영향을 받는다 //

                                                ┌→ 관계절
❻African parents tend to handle infants / in ways [that stimulate walking, / by playing
아프리카의 부모들은 유아를 다루는 경향이 있다 /   걷기를 자극하는 방식으로 /   유아가 도약과 걷기

┌→ 관계절   ┌→ allow+목적어+to부정사: ~이 …할 수 있게 하다
games {that allow infants to practice jumping and walking skills}]. // ❼The cultural
기술을 연습할 수 있게 하는 놀이를 통해 //   개인이 살고 있는 문화

┌→ 관계절
context [in which individuals live] influences / the timing and expression of many
적 상황은 영향을 미친다 /   심지어 걷기와 같은 신체적 발달의 많은 측면의 시기와 발현에 /
                                               분사구문(앞선 절을 추가적으로 설명) ←┐
                ┌→ 심지어   ┌→ 오랫동안 생물학적 성숙의
aspects of development, even physical developments, such as walking, / [long thought to
                                                                        오랫동안 생물학적 성숙의

                                           ┌→ 동명사구(주어)   derive ~ from ...: ~에서 추론된 ←┐
be a matter of biological maturation]. // ❽[Applying principles of development derived
문제로 여겨졌던 //   서양의 표본에서 추론된 발달의 원리들을 다른 문화권의 어린이에게 적용하는 것 /

                                                    ┌→ 조동사(추측)
from Western samples to children of other cultures] / may yield misleading conclusions
                                                    어린이의 능력에 관하여 오해하게 하는 결론을 낼 수 있다 //

about children's capacities. //

어휘

☐ classic 고전적인	☐ development 발달, 성장	☐ Western 서양의, 서구의
☐ sample 표본	☐ universal 보편적인	☐ observation 관찰 결과, 관측
☐ suggest 시사하다	☐ vary 다양하다, 다르다	☐ milestone (인생에서) 중요 시점, 이정표
☐ infant 유아	☐ parenting 양육, 육아	☐ practice 관행
☐ handle 다루다	☐ timing 시기	☐ expression 발현, 표현
☐ maturation 성숙	☐ derive ~ from ... …에서 ~을 추론하다	

도입(❶)

발달 연구의 지리적 편향성

고전적인 인간 발달 이론과 연구는 서양의 표본을 기반으로 함

↓

전개(❷~❺)

문화적 상황에 따른 발달의 다양성

- 최근 관찰은 발달이 문화적 상황에 따라 다양하다는 것을 시사함
- 예를 들어, 유아가 걷기 시작하는 평균 연령은 문화에 따라 다르며, 이는 양육 관행의 영향을 받음

↓

적용(❻~❽)

문화적 상황의 영향과 오해의 가능성

- 아프리카의 부모들은 유아의 걷기를 자극하는 놀이를 통해 다루는 반면, 다른 문화권에서는 다른 방식을 사용할 수 있음
- 이러한 문화적 차이는 발달의 시기와 발현에 영향을 미치며, 서양의 발달 원리를 다른 문화권에 적용할 때 오해를 불러일으킬 수 있음

❶ [Most classic theories and research on human development] are based on Western samples [because researchers once believed {that the processes of human development were universal}].

첫 번째 [ ]는 문장의 주어 역할을 하는 명사구이다. 두 번째 [ ]는 이유의 부사절이며, 그 안의 { }는 believed의 목적어 역할을 하는 명사절이다.

❼ The cultural context [in which individuals live] influences the timing and expression of many aspects of development, even physical developments, **such as** walking, [long thought to be a matter of biological maturation].

첫 번째 [ ]는 The cultural context를 수식하는 관계절이고, '~과 같은'이라는 의미의 「such as ~」의 표현이 사용되어 physical developments의 구체적 사례를 제시하고 있다. 두 번째 [ ]는 walking을 추가적으로 설명하는 분사구이다.

❶인간 발달에 관한 대부분의 고전적인 이론과 연구는 서양의 표본을 기반으로 하는데, 이는 연구자들이 한때 인간 발달의 과정이 보편적이라고 믿었기 때문이다. ❷더 최근의 관찰 결과들은 발달은 문화적 상황에 따라 매우 다양하다는 것을 시사한다. ❸유아가 걷기 시작하는 평균 연령과 같은 중요 시점을 고려해 보라. ❹우간다에서는 유아가 약 10개월의 나이에, 프랑스에서는 약 15개월에, 그리고 미국에서는 약 12개월에 걷기 시작한다. ❺이러한 차이는 문화에 따라 달라지는 양육 관행의 영향을 받는다. ❻아프리카의 부모들은 유아가 도약과 걷기 기술을 연습할 수 있게 하는 놀이를 통해 걷기를 자극하는 방식으로 유아를 다루는 경향이 있다. ❼개인이 살고 있는 문화적 상황은 발달의 많은 측면 심지어 오랫동안 생물학적 성숙의 문제로 여겨졌던 걷기와 같은 신체적 발달의 시기와 발현에 영향을 미친다. ❽서양의 표본에서 추론된 발달의 원리들을 다른 문화권의 어린이에게 적용하면 어린이의 능력에 관하여 오해하게 하는 결론을 낼 수 있다.

Quick Check 빈칸 완성하기

1 Researchers used to think that the processes of human development were u_____, so most of the classic theories and study on the subject are based on samples from the West.

2 Long considered to be a function of biological maturation, the c_____ environment in which an individual resides affects the timing and manifestation of numerous elements of development

정답 1 (u)niversal 2 (c)ultural

핵심
키워드 **exchange, perspective, deal, deliver**

❶ → 전치사구(in ~: ~에서)
[In a series of experiments], / Venkat Lakshminarayanan, Keith Chen, and
일련의 실험에서 / Yale 대학교의 Venkat Lakshminarayanan, Keith Chen, Laurie Santos는 /

→ 관계절
Laurie Santos at Yale University / gave capuchin monkeys tokens / [they could use
꼬리감는원숭이에게 토큰을 주었다 / 맛있는 사과 조각을 '구매'

→ to부정사구(목적) → 전치사구(despite ~: ~에도 불구하고)
{to "purchase" tasty apple slices}]. // ❷ [Despite never having taken Econ 101], / the
하기 위해 사용할 수 있는 // 경제학 개론을 수강해 본 적이 전혀 없음에도 불구하고 /

→ how+to부정사구: ~ 하는 방법
monkeys quickly learned / [how to use the tokens as money]. // ❸ But the researchers
그 원숭이들은 빠르게 배웠다 / 토큰을 돈으로 사용하는 방법을 // 그러나 그다음에 연구자들은 교묘한

then threw in a clever twist: / they gave the monkeys a choice / between buying apple
새 방식을 덧붙였다 / (즉) 원숭이들에게 선택권을 준 것이다 / 두 명의 다른 사람들로부터 사과 조각을

→ 술어동사 1
slices from two different people. // ❹ Person 1 always showed one apple slice / and
사는 것 사이에서 // 사람 1은 항상 사과 조각 하나를 보여 주었다 /

→ 술어동사 2 → in exchange for ~: ~과 교환하여
gave it to the monkey in exchange for a token. // ❺ Person 2, on the other hand, / always
그리고 그것을 토큰 한 개와 교환하여 원숭이에게 주었다 // 반면에 사람 2는 / 항상 원숭이

→ 술어동사 1 → 술어동사 2
showed the monkey two apple slices / but gave only one of the slices for a token. //
에게 사과 두 조각을 보여 주었다 / 하지만 토큰 한 개의 대가로 그 조각 중 하나만 주었다 //

❻ From an economic perspective, / both were offering the exact same deal: / one apple
경제적인 관점에서 볼 때 / 둘 다 정확히 같은 거래를 제공하고 있었다 / 하나의 토큰에

→ 동명사구(by의 목적어)
slice for one token. // ❼ But by [first offering two, then only delivering one], / Person
하나의 사과 조각이라는 // 그러나 처음에는 두 개를 제안한 후 다음에 한 개만 넘겨줌으로써 / 사람 2는

→ 명사절(on의 목적어)
2 focused the monkeys / on [what they were losing] / — the second apple slice. // ❽ The
원숭이들에게 초점을 맞추도록 했다 / 자기들이 손실을 보고 있는 것에 / 즉 두 번째 사과 조각에 //

→ 동명사구(preferred의 목적어) → 부사절(even though ~: ~에도 불구하고)
monkeys strongly preferred / [dealing with Person 1], / [even though Person 2 was
원숭이들은 강하게 선호했다 / 사람 1과 거래하는 것을 / 사람 2가 제공했음에도 불구하고

offering, / from an economic perspective, / the exact same deal]. // ❾ Just like humans, /
경제적인 관점에서 / 정확히 같은 거래를 // 인간과 마찬가지로 /

→ to부정사구(hate의 목적어)
monkeys hate [to feel like they're losing out]. //
원숭이들도 자신이 손실을 보고 있다고 느끼는 것을 싫어한다 //

*Econ 101: 경제학 개론

어휘

☐ capuchin monkey 꼬리감는원숭이	☐ slice 조각	☐ throw in ~을 덧붙이다
☐ twist 새 방식, 비틀림	☐ exchange 교환	☐ perspective 관점
☐ deal 거래	☐ deliver 넘겨주다	☐ lose out 손실을 보다

도입(❶~❷)
실험
꼬리감는원숭이가 토큰으로 사과를 '구매'하는 방법을 배움

↓

전개(❸~❼)
선택권 부여 실험
• 사람 1: 사과 조각 하나를 보여 주고, 토큰 한 개의 대가로 사과 한 조각 제공 • 사람 2: 사과 두 조각을 보여 주고, 토큰 한 개의 대가로 사과 한 조각 제공(원숭이는 받지 못하는 사과 한 조각에 초점을 맞추게 됨) • 경제적인 관점에서는 두 사람이 동일한 거래를 제공

↓

결론(❽~❾)
실험 결과
• 원숭이는 사람 1과 거래하는 것을 선호 • 원숭이는 자신이 손실을 보고 있다고 느끼는 것을 싫어함

지문 배경지식

101

과목 분야를 나타내는 말의 뒤에 쓰여, 기초 및 입문 과정을 나타 낸다. Philosophy 101(철학 개론), Physics 101(물리학 개 론) 등과 같이 사용한다.

구문 해설

❶ In a series of experiments, Venkat Lakshminarayanan, Keith Chen, and Laurie Santos at Yale University gave capuchin monkeys tokens [they could use {to "purchase" tasty apple slices}].

[　]는 tokens를 수식하는 관계절이고, {　}는 목적의 to부 정사구이다.

❽ The monkeys strongly preferred [dealing with Person 1], [**even though** Person 2 was offering, from an economic perspective, the exact same deal].

첫 번째 [　]는 preferred의 목적어 역할을 하는 동명사구이다. 두 번째 [　]는 '~에도 불구하고'라는 의미를 나타내는 even though가 유도하는 부사절이다.

전문 해석

❶일련의 실험에서, Yale 대학교의 Venkat Lakshminarayanan, Keith Chen, Laurie Santos는 꼬리감는원숭이에게 맛있 는 사과 조각을 '구매'하기 위해 사용할 수 있는 토큰을 주었 다. ❷경제학 개론을 수강해 본 적이 전혀 없었음에도 불구하고, 그 원숭이들은 토큰을 돈으로 사용하는 방법을 빠르게 배웠다. ❸그러나 그다음에 연구자들은 교묘한 새 방식을 덧붙였는데, 원숭이들에게 두 명의 다른 사람들로부터 사과 조각을 사는 것 사이에서 선택권을 준 것이다. ❹사람 1은 항상 사과 조각 하나 를 보여 주고 그것을 토큰 한 개와 교환하여 원숭이에게 주었다. ❺반면에 사람 2는 항상 원숭이에게 사과 두 조각을 보여 주었지 만, 토큰 한 개의 대가로 그 조각 중 하나만 주었다. ❻경제적인 관점에서 볼 때, 둘 다 하나의 토큰에 하나의 사과 조각이라는 정 확히 같은 거래를 제공하고 있었다. ❼그러나 사람 2는 처음에는 두 개를 제안한 후 다음에 한 개만 넘겨줌으로써 원숭이들에게 자기들이 손실을 보고 있는 것, 즉 두 번째 사과 조각에 초점을 맞 추도록 했다. ❽원숭이들은 사람 2가 경제적인 관점에서 정확히 같은 거래를 제공했음에도 불구하고 사람 1과 거래하는 것을 강 하게 선호했다. ❾인간과 마찬가지로, 원숭이들도 자신이 손실을 보고 있다고 느끼는 것을 싫어한다.

Quick Check 적절한 말 고르기

❶ By / Despite never having taken Econ 101, the monkeys quickly learned how to use the tokens as money.

❷ By first offering two, then only delivering one, Person 2 focused the monkeys on what they were gaining / losing — the second apple slice.

정답 1 Despite 2 losing

핵심키워드 **teenagers, language, parent**

❶The teenage years are well known / to be the most turbulent phase in human life, /
십 대의 시기는 ~로 잘 알려져 있다 /　　　　　　　인간의 삶에서 가장 격동적인 시기이자 /
동격

[a veritable "social hothouse."] // ❷Physically, physiologically, socially, intellectually, /
참된 '사회적 온실'로 //　　　　　　신체적으로, 생리적으로, 사회적으로, 지적으로 /

teenagers are in a constant state of flux. // ❸The social forces [that dominate adolescent
십 대는 지속적인 끊임없는 변화의 상태에 있다 //　　청소년기의 삶을 지배하는 사회적 힘은 /
관계절

life], / [including {increased independence}, {wider contacts}, {the imperative to separate
독립성의 증가, 더 넓은 접촉, 부모로부터의 분리 의무, 또래와의 연대를 포함하여 /
전치사구　　병렬구조 1　　　　　　병렬구조 2　　　　　　병렬구조 3

from parents}, and {solidarity with peers}] / have a corresponding impact [on language]. //
병렬구조 4　　　　　　　　　　　　　　언어에 상응하는 영향을 미친다 //
전치사구

❹How does teen language reflect this? // ❺Teenagers specifically set out to use words
십 대의 언어는 이를 어떻게 반영할까 //　　　　십 대는 특히 부모가 사용하지 않는 단어를 사용하기 시작한다 //
반영하다　　　　　　　　　　set out+to부정사: ~하기 시작하다

[that their parents do not]. // ❻Sometimes this is a conscious selection [of one word over
관계절　　　　　　때때로 이것은 한 단어를 다른 단어보다 의식적으로 선택하는 것이다 /
전치사구

another] / (in one generation the use of *groovy* instead of *good*, / in another the use of
한 세대에서는 'good' 대신 'groovy'를 사용 /　　　　또 다른 세대에서는'great' 대신
전치사구(instead of: ~ 대신에)

sick instead of *great*). // ❼Sometimes, however, it is much more subtle, / and teenagers
'sick'을 사용 //　　　　그러나 때로는 그것은 훨씬 더 미묘하다 /　　　　그리고 십 대 자신들은
전치사구(instead of: ~ 대신에)　　　　　　　　비교급 강조

themselves do not know / [just how marked their difference from the older generations
자신들도 알지 못한다 /　　　이전 세대와의 차이가 그저 얼마나 뚜렷한지 //
재귀대명사(강조)　　　　　명사절(know의 목적어)

really is]. //

*turbulent: 격동적인　**veritable: 참된, 진짜의　***flux: 끊임없는 변화

어휘

☐ phase 시기, 단계　　　　　☐ hothouse 온실, 온상　　　　☐ physically 신체적으로
☐ physiologically 생리적으로　☐ intellectually 지적으로　　　☐ constant 지속적인
☐ state 상태　　　　　　　　☐ adolescent 청소년기의　　　　☐ independence 독립성
☐ imperative 의무, 필요성　　☐ solidarity 연대, 결속　　　　☐ peer 또래, 동료
☐ correspond 상응하는　　　☐ reflect 반영하다　　　　　　☐ conscious 의식적인
☐ groovy 멋진, 멋있는　　　　☐ subtle 미묘한　　　　　　　☐ marked 뚜렷한

도입(❶~❷)

청소년기의 정의

청소년기는 인간 삶의 가장 격동적인 시기로, 신체적, 생리적, 사회적, 지적 변화가 지속적으로 일어남

⬇

전개(❸~❺)

사회적 영향과 언어의 변화

독립성 증가, 넓은 사회적 접촉, 부모로부터의 분리, 동료와의 연대는 청소년기를 지배하는 주요 사회적 힘으로, 이러한 변화는 청소년들의 언어 사용에도 영향을 미침

⬇

결론(❻~❼)

세대 간 언어 선택의 차이

- 십 대들은 때때로 의식적으로 다른 세대가 사용하는 단어 대신 다른 단어를 선택하여 사용
- 이러한 변화는 때로는 미묘하며, 십 대 자신들조차 이전 세대와의 차이를 명확히 인식하지 못함

social hothouse(사회적 온실)

청소년기가 급격한 변화와 사회적 속에서 성장과 발달이 촉진되는 시기라는 의미에서 사용되는 비유로, 1960년대 이후, 청소년 발달에 관한 연구가 활발해지면서 이 비유가 널리 알려지게 되었다.

❸ The social forces [that dominate adolescent life], [including {increased independence}, {wider contacts}, {the imperative to separate from parents}, and {solidarity with peers}] have a corresponding impact on language.

첫 번째 [ ]는 The social forces를 수식하는 관계절이다. 두 번째 [ ]는 The social forces에 대한 부가적인 정보를 더해주는 전치사구이며, 그 안의 네 개의 { }가 콤마와 and로 대등하게 연결되어 있다.

❼ Sometimes, however, it is much more subtle, and teenagers **themselves** do not know [just how marked their difference from the older generations really is].

themselves는 바로 앞의 teenagers를 강조하고, [ ]는 know의 목적어 역할을 하는 명사절이다.

❶십 대의 시기는 인간의 삶에서 가장 격동적인 시기이자 참된 '사회적 온실'로 잘 알려져 있다. ❷신체적으로, 생리적으로, 사회적으로, 지적으로 십 대는 지속적인 끊임없는 변화의 상태에 있다. ❸독립성 증가, 더 넓은 접촉, 부모로부터의 분리 의무, 또래와의 연대를 포함하여 청소년기의 삶을 지배하는 사회적 힘은 언어에 상응하는 영향을 미친다. ❹십 대의 언어는 이를 어떻게 반영할까? ❺십 대는 특히 부모가 사용하지 않는 단어를 사용하기 시작한다. ❻때때로 이것은 한 단어를 다른 단어보다 의식적으로 선택하는 것이다(한 세대에서는 'good' 대신 'groovy'를 사용, 또 다른 세대에서는 'great' 대신 'sick'을 사용). ❼그러나 때로는 그것은 훨씬 더 미묘하며 십 대 자신들은 자신들도 이전 세대와의 차이가 그저 얼마나 뚜렷한지 알지 못한다.

Quick Check 적절한 말 고르기

❶ Teenagers are continually / occasionally changing in terms of their physical, physiological, social, and intellectual development.

❷ Teenagers choose words that do not sound familiar / unfamiliar to their parents on purpose.

정답 1 continually 2 familiar

핵심
키워드 **evolution, technology, optimism**

❶The human came to understand / his natural environment, his own biology, his own
→ come to부정사: ~하게 되다
인류는 이해하게 되었다 / 자신의 자연환경, 자신의 생명 활동, 자신의 진화를 //

evolution. // ❷However, his evolution is not yet complete, / and there are three different
아직
그러나 그의 진화는 아직 완료되지 않았다 / 그리고 따를 수 있는 세 가지 다른 방법이 있다 //

ways [to follow]. // ❸The first one, genetic manipulation / — this is [a complicated
to부정사구
첫 번째, 유전자 조작이다 / 이것은 복잡한 것이고, 현재 확실한 결과

thing], [currently with no certain results], / and [seen by many as immoral]. // ❹Secondly,
대등한 연결
가 없다 / 그리고 많은 사람에 의해 부도덕한 것으로 간주된다 // 둘째로, 기술과

[using technology and imagination], / the human may create a machine / similar to
분사구문
~과 비슷한
상상력을 사용하여 / 인류가 기계를 만들 수도 있다 / 자신의 뇌와 비슷한 /

his own brain, / but faster and more powerful. // ❺This advanced machine will learn
하지만 더 빠르고 더 강력한 // 이 첨단 기계는 학습하고 진보할 것이다 /

and progress, / [eventually reaching into a zone of simulated or real consciousness]; /
분사구문(앞선 절의 결과)
결국 모방된 또는 실제 의식 영역에 도달할 것이다 /

therefore, the artificial could become the new natural one day. // ❻[My optimism relative
명사구(주어)
따라서 언젠가는 인공적인 것이 새로운 자연스러운 것이 될 수도 있다 // 이 미래의 순간에 관한 나의 낙관론에는

to this future moment] is not changed. // ❼[Contrary to Stephen Hawking's opinion], /
부사구(대조) → contrary to: ~과는 달리, ~과 대조적으로
변함이 없다 // Stephen Hawking의 의견과는 달리 /

this *Artificial Intelligence* will not be fundamentally dangerous; / AI is created and
수동태
이 '인공 지능'은 근본적으로 위험하지 않을 것이다 / 인공 지능은 인류에 의해 만들어

controlled by humans, / [being in principle as "good" or "bad" as its designers are]. //
분사구문(앞선 절에 대한 부가적 설명)
지고 통제된다 / 원칙적으로 그것의 설계자만큼 '선'하거나 '악'하다 //

❽The third way involves the man-machine hybrids, / but this is more [an extension of {the
more ... than ~: ~이라기보다는 (오히려) …이다 전치사 of의 목적어
세 번째 방법은 인간과 기계의 혼성체를 포함한다 / 하지만 이는 인류의 자연적인 힘과 능력의 확장에 더 가깝다 /

human's natural power and capacity}] / than [a new and innovative progress]. //
대등한 연결
새롭고 혁신적인 진보라기보다는 //

어휘

□ biology 생명 활동　　　　□ complicated 복잡한　　　　□ immoral 부도덕한
□ advanced 첨단의, 발전한　　□ progress 진보하다　　　　□ zone 영역
□ simulated 모방된, 가짜의　　□ consciousness 의식　　　　□ optimism 낙관론, 낙천주의
□ relative to ~에 관한　　　□ fundamentally 근본적으로　　□ hybrid 혼성체, 혼성물
□ extension 확장　　　　　　□ capacity 능력

도입(❶~❷)

인류의 자각과 진화

인류는 자신의 자연환경, 생명 활동, 진화를 이해하게 되었고, 미완의 진화에는 세 가지 방법이 있음

↓

전개 1(❸)

유전자 조작

유전자 조작은 가능한 방법의 하나지만, 복잡하고 불확실하며 논란의 여지가 있음

↓

전개 2(❹~❼)

인공 지능

- 인류는 자신의 뇌와 비슷하지만 더 빠르고 강력한 기계를 만들 수 있음
- 이러한 기계는 결국 의식 영역에 도달할 수 있으며, 필자는 인공 지능이 근본적으로 위험하지 않다고 믿음

↓

전개 3(❽)

인간과 기계의 혼성체

세 번째 방법으로 인간과 기계의 혼성체가 있으며, 이는 자연적인 힘과 능력의 확장임

지문 배경지식

Stephen Hawking

영국의 저명한 물리학자로 전공은 우주론과 천체물리학이다. 인공 지능 기술에 대해 "인류 문명의 역사상 최악의 사건이 될 수 있다"고 경고했으며, 미래에 닥칠 수 있는 최악의 상황을 피하기 위한 정책과 관리의 중요성을 강조했다.

구문 해설

❸ The first one, genetic manipulation — this is [a complicated thing], [currently with no certain results], and [seen by many as immoral].

세 개의 [ ]가 콤마와 and로 연결되어 this is에 이어진다.

❽ The third way involves the man-machine hybrids, but this is **more** [an extension of {the human's natural power and capacity}] **than** [a new and innovative progress].

두 개의 [ ]는 '~이라기보다는 (오히려) …이다'라는 의미의 「more … than ~」 구문으로 연결되었으며, { }는 전치사 of의 목적어이다.

전문 해석

❶인류는 자신의 자연환경, 자신의 생명 활동, 자신의 진화를 이해하게 되었다. ❷그러나 그의 진화는 아직 완료되지 않았고, 따를 수 있는 세 가지 다른 방법이 있다. ❸첫 번째, 유전자 조작인데 이것은 복잡한 것이고, 현재 확실한 결과가 없으며, 많은 사람이 부도덕한 것으로 간주한다. ❹둘째로, 기술과 상상력을 사용하여 인류가 자신의 뇌와 비슷하지만 더 빠르고 더 강력한 기계를 만들 수도 있다. ❺이 첨단 기계는 학습하고 진보하여 결국 모방된 또는 실제 의식 영역에 도달할 것이며, 따라서 언젠가는 인공적인 것이 새로운 자연스러운 것이 될 수도 있다. ❻이 미래의 순간에 관한 나의 낙관론에는 변함이 없다. ❼Stephen Hawking의 의견과는 달리, 이 '인공 지능'은 근본적으로 위험하지 않을 텐데, 인공 지능은 인류에 의해 만들어지고 통제되며, 원칙적으로 그것의 설계자만큼 '선'하거나 '악'하기 때문이다. ❽세 번째 방법은 인간과 기계의 혼성체를 포함하지만, 이는 새롭고 혁신적인 진보라기보다는 인류의 자연적인 힘과 능력의 확장에 더 가깝다.

Quick Check 주어진 말 어순 배열하기

❶ Using technology and imagination, the human [brain, create, machine, to, may, a, his, similar, own], but faster and more powerful.

❷ AI is created and controlled by humans, being in principle as "good" or "bad" [are, its, as, designers].

2 as its designers are

정답 1 may create a machine similar to his own brain

핵심 키워드 **indirect collaboration, self-organizing systems**

❶ Indirect collaboration involves individuals / [making small changes to an existing,
간접 협동은 개개인을 참여시킨다 / 분사구문(individuals 수식) 기존의 공유된 시스템에 작은 변화를 만드는 /

shared system / {that inspires others to make further changes / ⟨so that the system itself
shared system / 관계절(an existing, shared system 수식) 다른 사람들을 고무하여 더 많은 변화를 만들게 하는 / 부사절(결과) 재귀대명사(강조) 그래서 그 결과 시스템 자체가 참여자로
so that: 그 결과

appears to be a participant⟩}]. // ❷ It is as though self-organizing systems actually have
보이도록 // 그것은 마치 ~인 것과 같다 그것은 마치 자기 조직화 시스템이 실제로 독자적인 생명을 갖는 것과 같다 /

a life of their own, / [operating independently of any one member or group]. // ❸ No one
분사구문(self-organizing systems의 부수적인 동작) 어떤 한 구성원이나 그룹과도 독립적으로 운영되는 // 흰개미에게

directs a termite to drop a grain of soil [where another has], / yet it is by acting on this
다른 흰개미가 했던 곳에 흙 한 알갱이를 떨어뜨리라고 지휘하는 사람은 아무도 없다 / 선행사가 생략된 관계절(~한 곳) it is ~ that 강조 구문(~을 강조) 그런데도, 바로 이러한 공유된 충동에 따라

shared impulse / that termites build their huge mounds; / in a sense, the mounds are
행동함으로써이며 / 흰개미가 거대한 흙더미를 만드는 것은 / 어떤 의미에서 어떤 의미에서 흙더미는 창조적 과정의 능동적인

an active player in the creative process. // ❹ Youth [on social networking and sharing
주체이다 // 전치사구 소셜 네트워킹 및 공유 사이트를 이용하는 젊은이들도 마찬가지로 스스로

sites] [are similarly self-motivated] / and [work independently], / but together they
동기를 부여한다 / 대등한 연결 그리고 독립적으로 활동한다 / 하지만, 함께 그들은 또한 다른

too constantly add to the previous efforts of others / in a way [that has made {social
사람들의 이전 노력에 끊임없이 추가한다 / ~에 추가하다 소셜 네트워킹 및 공유 사이트를 만들었던 그 방식으로 / 관계절 목적어

networking and sharing sites} / {major social spaces in their own right}]. // ❺ Two decades
그 자체로 주요한 사회적 공간으로 // 목적격 보어 그 자체로 20년 전만 해도 누가

ago, who could have foreseen / what a complex, socially significant operation / they
예측할 수 있었을까 / 감탄문(what+a+형+명) 이렇게 복잡하고 사회적으로 중요한 운영체가 / 그것들이

would so quickly become? //
이토록 빠르게 될 것이라고 //

*termite: 흰개미   **mound: 흙더미, 언덕

어휘

- □ indirect 간접의
- □ collaboration 협동, 협업
- □ involve 참여시키다, 포함하다
- □ existing 기존의, 존재하는
- □ direct 지휘하다
- □ grain (모래·소금 등의) 알갱이, 입자
- □ soil 흙
- □ impulse 충동
- □ active 능동적인
- □ self-motivated 스스로 동기를 부여하는
- □ in one's own right 그 자체로, 다른 것에 의존하지 않고
- □ complex 복잡한

도입(❶~❷)

간접 협동과 자기 조직화 시스템

• 간접 협동은 개인이 기존의 공유된 시스템에 작은 변화를 만들어 다른 사람의 참여를 고무하고 더 많은 변화를 끌어내는 과정임
• 이 과정은 마치 자기 조직화 시스템이 독립적으로 운영되는 것처럼 보임

전개 1(❸)

자기 조직화 시스템의 예 1

흰개미가 만드는 거대한 흙더미는 창조적 과정의 능동적 주체로 작용함

전개 2(❹~❺)

자기 조직화 시스템의 예 2

• 소셜 네트워킹 및 공유 사이트를 이용하는 젊은이들은 능동적으로 이러한 공간을 사회적으로 중요한 공간으로 만들어 감
• 이러한 과정을 통해 과거에는 예측할 수 없었던 복잡하고 중요한 운영체로 발전함

전문 해석

❶간접 협동은 시스템 자체가 참여자로 보이도록 다른 사람들을 고무하여 더 많은 변화를 만들게 하는 기존의 공유된 시스템에 작은 변화를 만드는 개인을 참여시킨다. ❷그것은 마치 자기 조직화 시스템이 실제로 독자적인 생명을 갖고 어떤 한 구성원이나 그룹과도 독립적으로 운영되는 것 같다. ❸흰개미에게 다른 흰개미가 했던 곳에 흙 한 알갱이를 떨어뜨리라고 지휘하는 사람은 아무도 없지만, 그런데도 흰개미가 거대한 흙더미를 만드는 것은 이러한 공유된 충동에 따라 행동함으로써이며, 어떤 의미에서 흙더미는 창조적 과정의 능동적인 주체이다. ❹소셜 네트워킹 및 공유 사이트를 이용하는 젊은이들도 마찬가지로 스스로 동기를 부여하고 독립적으로 활동하지만, 함께 그들은 또한 소셜 네트워킹 및 공유 사이트를 그 자체로 주요한 사회적 공간으로 만들었던 방식으로 다른 사람들의 이전 노력에 끊임없이 추가한다. ❺20년 전만 해도 누가 그것들이 이렇게 복잡하고 사회적으로 중요한 운영체가 이토록 빠르게 될 것이라고 예측할 수 있었을까?

지문 배경지식

self-organizing systems(자기 조직화 시스템)
외부의 직접적인 통제나 지시 없이 스스로 질서를 형성하고 유지하는 시스템을 말한다. 자기 조직화 시스템에서는 내부의 수많은 요소가 얼기설기 얽혀 상호관계나 복잡한 관계를 통하여 끊임없이 재구성하고 환경에 적응해 나간다.

구문 해설

❸ No one directs a termite to drop a grain of soil [where another has], yet **it is** by acting on this shared impulse [**that** termites build their huge mounds]; in a sense, the mounds are an active player in the creative process.

첫 번째 [ ]는 선행사(the place)가 생략된 관계절로 '~한 곳'이라는 의미를 지니며, 두 번째 [ ]는 「it is ~ that ...」 강조 구문의 일부로서, by acting on this shared impulse를 강조한다.

❹ Youth on social networking and sharing sites [are similarly self-motivated] and [work independently], but together they too constantly add to the previous efforts of others in a way [that has made {social networking and sharing sites} {major social spaces} in their own right].

동사구인 첫 번째 [ ]와 두 번째 [ ]는 and로 대등하게 연결되었으며, 세 번째 [ ]는 a way를 수식하는 관계절이고, 그 안의 첫 번째 { }는 made의 목적어이고, 두 번째 { }는 목적격 보어이다.

Quick Check 주어진 말 어순 배열하기 / 적절한 말 고르기

1 Indirect collaboration involves individuals making small changes to an existing, shared system [further, inspires, others, to, make, changes, that] so that the system itself appears to be a participant.

2 Youth on social networking and sharing sites are similarly self-motivated and work `independent / independently`, but together they too constantly add to the previous efforts of others in a way that has made social networking and sharing sites major social spaces in their own right.

정답 1 that inspires others to make further changes
2 independently

bee, temperature, hornet, nest

❶Honeybees are renowned for [controlling the temperature of their hive]. // ❷[When it
→ 동명사구(전치사 for의 목적어)   → 부사절(시간)
꿀벌은 자기 벌집 온도를 조절하는 것으로 잘 알려져 있다 //   벌집이 너무

gets too hot], / they ventilate it by using their wings / [to fan the hot air out of the nest]. //
                        → by -ing: ~하여, ~함으로써   → to부정사(목적)
뜨거워지면 /   그들은 자신의 날개를 사용하여 그것을 환기한다 /   뜨거운 공기를 집 밖으로 부채질하기 위해 //

❸[When it gets too cold], / the bees generate metabolic heat / by rapidly contracting
→ 부사절(시간)   → by -ing: ~함으로써
날씨가 너무 추워지면 /   꿀벌은 신진대사 열을 생성한다 /   비행 근육을 빠르게 수축하고 이완하여 //

and relaxing their flight muscles. // ❹They also use heat as [a defense mechanism]. //
                                                              → 전치사 as의 목적어 역할
                                        그들은 또한 열을 방어 방법으로 사용한다 //

❺Japanese giant hornets are fierce predators of honey bees. // ❻[Capable of killing large
                                         → 흉포한   → 분사구문(they를 부연 설명)
일본 장수말벌은 꿀벌의 흉포한 포식자이다 //   많은 수를 빠르게 죽일 수 있어서 /

numbers quickly], / they pose a serious threat to bees' nests. // ❼Hornets begin their
                                                                      말벌은 공격을 시작한다 /
그들은 꿀벌의 집에 심각한 위험이 된다 //

attacks / by [picking off single honey bees at {the entrance to the hive}]. // ❽However,
           → 동명사구(by의 목적어)   → at의 목적어
벌집 입구에 있는 꿀벌들을 한 마리씩 골라서 죽이는 것으로 //   그러나 일본 꿀벌은

Japanese honey bees defend themselves with self-generated heat. // ❾[If a hornet attacks], /
                                → = Japanese honey bees   → 부사절(조건)
자체적으로 생성한 열로 자신을 방어한다 //   말벌이 공격하면 /

they swarm around it, / [vibrating their wings {to raise their collective temperature}]. //
       = a hornet ←   → 분사구문(they의 동시동작)   → to부정사(결과)
그들은 말벌 주위로 모여든다 /   그들의 날개를 진동시켜 자신들의 집단 체온을 높인다 //

❿[Since the hornet cannot tolerate a temperature above 114.8°F (46°C) / {whereas the
→ 부사절(이유)   → 부사절(대조)
말벌은 114.8°F(46°C)가 넘는 온도를 견디지 못하기 때문에 /   반면 꿀벌은 거의

bees can survive at almost 118.4°F (48°C)}], / the attacker eventually dies. //
118.4°F(48°C)에서 생존할 수 있다 /   공격자는 결국 죽는다 //

*ventilate: 환기하다 **hornet: 말벌 ***metabolic: 신진대사의

어휘
- fan 부채질하다
- hive 벌집
- nest 집, 둥지
- contract 수축하다
- pose a threat to ~에 위험이 되다
- fierce 흉포한

글의 흐름 파악

도입(❶)

꿀벌의 온도 조절 능력

꿀벌은 벌집의 온도를 조절하는 능력으로 잘 알려져 있음

↓

전개 1(❷~❸)

온도 조절 방법

너무 더울 때는 날개를 사용해 환기를 시키고, 추울 때는 비행 근육을
수축하고 이완하여 열을 생성함

↓

전개 2(❹~❿)

방어 전략

• 일본 장수말벌은 꿀벌에게 심각한 위협이 되는데, 꿀벌은 자체적
으로 생성한 열로 이를 방어함
• 말벌이 공격하면 꿀벌은 말벌 주위로 모여들어 자신들의 집단 체온을
높이고, 이에 따라 말벌은 고온을 견디지 못해 죽음

지문 배경지식

Japanese giant hornet(일본 장수말벌)
일본과 동북아시아에서 주로 발견된다. 크
기가 크고 공격적이며, 사냥을 통한 먹이
활동을 한다.

구문 해설

❼ Hornets begin their attacks by [picking off single
honey bees at {the entrance to the hive}].

첫 번째 [ ]는 수단의 전치사 by의 목적어 역할을 하는 동명
사구이며, 그 안의 { }는 전치사 at의 목적어 역할을 한다.

❿ [Since the hornet cannot tolerate a temperature
above 114.8°F (46°C) {whereas the bees can
survive at almost 118.4°F (48°C)}], the attacker
eventually dies.

[ ]는 접속사 Since가 이끄는 이유의 부사절이고, 그 안의
{ }는 whereas가 이끄는 대조의 부사절이다.

전문 해석

❶꿀벌은 자기 벌집 온도를 조절하는 것으로 잘 알려져 있다.
❷벌집이 너무 뜨거워지면 그들은 뜨거운 공기를 집 밖으로 부채
질하기 위해 자신의 날개를 사용하여 그것을 환기한다. ❸날씨가
너무 추워지면 꿀벌은 비행 근육을 빠르게 수축하고 이완하여 신
진대사 열을 생성한다. ❹그들은 또한 열을 방어 방법으로 사용
한다. ❺일본 장수말벌은 꿀벌의 흉포한 포식자이다. ❻많은 수
를 빠르게 죽일 수 있어서 그들은 꿀벌의 집에 심각한 위협이 된
다. ❼말벌은 벌집 입구에 있는 꿀벌들을 한 마리씩 골라서 죽이
는 것으로 공격을 시작한다. ❽그러나 일본 꿀벌은 자체적으로
생성한 열로 자신을 방어한다. ❾말벌이 공격하면 그들은 말벌
주위로 모여들어 날개를 진동시켜 자신들의 집단 체온을 높인다.
❿꿀벌은 거의 118.4°F(48°C)에서 생존할 수 있는 반면, 말벌은
114.8°F(46°C)가 넘는 온도를 견디지 못하기 때문에, 공격자는
결국 죽는다.

Quick Check T, F 고르기

❶ It is well-known that honeybees are able to
regulate the temperature within their hive.
T / F

❷ Hornets will swarm a honeybee and raise
their body temperature by flapping their
wings when attacked. T / F

정답 1 T 2 F

핵심 키워드 Iceberg Theory, unconscious

❶ → 주어 → one of+the+최상급+복수명사 ┌──── 대등한 연결 ────┐
[One of the {most frequently cited} and {simplest} but also {most inscrutable} of
모든 의사소통 이론 중 가장 빈번하게 인용되고 가장 단순하지만 또한 가장 수수께끼 같은 하나가 Iceberg Theory(빙산 이론)이다 //

→ 동격
all communication theories] is the Iceberg Theory. // ❷Sigmund Freud, the founder
정신 분석의 창시자인 Sigmund Freud는 믿었다 /

→ 명사절(believed의 목적어)   → 무엇보다도
of psychoanalysis, believed / [that human behaviour is governed above all by the
인간의 행동은 무엇보다도 무의식에 의해 지배를 받는다고 /

→ 관계절   → 부사절(대조)
unconscious / — like an iceberg, {where only the tip rises from the water, / ⟨while the
끝부분만 물 위로 솟아 있는 빙산처럼 /   보통 훨씬 더 크고

usually much bigger and mostly invisible part is below the surface⟩}]. // ❸It is sufficient /
대부분 보이지 않는 부분은 수면 아래에 있는 반면 //   ~은 충분하다 /

→ 삽입구   → 1/10   ❹→ 부사절(조건)
if, [like an iceberg], only a tenth is visible above water. // [If we apply this rule to
빙산처럼 10분의 1만 물 위로 드러나면 //   이 법칙을 의사소통에 적용하면 /

→ 명사절(say의 목적어)
communication], / we could say / [that the visible, conscious part of a discussion is the
우리는 말할 수 있다 /   토론에서 눈에 보이는 의식적인 부분은 사실적 수준이다 /

→ 명사절
factual level / ({what we say or what we talk about}), / while the unconscious part is the
우리가 말하거나 대화하는 내용 /   반면 무의식적인 부분은 대인 관계적 수준이다 /

→ 명사절   명사절(means의 목적어)
interpersonal level / ({how we say it and what we really mean})]. // ❺This means [[we
우리가 말하는 방식과 진정으로 의미하는 것 //   우리가 사실적 수준은 통제할 수

┌──────── 대등한 연결 ────────┐
can control the factual level}, {we can select our words consciously}, / but {our gestures,
있으며, 의식적으로 우리의 단어를 선택할 수 있다는 것을 의미한다 /   하지만 우리의 몸짓, 얼굴 표정,

→ 무심코 드러내다
facial expression and tone of voice / will ⟨betray our unconscious secret hopes, repressed
목소리 톤은 /   무의식의 은밀한 희망, 억압된 갈등, 트라우마가 되는 경험, 기본 동기 및 동물적 본능을 무심코

┌──── 대등한 연결 ────┐
conflicts, traumatic experiences, base motives and animal instincts⟩, / and ⟨appeal to
드러내고 /   그리고 다른 사람의 무의식에

→ decides의 목적어 1
the other person's unconscious⟩}]. // ❻The interpersonal level decides / [how we will be
호소 하게 된다 //   대인 관계적 수준은 결정한다 /   우리가 어떻게 인식되고

→ decides의 목적어 2
perceived] and [how we perceive others]. //
다른 사람을 어떻게 인식할지를 //

*inscrutable: 수수께끼 같은

어휘

- □ frequently 빈번하게
- □ consciously 의식적으로
- □ unconscious 무의식; 무의식의
- □ appeal 호소하다

- □ sufficient 충분한
- □ expression 표정
- □ repressed 억압된
- □ interpersonal 대인 관계적인

- □ factual 사실적인
- □ betray 무심코 드러내다
- □ traumatic 트라우마의, 외상의
- □ perceive 인식하다

도입(❶)

Iceberg Theory의 소개

Iceberg Theory는 의사소통 이론 중 단순하지만 수수께끼 같은 이론으로 꼽힘

⬇

전개(❷~❸)

Sigmund Freud의 관점

- Freud는 인간의 행동이 대부분 무의식에 의해 지배된다고 믿었으며, 이를 빙산의 비유로 설명함
- 빙산 일부만 물 위로 보이는 것처럼, 인간 행동의 일부만 의식적으로 드러남

⬇

적용(❹~❻)

의사소통에서의 Iceberg Theory 적용

- 의사소통에서 눈에 보이는 부분은 의식적인 사실적 수준이며, 무의식적인 부분은 대인 관계적 수준을 나타냄
- 사실적 수준은 의식적으로 통제 가능하지만, 몸짓, 표정, 목소리 톤 등은 무의식의 깊은 부분을 드러냄
- 이러한 무의식적 신호들은 어떻게 인식되고 다른 사람을 어떻게 인식할지를 결정하는 데 중요함

지문 배경지식

Sigmund Freud
오스트리아의 심리학자로 정신분석학의 창시자이다. 무의식과 억압의 방어 기제에 대한 이론, 환자와 정신 분석자의 대화를 통하여 정신 병리를 치료하는 정신분석학적 임상 치료 방식을 처음 만들었다.

전문 해석

❶모든 의사소통 이론 중 가장 빈번하게 인용되고 가장 단순하지만 또한 가장 수수께끼 같은 하나가 Iceberg Theory(빙산 이론)이다. ❷정신 분석의 창시자인 Sigmund Freud는 보통 훨씬 더 크고 대부분 보이지 않는 부분은 수면 아래에 있는 반면 끝부분만 물 위로 솟아 있는 빙산처럼 인간의 행동은 무엇보다도 무의식에 의해 지배를 받는다고 믿었다. ❸빙산처럼 10분의 1만 물위로 드러나면 충분하다. ❹이 법칙을 의사소통에 적용하면, 토론에서 눈에 보이는 의식적인 부분은 사실적 수준(우리가 말하거나 대화하는 내용)이고 무의식적인 부분은 대인 관계적 수준(우리가 말하는 방식과 진정으로 의미하는 것)이라고 말할 수 있다. ❺우리가 사실적 수준은 통제할 수 있으며, 의식적으로 우리의 단어를 선택할 수 있지만 우리의 몸짓, 얼굴 표정, 목소리 톤은 무의식의 은밀한 희망, 억압된 갈등, 트라우마가 되는 경험, 기본 동기 및 동물적 본능을 무심코 드러내어, 다른 사람의 무의식에 호소하리라는 것을 의미한다. ❻대인 관계적 수준은 우리가 어떻게 인식되고 다른 사람을 어떻게 인식할지를 결정한다.

구문 해설

❷ Sigmund Freud, the founder of psychoanalysis, believed [that human behaviour is governed above all by the unconscious — like an iceberg, {where only the tip rises from the water, ⟨while the usually much bigger and mostly invisible part is below the surface⟩}].

[ ]는 believed의 목적어 역할을 하는 명사절이며, 그 안의 { }는 an iceberg를 추가적으로 설명하는 관계절이다. 또한 그 안의 ⟨ ⟩는 while이 유도하는 부사절이다.

❺ This means [{we can control the factual level}, {we can select our words consciously}, but {our gestures, facial expression and tone of voice will ⟨betray our unconscious secret hopes, repressed conflicts, traumatic experiences, base motives and animal instincts⟩, and ⟨appeal to the other person's unconscious⟩}].

[ ]는 means의 목적어 역할을 하는 명사절인데, 그 안에서 세 개의 { }는 콤마와 but으로 대등하게 연결되어 있다. 두 개의 ⟨ ⟩는 and로 연결되어 will에 이어진다.

Quick Check 적절한 말 고르기

❶ One of the most frequently cited and simplest but also most inscrutable of all communication theories are / is the Iceberg Theory.

❷ The interpersonal level decides that / how we will be perceived.

정답 1 is 2 how

핵심
키워드 **stimulation, irrelevant, breaks**

❶Constant stimulation is registered by our brains as irrelevant / — to the point [where
지속적인 자극은 우리 뇌에 의해 관련 없는 것으로 새겨진다 /   그것이 우리의 인식에서 실제로

it is actually erased from our awareness]. // ❷A prime example of this is [having the
지워질 정도로 //   텔레비전을 켜 두는 것이 이것의 전형적인 예이다 /

television on / {while we go about our daily chores}]. // ❸[Every once in a while],
우리가 일상적인 집안일을 하는 동안 //   가끔 무언가가 눈에 띄어 그것에 집중하기

something catches our eye and we stop to focus on it, / but for the most part, / it's just
위해 우리가 멈추게 되지만 /   하지만 대부분의 경우 /   그것은 배경의

white noise in the background. // ❹A study of computer users confirmed similar findings. //
백색 소음일 뿐이다 //   컴퓨터 사용자를 대상으로 한 연구에서도 비슷한 결과가 확인되었다 //

❺[When asked to perform the same activity repeatedly for an hour], / the subjects
한 시간 동안 같은 활동을 반복적으로 수행하도록 요청받았을 때 /   피실험자들은 그 움직

became habituated to the movement, / and after a while, the stimulus failed to register
임에 습관화되었다 /   그리고 잠시 후 자극이 의미 있는 방식으로 새겨지지 못했다 //

in a meaningful way. // ❻However, the subjects [who performed the same activity, but
                        그러나 같은 활동을 수행하되 한 시간 동안 두 번의 짧은 휴식을 취한 피실험자들은 /

with two brief breaks during the hour], / performed consistently better. // ❼It seems fairly
                        일관되게 더 나은 성과를 거두었다 //   그것은 꽤 상식적으로

common sense, / but too many people have the tendency / [to romanticize {constant work
보이지만 /   하지만 너무 많은 사람이 경향이 있다 /   지속적인 일과 휴식을 취하지 않는 것을 낭만적으로

and never taking breaks}]. //
묘사하는 //

어휘

□ irrelevant 관련이 없는   □ awareness 인식   □ prime 전형적인, 대표적인
□ chore 집안일   □ white noise 백색 소음   □ background 배경
□ confirm 확인하다   □ subject 피실험자   □ register 새기다, 등록하다
□ tendency 경향   □ romanticize 낭만적으로 묘사하다

글의 흐름 파악

도입(①)

지속적 자극의 효과

지속적인 자극은 우리 뇌에 의해 무시되어 우리의 인식에서 지워질 수 있음

⬇

전개(②~③)

일상생활에서의 예시

텔레비전을 켜 두는 것과 같은 일상적인 행위는 우리의 주의를 크게 끌지 않으며, 백색 소음으로 작용함

⬇

결론(④~⑦)

연구 결과 및 휴식의 중요성

• 컴퓨터 사용자를 대상으로 한 연구에서 반복적인 활동을 하는 동안 휴식을 취하지 않은 피실험자들에게 자극이 의미 있게 인식되지 않음을 발견함
• 반면, 짧은 휴식을 취한 피실험자들은 더 나은 성과를 보임
• 끊임없는 일을 하고 휴식은 취하지 않는 것을 낭만적으로 묘사하는 경향이 있음

지문 배경지식

white noise(백색 소음)
일정한 청각 패턴 없이 일정한 스펙트럼을 가진 소음을 말하며, '흰 빛'과 같은 형태의 주파수 형태를 띠기 때문에 백색 소음, 백색 잡음, 화이트 노이즈라고 불린다. 텔레비전이나 라디오의 주파수가 맞지 않을 때 나는 것과 같은 소음이 대표적인 예이다.

구문 해설

❷ A prime example of this is [having the television on {while we go about our daily chores}].

[ ]는 is의 주격 보어 역할을 하는 동명사구이고, 그 안의 { }는 접속사 while이 이끄는 시간의 부사절이다.

❼ It seems fairly common sense, but too many people have the tendency [to romanticize {constant work and never taking breaks}].

[ ]는 the tendency를 수식하는 to부정사구이며, 그 안의 { }는 romanticize의 목적어 역할을 하는 명사구이다.

전문 해석

❶지속적인 자극은 그것이 우리의 인식에서 실제로 지워질 정도로 우리 뇌에 의해 관련 없는 것으로 새겨진다. ❷우리가 일상적인 집안일을 하는 동안 텔레비전을 켜 두는 것이 이것의 전형적인 예이다. ❸가끔 무언가가 눈에 띄어 그것에 집중하기 위해 우리가 멈추게 되지만, 대부분의 경우 그것은 배경의 백색 소음일 뿐이다. ❹컴퓨터 사용자를 대상으로 한 연구에서도 비슷한 결과가 확인되었다. ❺한 시간 동안 같은 활동을 반복적으로 수행하도록 요청받았을 때 피실험자들은 그 움직임에 습관화되었고, 잠시 후 자극이 의미 있는 방식으로 새겨지지 못했다. ❻그러나 같은 활동을 수행하되 한 시간 동안 두 번의 짧은 휴식을 취한 피실험자들은 일관되게 더 나은 성과를 거두었다. ❼그것은 꽤 상식적으로 보이지만, 너무 많은 사람이 지속적인 일과 휴식을 취하지 않는 것을 낭만적으로 묘사하는 경향이 있다.

Quick Check 빈칸 완성하기 / T, F 고르기

1 Our brains process frequent inputs as u_____, to the point where we no longer notice them.

2 In the research, people who took two brief breaks during an hour while performing the same work outperformed the other group.

T / F

정답 1 (u)nimportant 2 T

핵심
키워드 good advice, solution, conversation, expert

❶Valuable connections can be made [in smaller, more natural situations] / and [through
더 소규모의 더 자연스러운 상황에서 소중한 인맥이 만들어질 수 있다 /   그리고 그 사람과의

a series of one-on-one conversations / with people {whom you already know} / or {to
일련의 일대일 대화를 통해 /   이미 아는 사람과의 /   혹은 동료,

whom you have been introduced through colleagues, friends, or even family}]. // ❷You
친구 또는 심지어 가족을 통해 소개받은 //   여러분은

never know [where good advice will come from]. // ❸[And if you talk to enough people], /
어디에서 좋은 조언이 나올지 결코 알지 못한다 //   그리고 여러분이 충분한 사람들과 대화를 나누면 /

you'll get advice [that's often conflicting]. // ❹It's actually beneficial / [to hear different
여러분은 자주 상충되는 조언을 받을 것이다 //   실제로 유익하다 /   다양한 생각과 의견을 듣는

thoughts and opinions / on {whatever task is in front of you}]. // ❺But remember: / no
것은 /   여러분의 눈앞에 놓인 과제가 무엇이든 //   하지만 기억하라 /   자신

one knows the situation like you do / — so ultimately, go with the advice [that resonates
만큼 그 상황을 잘 아는 사람은 없다 /   그래서 결국 여러분의 직감에 가장 많은 반향을 불러일으키는 조언을 따라야 한다는

most with your gut]. // ❻Also, sometimes people [who are supposed to be "experts" in
것을 //   또한 종종 특정 분야의 '전문가'라고 여겨지는 사람들은 /

a certain field] / tend to be the most jaded about it: / they've seen the most failures. // ❼I
그 분야에 대해 가장 싫증 나 있는 경향이 있다 /   그들은 가장 많은 실패를 보아 온 사람들이다 //   나

would listen carefully to [what they have to say] — / no need to repeat mistakes — / but
라면 그들이 들려줄 말에 주의 깊게 귀를 기울이겠지만 /   실수를 반복할 필요는 없으니 /   여러분

use your optimism and fresh eyes as a strength. // ❽[Just because they couldn't figure out
의 낙관주의와 참신한 시각을 강점으로 활용하라 //   그들이 해결책을 찾지 못했다고 해서 /

a solution] / doesn't mean [that you will not]. //
                                여러분도 해결책을 찾지 못할 것임을 의미하는 것은 아니다 //

*jaded: 싫증 난

어휘

☐ one-on-one 일대일의   ☐ conflict 상충하다   ☐ beneficial 유익한
☐ resonate 반향을 불러일으키다, 공명되다 ☐ gut 직감, 본능   ☐ optimism 낙관주의
☐ fresh 참신한

도입(❶)
인맥의 형성
다양한 상황의 일대일 대화를 통해 인맥이 형성될 수 있음

↓

전개(❷~❹)
조언의 다양성과 가치
좋은 조언이 어디서 나올지 예측할 수 없으며, 충분한 대화를 통해 다양한 생각과 의견을 듣는 것이 유익함

↓

결론(❺~❽)
직감과 참신한 시각의 중요성
• 자신의 상황을 가장 잘 아는 사람은 본인이므로, 자신의 직감에 반향을 일으키는 조언을 따르는 것이 중요함 • 전문들의 조언에만 의존하지 말고, 자신의 낙관주의와 참신한 시각을 활용해야 함 • 실패한 전문가들이 해결책을 찾지 못했다고 해서 자신도 마찬가지일 필요는 없음

구문 해설

❶ Valuable connections can be made [in smaller, more natural situations] and [through a series of one-on-one conversations with people {whom you already know} or {to whom you have been introduced through colleagues, friends, or even family}].

Valuable connections가 make의 동작을 하는 주체가 아니라 대상이므로 수동태 be made가 사용되었다. 두 개의 [ ]가 and로 연결되어 made에 이어지며, 두 개의 { }는 or로 연결되어 people을 수식하는 관계절이다.

❺ But remember: no one knows the situation like you **do** — so ultimately, go with the advice [that resonates most with your gut].

do는 know the situation을 대신하며, [ ]는 the advice를 수식하는 관계절이다.

전문 해석

❶더 소규모의 더 자연스러운 상황에서, 그리고 이미 아는 사람이거나 동료, 친구 또는 심지어 가족을 통해 소개받은 사람과의 일련의 일대일 대화를 통해 소중한 인맥이 만들어질 수 있다. ❷여러분은 어디에서 좋은 조언이 나올지 결코 알지 못한다. ❸그리고 여러분이 충분한 사람들과 대화를 나누면 자주 상충되는 조언을 받을 것이다. ❹여러분의 눈앞에 놓인 과제가 무엇이든 그것에 대해 다양한 생각과 의견을 듣는 것은 실제로 유익하다. ❺하지만 자신만큼 그 상황을 잘 아는 사람은 없으므로, 그래서 결국 여러분의 직감에 가장 많은 반향을 불러일으키는 조언을 따라야 한다는 것을 기억하라. ❻또한 종종 특정 분야의 '전문가'라고 여겨지는 사람들은 그 분야에 대해 가장 싫증 나 있는 경향이 있는데, 그들은 가장 많은 실패를 보아 온 사람들이기 때문이다. ❼실수를 반복할 필요는 없으니, 나라면 그들이 들려줄 말에 주의 깊게 귀를 기울이겠지만, (여러분은) 여러분의 낙관주의와 참신한 시각을 강점으로 활용하라. ❽그들이 해결책을 찾지 못했다고 해서 여러분도 해결책을 찾지 못할 것임을 의미하는 것은 아니다.

Quick Check T, F 고르기 / 주어진 말 어순 배열하기

❶ Beneficial advice may come from the most unexpected places. T / F

❷ It's actually beneficial to hear different thoughts and opinions on [task, front, whatever, of, in, is, you].

정답 1 T 2 whatever task is in front of you

핵심 키워드 **mirrors, social behavior, self-recognition**

❶Upon seeing themselves in mirrors / most animals [act {as if they were seeing another
거울에 비친 자신의 모습을 보자마자 /　　　　대부분의 동물은 마치 다른 동물을 보는 것처럼 행동한다 /
　　　　　　　　　　　　　　　　술어 1 →　→부사절
　　　　　　　　　　　　　　　　　　→ 마치 ~인 것 같다

animal}] / and [engage in a variety of species-specific social responses directed toward
　　　　　술어 2
　　그리고 거울에 비친 자신의 모습을 향해 그 종 특유의 다양한 사회적 반응을 보인다 //

{their reflected image}]. // ❷Among those [that never learn to recognize themselves]
→ 명사구(toward의 목적어)　　　　　　　　　　　　　　　　　　　→관계절
　　　　　　　　　　　거울에 비친 자신의 모습을 인식하는 법을 배우는 적이 없는 동물의 경우 /

in mirrors / it is not uncommon [[for social responses to the mirror} / to eventually
　　　형식상의 주어 →　→ 내용상의 주어(to부정사구) →　→ to부정사구 to eventually의 의미상의 주어
　　거울에 대한 사회적 반응이 ~하는 것이 드물지 않다 /　　　　　　　　　시간이 지나면서 결국

diminish over time]. // ❸Some people have taken the position / [that this is evidence in
에는 감소하는 것이 //　　어떤 사람들은 입장을 취해 왔다 /　　이것이 본질적으로 자기 인식의 한 형태에
　　　　　　　　　　　　　　　　　→ 입장　　　→관계절　　본질적으로

and of itself for {a form of self-recognition}]. // ❹[While it may be a necessary condition
　→ 명사구(for의 목적어)　　　　　　　　　　　→ 부사절(양보)
대한 증거라는 //　　　　　　　　　　　그것이 자기 인식을 위한 필요조건일 수도 있지만 /

for self-recognition], / the absence of social behavior is not sufficient. // ❺In a series of
　　　　　　　사회적 행동의 부재만으로는 충분하지 않다 //　　　　　수년 전에 붉은털원숭이

studies conducted a number of years ago on a pair of rhesus monkeys / [that had received
한 쌍을 대상으로 실시한 일련의 연구에서 /　　　　　　　　　　　　수천 시간 동안 거울에 노출된 /
　　　　　　　　　　　　　　　　　　　　　　　　　→관계절

thousands of hours of mirror exposure], / it was discovered / [that a simple change in
　　　　　　　　　　　　　　~이 밝혀졌다 /　　　단순히 거울의 위치를 바꾸든 거울을 잠시
　　　　　　　　　　　　　　　　　　　　　　　→ 명사절(discovered의 목적어)

the position of the mirror or briefly removing and replacing the mirror / both led to {a
치웠다가 다시 설치하든 /　　　　　　　　　　　　　　　　　두 경우 다 그 거울을 향한
　　　　　　　　　　　　　　　　　　　　　　　　　　　명사구(to의 목적어)→

dramatic, short-term reinstatement of 〈social and aggressive responses directed toward
사회적 반응과 공격적 반응이 단기간에 극적으로 회복된다는 것이 //
　　　　　　　　　　　　　　　→ 명사구(of의 목적어)

the mirror〉}]. //

*rhesus monkey: 붉은털원숭이　**reinstatement: 회복

어휘

□ species-specific 종 특유의　　□ diminish 감소하다　　□ position 입장
□ evidence 증거　　□ in and of itself 본질적으로, 그 자체로　　□ necessary condition 필요조건
□ briefly 잠시, 간단히　　□ aggressive 공격적, 공격적인

도입(①)

동물의 거울 테스트 초기 반응

대부분의 동물은 거울에 비친 자신의 모습을 보고 다른 동물을 보는 것처럼 행동함(사회적 반응)

↓

전개 1(②~③)

거울과 자기 인식

- 거울에 비친 자기 모습을 인식하는 법을 배우지 못한 동물은 시간이 지나면서 거울에 대한 사회적 반응이 감소함
- 일부는 이 현상을 자기 인식의 한 증거라는 입장을 취함

↓

전개 2(④~⑤)

붉은털원숭이 연구 사례

- 하지만 사회적 행동의 부재는 자기 인식의 증거로 충분하지 않음
- 붉은털원숭이에 대한 연구에 따르면 거울에 대한 사회적 반응이 거울의 위치 변경이나 일시적 제거 후 단기간에 극적으로 회복됨을 보여, 거울 테스트에 대한 복잡한 반응을 드러냄

지문 배경지식

mirror test(거울 검사)

미국의 심리학자 Gordon G. Gallup이 동물의 시각적 자기 인식 능력을 측정하기 위해 만든 동물행동학적 기법이다. 하지만 거울 검사 통과 여부가 자기 인식 능력의 일률적인 판단 기준이 될 수 없다는 비판도 존재한다.

구문 해설

❸ Some people have taken the position [that this is evidence **in and of itself** for {a form of self-recognition}].

[ ]는 the position을 수식하는 관계절이며, 그 안에 사용된 「in and of itself」는 '본질적으로'라는 의미이다. 또한 { }는 for의 목적어 역할을 하는 명사구이다.

❺ In a series of studies conducted a number of years ago on a pair of rhesus monkeys [that had received thousands of hours of mirror exposure], it was discovered [that a simple change in the position of the mirror or briefly removing and replacing the mirror both led to {a dramatic, short-term reinstatement of social and aggressive responses directed toward the mirror}].

첫 번째 [ ]는 a pair of rhesus monkeys를 수식하는 관계절이며, 두 번째 [ ]는 discovered의 목적어 역할을 하는 명사절이다. 그 안의 { }는 to의 목적어 역할을 하는 명사구이다.

전문 해석

❶거울에 비친 자신의 모습을 보자마자 대부분의 동물은 마치 (자기가) 다른 동물을 보는 것처럼 행동하고, 거울에 비친 자신의 모습을 향해 그 종 특유의 다양한 사회적 반응을 보인다. ❷거울에 비친 자신의 모습을 인식하는 법을 배우는 적이 없는 동물의 경우, 시간이 지나면서 거울에 대한 사회적 반응이 결국에는 감소하는 경우가 드물지 않다. ❸어떤 사람들은 이것이 본질적으로 자기 인식의 한 형태에 대한 증거라는 입장을 취해 왔다. ❹사회적 행동의 부재가 자기 인식을 위한 필요조건일 수도 있지만, 그것만으로는 충분하지 않다. ❺수년 전에 수천 시간 동안 거울에 노출된 붉은털원숭이 한 쌍을 대상으로 실시한 일련의 연구에서 단순히 거울의 위치를 바꾸든 거울을 잠시 치웠다가 다시 설치하든 그 거울을 향한 사회적 반응과 공격적 반응이 단기간에 극적으로 회복된다는 것이 밝혀졌다.

Quick Check 주어진 말 어순 배열하기 / 적절한 말 고르기

1 When most animals view themselves in mirrors, they act [animal, they, were, as, seeing, if, another].

2 Among those that never learn to recognize themselves in mirrors it is not common / uncommon for social responses to the mirror to eventually diminish over time.

정답 1 as if they were seeing another animal 2 uncommon

핵심 키워드 **invasive, non-native species, spread, impacts, invasion-lags**

❶[In the context of invasive species], / spread refers to / [a non-native species /
침입종의 상황에서 /　　　　　　　　　　　　　　　　　확산은 말한다 /　　　　비자생종이 /

{dispersing from their initial introduction location} / and {establishing a more widespread
처음 들어온 위치로부터 흩어지는 것을 /　　　　　　　　　그리고 더 광범위한 분포를 형성하는 것을 //

distribution}]. // ❷[Including spread in the definition of 'invasive'] / provides an
'침입'의 정의에 확산을 포함하는 것은 /　　　　　　　　　　　　그 지정에 대한 생태학적

ecological grounding to the designation, / [which is useful for structuring research / on
기초를 제공한다 /　　　　　　　　　　　이것은 연구를 구조화하는 데 유용하다 /　　　　　　일부

{why and when some non-native populations expand their distribution / ⟨where some
비자생 개체군이 분포를 확장해 가는 이유와 시기에 관한 /　　　　　　　　　　　　(또 다른) 일부 비자생

do not⟩}]. // ❸Ordinarily, undesirable impacts and spread / go hand in glove; / the more
개체군은 그러지 않는 곳에서 // 보통 바람직하지 않은 영향과 확산은 /　　밀접한 관련이 있다 /　　어떤 종이 더 널리

widespread a species, / the more likely it will cause undesirable impacts. // ❹Still, the
퍼질수록 /　　　　　　　　바람직하지 않은 영향을 일으킬 가능성이 더 크다 //　　　　　그렇다 하더라도,

condition of spread is included / in the definition of invasive species / [even if a widely
확산의 조건은 포함된다 /　　　　　　　침입종의 정의에 /　　　　　　　　비록 널리 분포하는 비자생종이

distributed non-native species / may not, {at the time ⟨it is noticed⟩}, cause any obvious
　　　　　　　　　　　　　　눈에 띄는 그 시점에는 뚜렷하면서도 바람직하지 않은 영향을 일으키지 않을 수도 있지만 //

undesirable impacts]. // ❺To this, one might ask, / [if the organism is not causing harm] /
　　　　　　　　　　이에 대해, 누군가는 물을 수 있는데 /　　그 유기체가 해를 끼치고 있지 않다면 /

why should we consider it invasive? // ❻There are two important reasons for this. //
왜 그것을 침입하는 것이라고 간주해야 하는가 //　　여기에는 두 가지 중요한 이유가 있다 //

❼First, [one particularly puzzling aspect of biological invasions] / is the concept of
첫째, 생물학적 침입의 한 가지 특히 혼란스러운 측면은 /　　　　　　　　　　　'침입 지연'이라는 개념이다 //

'invasion-lags'. // ❽This term captures several phenomena / [observed in the invasion
이 용어는 여러 현상들을 정확히 표현하는데 /　　　　　　　　침입 과정에서 관찰되는 /

process], / [one of which refers to impact-lags], / [the process {where a non-native species
　　　　　그중 하나가 영향 지연을 의미한다 /　　　　　　비자생종이 얼마 동안 존재한 후에야 영향이 발생하는 과정인 /

is present for some time before impacts occur / at a level ⟨sufficient to be observed
　　　　　　　　　　　　　　　　　　　관찰되거나 측정될 만큼 충분한 수준으로 //

or measured⟩}]. // ❾It follows then / [that {a non-native species not currently causing
따라서 결론에 이르게 된다 /　　현재 어느 비자생종이 바람직하지 않은 영향을 일으키지 않고 있다는 것이 /

undesirable impacts} / is not a good predictor of {future undesirable impacts by that
그 종에 의한 미래의 바람직하지 않은 영향을 예측할 수 있는 좋은 지표는 아니라는 //

species}]. // ⑩And, second, / [the purpose of an invasive species' definition] / is [to steer

그리고 둘째 /   침입종 정의의 목적은 /   연구, 관리 및 정책을

research, management, and policy]. // ⑪[Identifying a widespread non-native species as

이끄는 것이다 //   광범위한 비자생종을 침입종으로 규정하는 것은 /

invasive, / even in the absence of {it causing overt undesirable impacts}], / ensures [that

그것이 명백하면서도 바람직하지 않은 영향을 끼치는 일이 없어도 /   그것이 계속 면밀히

it remains under scrutiny / by the research and management community]. // ⑫[Waiting

조사받는 것을 보장한다 /   연구 및 관리 집단에 의해 //   추가 조치를

wait for ~ to do: ~이 …하기를 기다리다

for a species to cause undesirable impacts before taking further action] / is not a good

취하지 않고 어떤 종이 바람직하지 않은 영향을 야기할 때까지 기다리는 것은 /   좋은 환경 관리 해결책이

environmental management solution, / [especially when some impacts are potentially

아니다 /   특히 일부 영향이 되돌릴 수 없게 될 가능성이 있는 경우에 //

irreversible]. //

*disperse: 흩어지다, 확산되다

어휘

□ invasive 침입하는	□ spread 확산	□ initial 처음의, 초기의
□ introduction 들어옴, 도입	□ widespread 광범위한	□ distribution 분포
□ ecological 생태학적인	□ grounding 기초, 근저	□ designation 지정, 명칭
□ population 개체군	□ ordinarily 보통, 대개	□ undesirable 바람직하지 않은
□ go hand in glove 밀접한 관련이 있다	□ definition 정의	□ obvious 뚜렷한, 명백한
□ puzzling 혼란스러운	□ lag 지연, 지체	□ phenomenon 현상 (*pl.* phenomena)
□ sufficient 충분한	□ predictor 지표	□ steer 이끌다, 조종하다
□ identify 규정하다, 확인하다	□ absence 없음, 부재	□ overt 명백한, 공공연한
□ scrutiny 면밀한 조사	□ potentially 잠재적으로	□ irreversible 되돌릴 수 없는

도입(❶)

침입종 상황에서 확산의 의미

비자생종이 처음 들어온 위치로부터 흩어져 광범위한 분포를 형성하는 것

↓

전개(❷~❹)

확산을 침입종의 정의에 포함하는 이유

- '침입종' 정의에 확산을 포함하는 것은 비자생 개체군 분포에 관한 연구에 유용함
- 바람직하지 않은 영향과 확산은 밀접한 관련이 있음
- 뚜렷하면서도 바람직하지 않은 영향을 일으키지 않아도 확산의 조건은 침입종의 정의에 포함됨

↓

부연(❺~⑫)

해를 끼치고 있지 않은 확산을 침입으로 간주하는 이유

- 침입 지연: 현재 바람직하지 않은 영향을 일으키지 않고 있다는 사실이 미래의 영향을 예측할 수 있는 좋은 지표가 아님
- 광범위한 비자생종을 침입종으로 규정함으로써 그것들이 연구 및 관리 집단에 의해 계속 면밀히 조사받도록 보장함

전문 해석

❶침입종의 상황에서 확산은 비자생종이 처음 들어온 위치로부터 흩어져서 더 광범위한 분포를 형성하는 것을 말한다. ❷'침입'의 정의에 확산을 포함하는 것은 그 지정에 대한 생태학적 기초를 제공하는데, 이것은 일부 비자생 개체군이 분포를 확장하지 않는 곳에서 (또 다른) 일부 비자생 개체군은 분포를 확장해 가는 이유와 시기에 관한 연구를 구조화하는 데 유용하다. ❸보통 바람직하지 않은 영향과 확산은 밀접한 관련이 있는데, 어떤 종이 더 널리 퍼질수록 바람직하지 않은 영향을 일으킬 가능성이 더 크다. ❹그렇다 하더라도, 비록 널리 분포하는 비자생종이 눈에 띄는 그 시점에는 뚜렷하면서도 바람직하지 않은 영향을 일으키지 않을 수도 있지만, 확산의 조건은 침입종의 정의에 포함된다. ❺이에 대해, 누군가는 물을 수 있는데, 그 유기체가 해를 끼치고 있지 않다면 왜 그것을 침입하는 것이라고 간주해야 하는가? ❻여기에는 두 가지 중요한 이유가 있다. ❼첫째, 생물학적 침입의 한 가지 특히 혼란스러운 측면은 '침입 지연'이라는 개념이다. ❽이 용어는 침입 과정에서 관찰되는 여러 현상들을 정확히 표현하는데, 그중 하나가 비자생종이 얼마 동안 존재한 후에야 영향이 관찰되거나 측정될 만큼 충분한 수준으로 발생하는 과정을 의미하는 영향 지연이다. ❾따라서 현재 어느 비자생종이 바람직하지 않은 영향을 일으키지 않고 있다는 것이 그 종에 의한 미래의 바람직하지 않은 영향을 예측할 수 있는 좋은 지표는 아니라는 결론에 이르게 된다. ❿그리고 둘째, 침입종 정의의 목적은 연구, 관리 및 정책을 이끄는 것이다. ⓫광범위한 비자생종을 침입종으로 규정하는 것은, 그것이 명백하면서도 바람직하지 않은 영향을 끼치는 일이 없어도, 연구 및 관리 집단에 의해 그것이 계속 면밀히 조사받는 것을 보장한다. ⓬특히 일부 영향이 되돌릴 수 없게 될 가능성이 있는 경우에, 추가 조치를 취하지 않고 어떤 종이 바람직하지 않은 영향을 야기할 때까지 기다리는 것은 좋은 환경 관리 해결책이 아니다.

invasive species(침입종)

해당 생태계에 자생하지 않거나 외부에서 들어 온 종으로, 그 유입이 경제적 혹은 환경적인 피해와 인간의 건강에 대한 위협을 주거나 줄 수 있는 종

native species(자생종)

과거이건 현재이건 해당 생태계의 자연적인 범위에서 살고 있는 종. 자연적인 범위란 사람의 개입 없이 그것이 도달할 수 있고, 다리나 날개를 사용하여 혹은 바람이나 물을 통하거나 기타 확산 체계를 통하여 점령할 수 있는 지역을 포함함

구문 해설

❹ Still, the condition of spread is included in the definition of invasive species [even if a widely distributed non-native species may not, {at the time ⟨it is noticed⟩}, cause any obvious undesirable impacts].

[ ]는 양보의 의미를 나타내는 접속사 even if가 이끄는 부사절이고, { }는 not과 cause 사이에 삽입된 표현으로, 그 안의 ⟨ ⟩는 the time을 수식하는 관계절이다.

⓫ [Identifying a widespread non-native species as invasive, even in the absence of {**it** causing overt undesirable impacts}], ensures [that it remains under scrutiny by the research and management community].

첫 번째 [ ]는 문장의 주어 역할을 하는 동명사구이고, 그 안의 { }는 전치사 of의 목적어 역할을 하는 동명사구인데, it은 a widespread non-native species를 가리키며 동명사구의 의미상 주어이다. 두 번째 [ ]는 ensures의 목적어 역할을 하는 명사절이다.

Quick Check 적절한 말 고르기

❶ Ordinarily the more widespread a species, the more likely it will cause desirable / undesirable impacts on ecosystem.

❷ A non-native species not currently causing undesirable impacts is a(n) reliable / unreliable predictor of future undesirable impacts by that species.

정답 1 undesirable 2 unreliable

실전편

실전모의고사 4회

핵심 키워드 **environmental club, environmental awareness, renewable energy**

Dear Mr. Thompson,
Thompson 씨께

❶I am Emma Lawson, / [{one of the science teachers at Seven Valleys High School} /
저는 Emma Lawson입니다 / Seven Valleys 고등학교의 과학 교사 중 한 명이자 /

― 동격 ―
― 대등한 연결 ―
and {the manager of the school's environmental club}]. // ❷The club is committed
그리고 학교 환경 동아리 담당자인 // 저희 동아리는 환경에 대한 인식을 높이는 데
~에 전념하다

to raising environmental awareness / through various projects, / and we also host a
전념하고 있으며 / 다양한 프로젝트를 통해 / 그리고 UN의 지속 가능 발전 목표에

conference [based on the United Nations Sustainable Development Goals]. // ❸We
관한 학회도 개최하고 있습니다 // 저희는
분사구

have been deeply impressed by the pioneering work / [SolarTech is undertaking in the
선도적인 작업에 깊은 감명을 받았습니다 / SolarTech이 재생 가능 에너지 분야에서 떠맡고 있는 //
관계절

renewable energy sector]. // ❹We firmly believe / [that your expertise could provide our
재생 가능 에너지 분야에서의 // 저희는 굳게 믿습니다 / 여러분의 전문 지식이 우리 학생들에게 지속 가능한 해법에 대한
명사절(believe의 목적어)

students with valuable, practical insights into sustainable solutions]. // ❺With this in
가치 있고 실용적인 통찰력을 제공할 수 있다고 // 이를 염두에 두고 /

mind, / we would like to invite a representative from your company / [to speak at our
저희는 귀사의 대표를 초청하고자 합니다 / 우리 학교에서 강연을 할 수
to부정사구(목적)

school]. // ❻We are planning a series of talks / [specifically designed for the students
있도록 // 저희는 일련의 강연을 계획하고 있습니다 / 우리 동아리의 학생들을 위해 특별히 고안된 /
분사구

in our club], / [focusing on renewable energy innovations and sustainable practices]. //
재생 가능 에너지 혁신과 지속 가능한 실천에 초점을 맞추어 //
분사구문(주절에 부수되는 상황)

❼[Your insight and experience in the field of solar technology] / would greatly benefit our
태양광 기술 분야에서의 귀사의 통찰력과 경험은 / 우리 학생들에게 큰 도움이 될 것입니다 //
명사구(주어)

students. // ❽I look forward to discussing this potential collaboration / in more detail. //
저는 이 잠재적인 협력에 대해 논의하기를 기대합니다 / 더 자세히 //
~을 기대하다[고대하다]

Best Regards,
Emma Lawson
Emma Lawson 드림

어휘

□ raise 높이다, 향상시키다 □ awareness 인식, 의식 □ sustainable 지속 가능한
□ pioneering 선도적인, 개척적인 □ undertake (일 등을) 떠맡다, 착수하다 □ renewable 재생 가능한
□ sector 분야 □ expertise 전문 지식 □ representative 대표
□ potential 잠재적인 □ collaboration 협력 □ in detail 자세히

도입(❶ ~ ❷)

본인 소개 및 담당 동아리 소개

- 고등학교 과학 교사이자 학교 환경 동아리의 담당자로 자신을 소개함
- 환경 동아리의 목적과 주요 활동에 대해 언급함

↓

본론(❸ ~ ❻)

편지를 쓴 목적

- SolarTech이 재생 가능 에너지 분야에서 선구적인 작업을 하고 있음에 깊은 인상을 받음
- SolarTech이 지속 가능한 해법에 대한 실용적인 통찰을 제공할 수 있다고 생각함
- 회사 소속의 강연자를 초청하고자 함

↓

마무리(❼ ~ ❽)

기대 효과 설명 및 향후 추가 협의 요청

- 환경 동아리 학생들에게 이 강연이 큰 도움이 될 것임
- 이에 대하여 더 자세히 논의하기를 기대함

전문 해석

Thompson 씨께
❶저는 Seven Valleys 고등학교의 과학 교사 중 한 명이자 학교 환경 동아리 담당자인 Emma Lawson입니다. ❷저희 동아리는 다양한 프로젝트를 통해 환경에 대한 인식을 높이는 데 전념하고 있으며, UN의 지속 가능 발전 목표에 관한 학회도 개최하고 있습니다. ❸저희는 SolarTech이 재생 가능 에너지 분야에서 떠맡고 있는 선도적인 작업에 깊은 감명을 받았습니다. ❹저희는 여러분의 전문 지식이 우리 학생들에게 지속 가능한 해법에 대한 가치 있고 실용적인 통찰력을 제공할 수 있다고 굳게 믿습니다. ❺이를 염두에 두고, 저희는 귀사의 대표를 우리 학교에서 강연을 할 수 있도록 초청하고자 합니다. ❻저희는 재생 가능 에너지 혁신과 지속 가능한 실천에 초점을 맞추어 우리 동아리의 학생들을 위해 특별히 고안된 일련의 강연을 계획하고 있습니다. ❼태양광 기술 분야에서의 귀사의 통찰력과 경험은 우리 학생들에게 큰 도움이 될 것입니다. ❽이 잠재적인 협력에 대해 더 자세히 논의하기를 기대합니다.
Emma Lawson 드림

지문 배경지식

UN Sustainable Development Goals(UN 지속 가능 발전 목표, UN-SDGs)
2030년까지 빈곤, 불평등, 환경 파괴, 기후 변화와 같은 전 세계적 도전 과제를 해결하기 위해 설정된 17개의 상호 연결된 목표로서, 모두가 혜택을 받는 경제 성장을 촉진하면서 지구 자원을 보존하는 것을 목적으로 한다. 각 목표는 진행 상황을 측정하기 위한 구체적인 지표를 가지고 있으며, 전 세계 정부, 기업, 시민 사회, 개인 간의 협력을 장려하여 더 공정하고 번영하며 환경적으로 지속 가능한 세계를 향해 나아가도록 독려한다.

구문 해설

❻ We are planning a series of talks [specifically designed for the students in our club], [focusing on renewable energy innovations and sustainable practices].

첫 번째 [ ]는 a series of talks를 수식하는 분사구이며, 두 번째 [ ]는 주절의 내용에 대한 부수적인 상황을 나타내는 분사구문이다.

❼ [Your insight and experience {in the field of solar technology}] would greatly benefit our students.

[ ]는 문장의 주어 역할을 하는 명사구이다. 그 안의 { }는 Your insight and experience를 수식하는 전치사구이다.

Quick Check T, F 고르기

1 The environmental club at Seven Valleys High School hosts a conference based on the United Nations Sustainable Development Goals. T / F

2 Emma Lawson expects the representative from SolarTech to provide a comprehensive overview of the United Nations Sustainable Development Goals. T / F

정답 1 T 2 F

핵심 키워드 **stage crew, fear of heights**

❶ → 전치사구
[In the hopes of joining the stage crew for the school play], / I went to speak to
학교 연극의 무대 제작진에 합류하기를 바라며 / 나는 연출가이자 연극 선생님인

동격
[Mr. Krishak], [the director and drama teacher]. // ❷ → 전치사구(~ 후에)
[After expressing my interest], /
Krishak 선생님과 이야기를 나누러 갔다 // 나의 관심을 표명한 후 /

I also shared my fear of heights. // ❸In response, / Mr. Krishak [pointed to a tall ladder
나의 고소 공포증에 대해서도 이야기했다 // 이에 대응하여 / Krishak 선생님께서는 무대 중앙에 있는 높은 사다리를 가리키셨다 /
술어 1

대등한 연결
at center stage] / and [said, "Climb to the top. I'll be right here with you."] // ❹[With
그리고 "꼭대기로 올라가 보렴. 내가 바로 여기 함께 있을게."라고 말씀하셨다 // 사다리를
술어 2 전치사구

관계절
each step {I took up the ladder}], / a chilling dread intensified within me. // ❺[By the
한 걸음 한 걸음 올라갈 때마다 / 소름이 돋는 공포가 내 안에서 더 커졌다 // 정상에 도착
부사절(시간)

관계절 분사구문(주절이 기술하는 내용의 부수적 상황)
time {I reached the top}], / my heart pounded wildly. // ❻[Voice shaking], / I asked, "Mr.
했을 때쯤에는 이미 / 심장은 거칠게 두근거렸다 // 떨리는 목소리로 / 나는 "Krishak 선생님,

부사구 → responded의 목적어
Krishak, how can I make this feeling go away?" // ❼He responded softly, / ["Just stand,
어떻게 해야 이 느낌을 사라지게 할 수 있나요?"라고 물었다 // 선생님께서는 다정하게 대답하셨다 / "그냥 서서 숨을 쉬고

분사구문(시간) 분사구문(주절의 상황에 대한 부수적인 설명)
breathe, and give it time."] // ❽[Following his advice], my fear began to fade, / [replaced
기다려 보렴."이라고 // 선생님의 조언을 따르자, 나의 두려움은 사라지기 시작했다 / 점차 커지는

분사구문(주절의 상황에 대한 부수적인 설명) 간신히 ~하며
by a growing sense of joy]. // ❾[Barely keeping my excitement in], / I smiled and
기쁨의 감정으로 대체되며 // 들뜬 마음을 간신히 참고 / 나는 미소를 지으며

shouted happily, / "Mr. Krishak, I'm not scared anymore! It's incredible!" // ❿He [met
기쁘게 외쳤다 / "Krishak 선생님, 저는 더 이상 무섭지 않아요! 믿을 수 없어요!"라고 // 선생님께서는

대등한 연결
my excited gaze with a proud expression] / and [exclaimed, "You can come down from
흡족한 표정으로 나의 흥분된 시선을 마주치셨다 / 그리고 "이제 사다리에서 내려오렴. 드라마 무대 제작진에 온 것을 환영한단다!"

the ladder now. Welcome to the drama stage crew!"] //
라고 외치셨다 //

어휘

- □ crew 제작진
- □ play 연극
- □ director 연출가, 감독
- □ interest 관심, 흥미
- □ fear of heights 고소 공포증
- □ in response 이에 대응하여, 그러자
- □ chilling 소름이 돋는, 오싹한
- □ dread 공포
- □ intensify 더 커지다, 강해지다
- □ pound (심장이) 두근거리다
- □ fade 사라지다
- □ incredible 믿을 수 없는, 대단한
- □ gaze 시선
- □ exclaim 외치다, 소리치다

글의 흐름 파악

도입(❶~❷)

학교 연극 무대 제작진 참여 희망과 이에 대한 걱정

Krishak 선생님에게 학교 연극의 무대 제작진 합류를 원한다는 사실과 자신의 고소 공포증에 대해 이야기 함

↓

전개(❸~❼)

두려움을 극복하기 위한 도전

- Krishak 선생님의 지시에 따라 무대 중앙의 높은 사다리를 오름
- 사다리를 오르는 동안 두려움이 커지고, 정상에 도달했을 때 긴장이 최고조에 달함
- 두려움을 극복하는 방법에 대해 Krishak 선생님이 조언함

↓

결말(❽~❿)

두려움을 해소하고 무대 제작팀에 합류

- 두려움이 사라지고 기쁨이 커짐
- Krishak 선생님에게 두려움이 사라졌다고 외침
- Krishak 선생님으로부터 연극 무대 제작진 합류를 허락을 받음

지문 배경지식

stage crew(무대 제작팀)

공연이 진행되는 동안 다양한 기술적인 부분을 담당하는 기술 스태프를 의미한다. 이들은 '운영 제작팀(running crew)'이라고도 불리는데, 무대 뒤에서 조명, 음향, 세트, 소품 등 공연을 이루는 기술적인 모든 면을 관리하고 직접 실행한다.

구문 해설

❸ In response, Mr. Krishak [pointed to a tall ladder at center stage] and [said, "Climb to the top. I'll be right here with you."]

두 개의 [ ]가 and에 의해 대등하게 연결되어 주어 Mr. Krishak에 이어지며 술어 역할을 한다.

❹ [With each step {I took up the ladder}], a chilling dread intensified within me.

[ ]는 With가 이끄는 전치사구이며, 그 안의 { }는 each step을 수식하는 관계절이다.

전문 해석

❶학교 연극의 무대 제작진에 합류하기를 바라며, 나는 연출가이자 연극 선생님인 Krishak 선생님과 이야기를 나누러 갔다. ❷나의 관심을 표현한 후 나의 고소 공포증에 대해서도 이야기했다. ❸이에 대응하여 Krishak 선생님께서는 무대 중앙에 있는 높은 사다리를 가리키며 "꼭대기로 올라가 보렴. 내가 바로 여기 함께 있을게."라고 말씀하셨다. ❹사다리를 한 걸음 한 걸음 올라갈 때마다, 소름이 돋는 공포가 내 안에서 더 커졌다. ❺정상에 도착했을 때 내 심장은 이미 거칠게 두근거렸다. ❻떨리는 목소리로 나는 "Krishak 선생님, 어떻게 해야 이 느낌을 사라지게 할 수 있나요?"라고 물었다. ❼선생님께서는 "그냥 서서 숨을 쉬고 기다려 보렴."이라고 다정하게 대답하셨다. ❽선생님의 조언을 따르자, 나의 두려움은 점차 커지는 기쁨의 감정으로 대체되며, 사라지기 시작했다. ❾들뜬 마음을 간신히 참고, 나는 미소를 지으며 "Krishak 선생님, 저는 더 이상 무섭지 않아요! 믿을 수 없어요!"라고 기쁘게 외쳤다. ❿선생님께서는 흡족한 표정으로 나의 흥분된 시선을 마주치며, "이제 사다리에서 내려오렴. 드라마 무대 제작진에 온 것을 환영한단다!"라고 외치셨다.

Quick Check T, F 고르기

1 I spoke to Mr. Krishak, the director and drama teacher, about joining the stage crew for the school play. T / F

2 Mr. Krishak climbed the tall ladder at center stage himself to demonstrate to the student how to overcome their fear of heights.

T / F

정답 1 T 2 F

핵심
키워드 **flexible work options, telecommuting, accountability**

❶Some positions require people to be at their desk / at an appointed hour /
일부 직책은 사람들이 제자리에 있을 것을 요구한다 / 지정된 시간에 /

→ to부정사구(목적) 1   → to부정사구(목적) 2
[to answer customer calls] or [to participate in live meetings]. // ❷But others can do
고객의 전화를 받거나 실시간 회의에 참여할 수 있도록 //   하지만 다른 사람들은 자신의 일을

their work / from home, early in the morning, late in the evening or dialing in from
할 수 있다 /   집에서, 아침 일찍, 저녁 늦게, 또는 지역 커피숍에서 전화를 걸어 //

                        → 명사구(주어)   ┌─────────┐관계절
a local coffee shop. // ❸[The turnover magnet {you have for losing great employees}]
                        훌륭한 직원을 잃는 것에 대하여 여러분이 가지고 있는 이직률 유도 요인은 근처의 경쟁사가 아니다 /

is not the competitor down the street, / it is the idea of freedom and flexibility for the
                              그것은 자영업자들을 위한 자유와 유연성이라는 개념이다 //

self-employed. // ❹Your employees have different biorhythms and working styles and
자영업자들 //   여러분의 직원은 각기 다른 생체 리듬, 다른 업무 스타일, 그리고 생활 속에서 일어나는 다른 활동들을 가지고 있다 //

              ┌──────┐분사구   → 부사절(조건)   ┌── 대등한 연결 ──┐
activities [going on in their lives]. // ❺[If you {provide flexible work options} and {don't
유연한 근무 선택권을 제공하고 사람들을 불필요하게 책상에 앉아 있게 하지 않는다면 /

make people sit unnecessarily at their desk}], / you will keep some great employees /
                                          여러분은 몇몇 우수한 직원을 유지할 것이다 /

┌──┐관계절   ┌────┐관계절
[who would otherwise leave]. // ❻A manager [who is afraid to offer telecommuting to
그렇지 않으면 떠날 수도 있을 //   직원들에게 재택근무를 제안하는 것을 두려워하는 관리자는 /

              → 부사절(이유)
her employees / {because she thinks they will neglect their duties}] / is just showing her
              직원들이 업무를 소홀히 할 것이라 생각해서 /   단지 자신의 약점을 드러내고 있을

                                                                    ┌── 대등한 연결 ──┐
own weakness. // ❼Great managers [build accountability into flexible work plans] / and
뿐이다 //   훌륭한 관리자는 유연한 근무 계획에 책임감을 부여한다 /   그리고

[manage performance aggressively]. //
적극적으로 성과를 관리한다 //

어휘

□ position 직책   □ appointed 지정된   □ turnover 이직률
□ magnet 유도 요인, 이끄는 요인   □ flexibility 유연성   □ the self-employed 자영업자
□ telecommuting 재택근무   □ accountability 책임감, 책임   □ aggressively 적극적으로, 공격적으로

도입(❶~❷)

업무 수행의 다양성과 장소의 유연성

- 일부 직책은 지정된 시간에 제자리에 있어야 함
- 다양한 공간에서 원격으로 일할 수 있는 사람들도 있음

↓

요지(❸~❺)

유연한 근무 방식의 중요성

- 직원 이직의 주요 원인은 자율적인 근무 환경에 대한 욕구임
- 각 직원은 서로 다른 생체 리듬과 업무 스타일을 가지며, 생활 속에서 일어나는 활동도 서로 다름
- 유연한 근무 조건을 제공하여 필요한 인재를 유지할 수 있음

↓

부연(❻~❼)

유연 근무에 대한 책임 강조 및 성과 관리

- 재택근무를 제안하는 것을 두려워하는 것은 자신의 약점을 드러내는 것일 뿐임
- 훌륭한 관리자는 유연 근무에 대한 책임을 강조하고 성과를 관리함

지문 배경지식

telecommuting(재택근무)

원격근무라고도 불리며, 정보통신기술을 활용하여 전통적인 사무실 환경을 벗어나 업무를 수행하는 근무 방식을 의미한다. 이러한 근무 방식은 업무 효율성을 높이고 비용을 절감하는 동시에, 직원들에게 더 나은 근무 환경을 제공한다.

구문 해설

❸ [The turnover magnet {you have for losing great employees}] is not the competitor down the street, it is the idea of freedom and flexibility for the self-employed.

[ ]는 주어 역할을 하는 명사구이고, 그 안의 { }는 The turnover magnet을 수식하는 관계절이다.

❼ Great managers [build accountability into flexible work plans] and [manage performance aggressively].

두 개의 [ ]는 and로 연결되어 문장의 술어 역할을 한다.

전문 해석

❶일부 직책은 고객의 전화를 받거나 실시간 회의에 참여할 수 있도록 사람들이 지정된 시간에 제자리에 있을 것을 요구한다. ❷하지만 다른 사람들은 집에서, 아침 일찍, 저녁 늦게, 또는 지역 커피숍에서 전화를 걸어 자신의 일을 할 수 있다. ❸훌륭한 직원을 잃는 것에 대하여 여러분이 가지고 있는 이직률 유도 요인은 근처의 경쟁사가 아니라 자영업자들을 위한 자유와 유연성이라는 개념이다. ❹여러분의 직원은 각기 다른 생체 리듬, 다른 업무 스타일, 그리고 생활 속에서 일어나는 다른 활동들을 가지고 있다. ❺유연한 근무 선택권을 제공하고 사람들을 불필요하게 책상에 앉아 있게 하지 않는다면, 그렇지 않으면 떠날 수도 있는 몇몇 우수한 직원을 유지할 것이다. ❻직원들이 업무를 소홀히 할 것이라 생각해서 직원들에게 재택근무를 제안하는 것을 두려워하는 관리자는 단지 자신의 약점을 드러내고 있을 뿐이다. ❼훌륭한 관리자는 유연한 근무 계획에 책임감을 부여하고 적극적으로 성과를 관리한다.

Quick Check 적절한 말 고르기

1 Some positions require / requiring people to be at their desk at an appointed hour to answer customer calls or to participate in live meetings.

2 A manager who is afraid to offer telecommuting to her employees because she thinks they will neglect their duties are / is just showing her own weakness.

정답 1 require 2 is

핵심
키워드 **estimated reliability, pain, expectations, prediction**

❶Multiple studies show / [the impact of estimated reliability (precision) on experiences
└ show의 목적어
여러 연구가 보여 준다 / 추정된 신뢰도(정확도)가 통증 경험에 미치는 영향을 //

of pain]. // ❷In one such study, / experimenters used heat stimuli / [to induce different
└ to부정사구(목적)
그러한 연구 중 하나에서 / 실험자들은 열 자극을 사용했다 / 서로 다른 통증 강도를 유도하기

pain intensities] / [while manipulating the subjects' expectations {about its likely
└ 분사구문 └ 전치사구
위해 / 통증의 가능한 크기에 대한 피험자들의 기대치를 조절하면서 //

magnitude}]. // ❸The experimenters created confident expectations [in the subjects] /
└ 전치사구
실험자들은 피험자들의 마음속에 확실한 기대치를 만들어 냈다 /
└ 전치사구(수단)
└ by -ing: ~함으로써 └ 동명사구 1
[by truthfully {telling them when they were about to receive a low-, medium-, or high-
언제 저강도, 중간 강도, 또는 고강도 열 자극을 받게 될지를 사실대로 말해 주거나 /
└ 동명사구 2
intensity heat stimuli}, / or {telling them to expect an "unknown" level}]. // ❹How did
혹은 그들에게 '알려지지 않은' 수준을 예상하라고 말해 줌으로써 // 피험자들의
└ 부사절(시간)
their confident expectations alter their perceptions? // ❺[When the subjects had reliable
확실한 기대치는 이들의 인식을 어떻게 바꾸었을까 // 피험자들이 강렬한 통증에 대해 믿을 만한 기대치를
└ 수동태(be동사+p.p.)
expectations of intense pain], / high-intensity stimuli were perceived as being extra
가졌을 때 / 고강도 자극은 추가로 더 고통스러운 것으로 인식되었다 //

painful. // ❻Similarly, / low-intensity stimuli were experienced as even less painful /
마찬가지로 / 저강도의 자극은 훨씬 덜 고통스러운 것으로 경험되었다 /
└ 부사절(시간)
[when they were presaged by the low-pain verbal cue / — rather like the dentist's
낮은 통증의 언어적 단서에 의해 예언될 때 / 오히려 치과 의사가 쓰는 '부드러운 간지럼'
└ 부사절(시간)
"gentle tickle."] // ❼But all these effects disappeared / [when predictions were rendered
같은 // 그러나 이러한 효과는 모두 사라졌다 / 예측이 불확실해지면 //
└ 동격
uncertain]. // ❽This result fits well with the idea / [that the brain's best estimates
이 결과는 생각과 잘 맞아떨어진다 / 정확도(신뢰도)에 대한 뇌의 최선의 추정치가 우리의 경험을

of precision (reliability) play an integral role in shaping our experience]. // ❾Only
형성하는 데 필수적인 역할을 한다는 // 우리 뇌가
└ 전치사구
predictions [that our brains estimate to be reliable] / get to exert a powerful influence on
신뢰할 수 있다고 판단하는 예측만이 / 우리의 감각에 강력한 영향을 행사할 수 있다 //
└ 부사절(조건)
our sensations. // ❿[If you really don't trust your dentist], / then all bets are off. //
만약 여러분이 자신의 치과 의사를 정말로 신뢰하지 못한다면 / 모든 짐작은 무의미해진다 //

어휘 *magnitude: 크기 **presage: 예언하다

☐ estimated 추정된 ☐ induce 유도하다, 야기하다 ☐ intensity 강도
☐ manipulate 조절하다 ☐ subject 피험자 ☐ intense 강렬한
☐ render 만들다, 바꾸다 ☐ exert 행사하다, 가하다 ☐ sensation 감각

도입(❶~❷)
추정된 신뢰도와 통증 경험의 관계
• 다양한 연구들이 추정된 신뢰도가 통증 경험에 미치는 영향을 보여 줌 • 그중에서 한 연구 사례를 소개함

↓

본론(❸~❻)
기대치가 인식에 미치는 영향
• 실험자들은 피험자들에게 열 자극을 정확히 알려 주거나, '알려지지 않은' 수준을 예상하게 해서 명확한 기대치를 설정함 • 피험자들이 통증을 확실히 예상했을 때, 고강도 자극은 더 고통스럽게, 저강도 자극은 덜 고통스럽게 인식됨

↓

결론(❼~❿)
예측의 불확실성과 통증 인식
• 예측이 불확실할 때 이러한 효과는 사라짐 • 경험을 형성하는 데는 뇌의 최선의 추정치가 필수적인 역할을 하며, 신뢰할 수 있다고 판단하는 예측만이 감각에 영향을 줌

전문 해석

❶여러 연구가 추정된 신뢰도(정확도)가 통증 경험에 미치는 영향을 보여 준다. ❷그러한 연구 중 하나에서, 실험자들은 통증의 가능한 크기에 대한 피험자들의 기대치를 조절하면서 서로 다른 통증 강도를 유도하기 위해 열 자극을 사용했다. ❸실험자들은 피험자들에게 언제 저강도, 중간 강도, 또는 고강도 열 자극을 받게 될지를 사실대로 말해 주거나, 그들에게 '알려지지 않은' 수준을 예상하라고 말해 줌으로써, 그들의 마음속에 확실한 기대치를 만들어 냈다. ❹피험자들의 확실한 기대치는 이들의 인식을 어떻게 바꾸었을까? ❺피험자들이 강렬한 통증에 대해 믿을 만한 기대치를 가졌을 때, 고강도 자극은 추가로 더 고통스러운 것으로 인식되었다. ❻마찬가지로, 저강도의 자극은, 치과 의사가 쓰는 '부드러운 간지럼'과 어느 정도 비슷한, 낮은 통증의 언어적 단서에 의해 예언될 때 훨씬 덜 고통스러운 것으로 경험되었다. ❼그러나 예측이 불확실해지면, 이러한 효과는 모두 사라졌다. ❽이 결과는 정확도(신뢰도)에 대한 뇌의 최선의 추정치가 우리의 경험을 형성하는 데 필수적인 역할을 한다는 생각과 잘 맞아떨어진다. ❾우리 뇌가 신뢰할 수 있다고 추정하는 예측만이 우리의 감각에 강력한 영향을 행사하게 된다. ❿만약 여러분이 자신의 치과 의사를 정말로 신뢰하지 못한다면, 모든 짐작은 무의미해진다.

구문 해설

❶ Multiple studies show [the impact of estimated reliability (precision) on experiences of pain].

[ ]는 show의 목적어 역할을 하는 명사구이다.

❺ [When the subjects had reliable expectations of intense pain], high-intensity stimuli were perceived as being extra painful.

[ ]는 시간의 부사절이다.

Quick Check 적절한 말 고르기

❶ In one such study, experimenters used / using heat stimuli to induce different pain intensities while manipulating the subjects' expectations about its likely magnitude.

❷ The experimenters created confident expectations in the subjects by truthfully telling them when they were about to receive a low-, medium-, or high-intensity heat stimuli, or telling them / themselves to expect an "unknown" level.

정답 1 used 2 them

핵심키워드 **friendship, personalities, relational, a diverse group of friends**

❶Every friendship is its own jigsaw puzzle. // ❷The way [you fit together with one
모든 친구 관계는 고유한 조각 퍼즐이다 //
└관계절┘ 한 친구와 잘 맞는 방식이 /

friend] / might look radically different from the way [you fit with another]. // ❸There's
다른 친구와 맞는 방식과는 근본적으로 다르게 보일 수도 있다 //
└관계절┘ 그런 친구가

that pal / [who's up for anything and makes any social event the best night ever]. //
있다 / 어떤 것도 하고 싶어 하고 어떤 사교 행사든 역대 최고의 밤으로 만들어 주는 //
└관계절┘

❹A different friend is the one / [you call {when you suspect ⟨you've made up a huge
다른 친구는 그런 친구이다 / 여러분이 큰 실수를 저질렀다고 생각할 때 여러분이 전화하는 /
└관계절┘ └부사절(시간) └명사절(suspect의 목적어)

mistake⟩} / {because you know ⟨she'll give it to you straight⟩}]. // ❺There's your
여러분에게 솔직하게 말해 줄 것임을 알기에 //
└부사절(이유) └명사절(know의 목적어) 치어리더형 친구도 있다 /

cheerleader, / [whom you absolutely need to see {before you head into a stressful
여러분이 스트레스가 많은 발표에 들어가기 전에 그를 꼭 만날 필요가 있는 //
└관계절(your cheerleader를 추가적으로 설명) └부사절(시간)

presentation}]. // ❻And it's possible / [that you are all three of those types of people for
그리고 가능성도 있다 / 여러분이 다른 친구들에게 이 모든 세 가지 타입의 사람일 //
└형식상의 주어 └내용상의 주어

other friends]. // ❼Our personalities are relational / — friends bring out different aspects
우리의 성격은 관계적이다 / 그래서 친구들이 우리 성격의 다른 측면을 끌어낸다 //

of our characters. // ❽[When we have close and caring relationships with people], /
우리가 사람들과 친밀하고 배려하는 관계를 가지면 /
└부사절(시간)

it gives us an opportunity / [to see the world through their eyes], / [thus growing our
그것은 우리에게 기회를 준다 / 그들의 눈을 통해 세상을 보는 / 그리하여 우리의 공감과 동정심을
└to부정사구 └분사구문

empathy and compassion]. // ❾[Having a diverse group of friends] / allows you [to grow /
키우면서 // 다양한 집단의 친구들을 가지는 것은 / 여러분을 성장할 수 있게 한다 /
└동명사구(주어) └to부정사구(allows의 목적격 보어)

in a way {that having a small and uniform social group cannot}]. //
작고 균일한 사교 집단을 가지는 것으로는 할 수 없는 방식으로 //
└관계절

어휘

- ☐ fit 잘 맞다
- ☐ be up for ~을 하고 싶어 하다
- ☐ give it to ~ straight ~에게 솔직하게 말해 주다
- ☐ caring 배려하는
- ☐ diverse 다양한
- ☐ radically 근본적으로, 철저하게
- ☐ suspect 생각하다
- ☐ personality 성격
- ☐ empathy 공감
- ☐ uniform 균일한
- ☐ pal 친구
- ☐ huge 큰, 거대한
- ☐ relational 관계적인
- ☐ compassion 동정심

글의 흐름 파악

도입(❶ ~ ❷)
친구 관계의 다양성
모든 교우 관계는 고유하며, 한 친구와의 관계가 다른 친구와는 근본적으로 다를 수 있음

↓

본론(❸ ~ ❼)
친구 관계에서 나타나는 성격의 다양성
• 우리에게는 다양한 유형의 친구가 존재할 수 있으며, 우리 또한 친구들에게 다양한 모습일 수 있음 • 성격은 관계적이어서, 친구들로 인해 우리의 다양한 성격 면모가 드러남

↓

결론(❽ ~ ❾)
다양한 친구 관계의 중요성
• 친밀하고 배려하는 관계를 통해 다른 사람의 시각을 통해 세상을 보게 되는 기회를 가지며 공감과 동정심을 키움 • 균일한 사교 집단을 유지하는 것보다 다양한 친구를 가짐으로써 더 크게 성장할 수 있음

구문 해설

❷ The way [you fit together with one friend] might look radically different from the way [you fit with another].

첫 번째 [ ]는 The way를 수식하는 관계절이고, 두 번째 [ ]는 the way를 수식하는 관계절이다.

❻ And it's possible [that you are all three of those types of people for other friends].

it은 형식상의 주어이며, [ ]는 내용상의 주어 역할을 하는 명사절이다.

전문 해석

❶모든 친구 관계는 고유한 조각 퍼즐이다. ❷한 친구와 잘 맞는 방식이 다른 친구와 맞는 방식과는 근본적으로 다르게 보일 수도 있다. ❸어떤 것도 하고 싶어 하고 어떤 사교 행사든 역대 최고의 밤으로 만들어 주는 그런 친구가 있다. ❹다른 친구는 여러분에게 솔직하게 말해 줄 것임을 알기에 여러분이 큰 실수를 저질렀다고 생각할 때 여러분이 전화하는 그런 친구이다. ❺치어리더형 친구도 있는데, 그는 여러분이 스트레스가 많은 발표에 들어가기 전에 꼭 만날 필요가 있다. ❻그리고 여러분이 다른 친구들에게 이 모든 세 가지 타입의 사람일 수도 있다. ❼우리의 성격은 관계적이어서, 친구들이 우리 성격의 다른 측면을 끌어낸다. ❽우리가 사람들과 친밀하고 배려하는 관계를 가지면, 그들의 눈을 통해 세상을 보는 기회를 갖게 되며, 그리하여 우리의 공감과 동정심을 키운다. ❾다양한 집단의 친구들을 가지는 것은 작고 균일한 사교 집단을 가지는 것으로는 할 수 없는 방식으로 여러분을 성장할 수 있게 한다.

Quick Check 적절한 말 고르기

❶ There's your cheerleader, whom you absolutely need / needing to see before you head into a stressful presentation.

❷ Having a diverse group of friends allows you to grow in a way that / which having a small and uniform social group cannot.

정답 1 need 2 that

핵심 키워드 historical fatalism, single turning point

❶Almost as unhelpful as historical fatalism is [trying to nail down a single turning
형용사구(is의 보어)   as ~ as ...: ...만큼 ~한   동명사구(주어)
역사적 운명론만큼이나 거의 도움이 되지 않는 것은 단 하나의 전환점을 못 박으려 하는 것이다 /

point / {when a country, an economy or a society went one way or the other}]. // ❷The
       관계절
       국가, 경제, 또는 사회가 어느 쪽으로든 진행하는 //   이야기에

human desire for a story means / [it is usually possible {to find symbolic events / ⟨that
명사절(means의 목적어)   형식상의 주어   내용상의 주어   관계절
대한 인간의 욕구는 의미한다 /   상징적 사건을 발견하는 것이 대개 가능하다는 것을 /   위기와

fit the need for narrative moments of crisis and resolution⟩}]. // ❸But [tightening the
                                                                          동명사구(주어)
해결의 서사적 순간에 대한 필요성에 적합한 //   그러나 인과 관계의 초점을 단 하나의
                                                                          동격

focus pull of causation on a single event itself] invites the misleading if-only feeling /
사건 그 자체에 당겨 맞추는 것은 오도하는 만에 하나의 느낌을 불러일으킬 수 있다 /

[that {⟨had a close-run thing gone the other way⟩, / the entire direction of subsequent
       부사절(조건)
근소한 차이로 일어난 일이 다른 방향으로 진행되었더라면 /   그 이후 역사의 전체 방향이 달라졌을 것이라는 //
       if 생략으로 인한 도치 (had+주어+p.p.)

history would have been different}]. // ❹The old saying has it / that for the want of a
                                                                ~이 사실이라고 주장하다
                                        옛말은 사실이라고 주장한다 /   (말 편자의) 못 하나가 부족하여 편자를

nail, the shoe was lost; / for the want of a shoe, the horse was lost; / for the want of a
잃었으며 /   편자 하나가 부족하여 말을 잃었고 /   말 한 마리가 부족하여 메시지를

horse, the message was lost; / for the want of a message, the battle was lost; / for the
전달하지 못했고 /   메시지가 부족하여 전투에 지게 되었고 /   전투 하나가

want of a battle, the kingdom was lost. // ❺The nail assumes critical importance. // ❻But
부족해서 왕국을 잃게 되었다고 //   못은 결정적인 중요성을 지니고 있다 //   하지만

a kingdom [that had grown vulnerable to the loss of a single messenger] / was, perhaps,
                관계절
전령 한 명의 손실로 취약해진 왕국은 /   아마도 이 세상에서

not long for this world / [no matter whether that message got through]. //
                          부사절(양보)
오래가지 못했을 것이다 /   그 메시지가 전달되었든 안 되었든 //

*vulnerable: 취약한

어휘

□ fatalism 운명론
□ turning point 전환점, 전기
□ narrative 서사적인, 이야기의
□ tighten 당기다, 팽팽하게 하다
□ misleading 오도하는, 오해의 소지가 있는
□ close-run 근소한 차이의, 근소한 차이로 이긴
□ be not long for this world 오래가지 않다

□ nail down ~을 못 박다, ~을 단정적으로 나타내다
□ symbolic 상징적인
□ resolution 해결
□ causation 인과 관계, 원인
□ if-only 만에 하나의
□ assume 지니다, 띠다, 맡다

글의 흐름 파악

요지(❶)

역사적 단일 전환점을 고수하는 것의 위험성

국가, 경제, 사회의 발전을 단일 전환점으로 규정하려는 시도는 도움이 되지 않음

↓

뒷받침(❷~❻)

역사적 인과 관계의 오해와 하나의 사건을 과대평가하는 것에 대한 경계

- 인간은 위기와 해결의 순간을 상징적 사건으로 연결 짓는 것에 능숙함
- 인과 관계를 파악하는 데 있어 하나의 사건에만 집중하는 경우 잘 못된 가정을 유발할 수 있음
- '못 하나가 부족해 왕국을 잃었다'는 옛말은 못의 결정적 중요성을 강조하지만, 실제로는 한 사건만으로 역사의 흐름이 결정되지는 않음

지문 배경지식

historical fatalism(역사적 운명론)
역사 속 사건들이 초자연적 힘 또는 자연법칙에 따라 미리 정해져 있고, 이 흐름을 피할 수 없다는 믿음으로, 개인이 역사의 흐름을 바꿀 수 있는 힘을 가지고 있지 않다는 관점을 내포한다. 고대 신화 등에서 유래한 이 믿음은 운명이나 숙명이 특정 사건이 진행되는 과정 전체를 지배한다고 생각한다.

구문 해설

❶ Almost as unhelpful as historical fatalism is [trying to nail down a single turning point {when a country, an economy or a society went one way or the other}].

[ ]는 문장의 주어 역할을 하는 동명사구이며, 그 안의 { }는 a single turning point를 수식하는 관계절이다. is 의 보어 역할을 하는 형용사구 Almost as unhelpful as historical fatalism이 문장 앞으로 이동하여 주어와 술어 동사가 도치되었다.

❻ But a kingdom [that had grown vulnerable to the loss of a single messenger] was, perhaps, not long for this world [no matter whether that message got through].

첫 번째 [ ]는 a kingdom을 수식하는 관계절이며, 두 번째 [ ]는 양보의 부사절이다.

전문 해석

❶역사적 운명론만큼이나 거의 도움이 되지 않는 것은, 국가, 경제, 또는 사회가 어느 쪽으로든 진행하는 단 하나의 전환점을 못 박으려 하는 것이다. ❷이야기에 대한 인간의 욕구는 위기와 해결의 서사적 순간에 대한 필요성에 적합한 상징적 사건을 발견하는 것이 대개 가능하다는 것을 의미한다. ❸그러나 인과 관계의 초점을 단 하나의 사건 그 자체에 당겨 맞추는 것은 근소한 차이로 일어난 일이 다른 방향으로 진행되었더라면 그 이후 역사의 전체 방향이 달라졌을 것이라는 오도하는 만에 하나의 느낌을 불러일으킬 수 있다. ❹(말 편자의) 못 하나가 부족하여 편자를 잃었고, 편자 하나가 부족하여 말을 잃었고, 말 한 마리가 부족하여 메시지를 전달하지 못했고, 메시지가 부족하여 전투에 지게 되었고, 전투 하나가 부족해서 왕국을 잃게 되었다는 옛말이 있다. ❺못은 결정적인 중요성을 지니고 있다. ❻하지만 전령 한 명의 손실로 취약해진 왕국은 아마도 그 메시지가 전달되었든 안 되었든 오래가지 못했을 것이다.

Quick Check 적절한 말 고르기

1. The human desire for a story means it / that is usually possible to find symbolic events that fit the need for narrative moments of crisis and resolution.
2. But tightening the focus pull of causation on a single event itself invites / inviting the misleading if-only feeling that had a close-run thing gone the other way, the entire direction of subsequent history would have been different.

정답 1 it 2 invites

핵심키워드 **impact of rising heat, mosquitoes, temperature change**

❶The impact of rising heat on mosquitoes is fairly easy to model, / in part [because
기온 상승이 모기에 미치는 영향은 모형화하기가 매우 쉽다 / 부분적으로는 부분적으로는 모기가 온도

mosquitoes {are very sensitive to temperature changes} / and {will basically move to stay
변화에 매우 민감하기 때문이다 / 대등한 연결 그리고 기본적으로 행복 지대에 머물기 위해 이동하는

in their happy zone}]. // ❷And that happy zone is expanding. // ❸*Aedes aegypti*-transmitted
습성이 있기 (때문이다) // 그리고 그 행복 지대가 확대되고 있다 // '이집트숲모기' 매개 질병이 지난 50년 동안

diseases have increased thirtyfold in the past fifty years / [because of changes in
30배 증가했다 / 전치사구(이유) 기후, 토지 사용, 그리고 인구 변화로 인해 //

climate, land use, and population]. // ❹Mexico City, for example, has always been a few
예를 들어 멕시코시티는 항상 몇 도가 낮아 '이집트숲모기'가 정착하기에는 너무 추웠다 //

degrees too cold for *Aedes aegypti* to get established. // ❺[Because of that], / the city has
too ~ to ...: 너무 ~해서 …하지 못하다 전치사구(이유) 그로 인해 / 그 도시는 행복하게도

always been blissfully free of yellow fever, dengue, and Zika, / [which have haunted the
관계절(yellow fever, dengue, and Zika를 추가적으로 설명) 멕시코의 저지대에 출몰했던 //
황열병, 뎅기열, 지카 바이러스가 항상 없었다 /

lowlands of Mexico]. // ❻But now, / [as temperatures rise], / *Aedes aegypti* is moving
그러나 이제는 / 기온이 상승하면서 / '이집트숲모기'가 이동해 들어오고 있다 //
부사절(이유)

in. // ❼For the twenty-one million people [who live in the city], / it's an alarming
이 도시에 거주하는 2,100만 명의 사람들에게 / 관계절 이것은 걱정스러운 새로운

development. // ❽[Wherever *Aedes aegypti* turns up], / dengue, Zika, and other diseases
사태이다 // 부사절(양보) '이집트숲모기'가 나타나는 곳 어디에나 / 뎅기열, 지카 바이러스, 그리고 다른 질병이 반드시 뒤따른다 //

are sure to follow. // ❾You can already see this happening in places like Nepal, / [which,
관계절(Nepal을 추가적으로 설명)
네팔 같은 지역에서 이런 일이 일어나고 있는 것을 이미 볼 수 있다 / 최근까지

until recently, was nearly free of mosquito-borne diseases]. // ❿In 2015, / Nepal had
모기에 의해 매개되는 질병이 거의 없던 // 2015년에 / 네팔에서는 135건의

[135 cases of dengue]. // ⓫In the first nine months of 2022, / there were [28,109 cases]. //
명사구(had의 목적어) 복수동사 명사구(주어)
뎅기열 환자가 발생했다 // 2022년의 첫 9개월 동안에는 / 28,109건의 환자가 발생했다 //

*Aedes aegypti: 이집트숲모기

어휘

- ☐ fairly 매우, 꽤
- ☐ basically 기본적으로
- ☐ blissfully 행복하게도
- ☐ development 새로운 사태, 새로이 전개된 사건[국면]
- ☐ mosquito-borne 모기에 의해 매개되는
- ☐ model 모형화하다
- ☐ expand 확대되다
- ☐ haunt (~에) 출몰하다, 자주 나타나다
- ☐ sensitive 민감한
- ☐ thirtyfold 30배로; 30배의
- ☐ alarming 걱정스러운
- ☐ turn up 나타나다
- ☐ case (질병·부상의) 환자[사례]

도입(❶~❷)

기온 상승이 모기에 미치는 영향

- 모기는 온도 변화에 매우 민감하며, 행복 지대에 머물고자 함
- 기온 상승으로 인해 이 행복 지대가 확대되고 있음

↓

본론(❸~❼)

이집트숲모기와 질병 확산

- 기후 변화, 토지 사용, 인구 변화로 이집트숲모기 매개 질병이 50년간 30배 증가함
- 기온 상승으로 인해 멕시코시티에 이집트숲모기가 이동해 들어오고 있어, 걱정스러운 새로운 사태가 됨

↓

결론(❽~⓫)

이집트숲모기의 확산과 그에 따른 질병 증가

- 이집트숲모기가 나타나는 곳에서는 각종 질병이 확산될 것임
- 네팔과 같은 곳에서 이미 이러한 현상이 나타나고 있음

Aedes aegypti(이집트숲모기)

뎅기열, 지카열, 황열병 등의 질병을 전파하는 매개체로 알려진 모기이다. 다리에 검은색과 흰색의 무늬가 있고 흉부에는 비파 모양의 표시가 있는 것이 특징이다. 원래 아프리카에서 유래했지만, 현재 전 세계 다양한 지역에서 발견되며, 밀집된 지역에서 번성하고 정체된 물에서 알을 낳는다.

❺ [Because of that], the city has always been blissfully free of yellow fever, dengue, and Zika, [which have haunted the lowlands of Mexico].

첫 번째 [ ]는 이유를 나타내는 전치사구이며, 두 번째 [ ]는 yellow fever, dengue, and Zika를 추가적으로 설명하는 관계절이다.

❼ For the twenty-one million people [who live in the city], it's an alarming development.

[ ]는 the twenty-one million people을 수식하는 관계절이다.

❶기온 상승이 모기에 미치는 영향은 모형화하기가 매우 쉬운데, 부분적으로는 모기가 온도 변화에 매우 민감하고 기본적으로 행복 지대에 머물기 위해 이동하는 습성이 있기 때문이다. ❷그리고 그 행복 지대가 확대되고 있다. ❸기후, 토지 사용, 그리고 인구 변화로 인해 '이집트숲모기' 매개 질병이 지난 50년 동안 30배 증가했다. ❹예를 들어 멕시코시티는 항상 몇 도가 낮아 '이집트숲모기'가 정착하기에는 너무 추웠다. ❺그로 인해 그 도시는 행복하게도 멕시코의 저지대에 출몰했던 황열병, 뎅기열, 지카 바이러스가 항상 없었다. ❻그러나 이제는, 기온이 상승하면서, '이집트숲모기'가 이동해 들어오고 있다. ❼이 도시에 거주하는 2,100만 명의 사람들에게, 이것은 걱정스러운 새로운 사태이다. ❽'이집트숲모기'가 나타나는 곳 어디에나 뎅기열, 지카 바이러스, 그리고 다른 질병이 반드시 뒤따른다. ❾최근까지 모기에 의해 매개되는 질병이 거의 없던 네팔 같은 지역에서 이런 일이 일어나고 있는 것을 이미 볼 수 있다. ❿2015년에 네팔에서는 135건의 뎅기열 환자가 발생했다. ⓫2022년의 첫 9개월 동안에는 28,109건의 환자가 발생했다.

1 The impact of rising heat on mosquitoes is fairly easy to model, in part because mosquitoes are very s_____ to temperature changes and will basically move to stay in their happy zone.

2 You can already see this to happen / happening in places like Nepal, which, until recently, was nearly free of mosquito-borne diseases.

정답 1 (s)ensitive 2 happening

2022년과 2050년의 고령 인구 비율 상위 국가/지역

EBS 수능완성 140쪽

핵심키워드 **countries or territories, people aged 65 and older in 2022 and 2050**

Top 8 Countries/Territories with the Highest Percentages of People Aged 65 and Older in 2022 and 2050

2022(%)	☐ Europe ■ Asia ☐ Caribbean	2050(%)
29.9 Japan		Hong Kong 40.6
24.1 Italy		South Korea 39.4
23.3 Finland		Japan 37.5
22.9 Puerto Rico		Italy 37.1
22.9 Portugal		Spain 36.6
22.8 Greece		Taiwan 35.3
22.4 Germany		Greece 34.5
22.4 Bulgaria		Portugal 34.3

Note: The graph only includes countries/territories with a population of more than 1 million people.

❶The graph above shows / [the top eight countries/territories with the highest
위 도표는 보여 준다 /   →명사구(shows의 목적어) 2022년에 65세 이상인 사람의 비율이 가장 높은 상위 8개 국가/지역을 /

percentages of people {aged 65 and older} in 2022, / along with projections for the
           →분사구   이와 아울러 국가/지역에 대한 전망을 /

countries/territories / {expected to have the largest proportions of this age group by
                →분사구   2050년에 이 연령대의 비율이 가장 높을 것으로 예상되는 //

2050}]. // ❷In 2022, / [six out of the top eight countries/territories] were in Europe, /
           2022년에는 / →명사구(주어) 상위 8개 국가/지역 중 6개가 유럽에 있었다 /

but in 2050, / [only four European countries] are projected to be in the top eight. //
하지만 2050년에는 / 4개의 유럽 국가만이 상위 8개 국가/지역에 있을 것으로 전망된다 // →수동태(be동사+p.p.)

❸In 2022, / [Puerto Rico], [the only territory in the Caribbean on the list], / had the same
 2022년에 /   목록에 있는 유일한 카리브해 지역인 푸에르토리코는 / →동격   동일한 65세 이상 인구

percentage of individuals [aged 65 and older] / as Portugal. // ❹In 2050, / three Asian
비율을 가졌다 /   →분사구   포르투갈과 마찬가지로 // 2050년에는 / 3개의 아시아 국가/지역,

countries/territories — Hong Kong, South Korea, and Japan — / are projected to have
즉 홍콩, 한국 및 일본이 /   상당히 큰 인구 비율을 가질 것으로

significant proportions of their populations / [aged 65 and older], / each [exceeding
예측된다 /   →분사구   65세 이상의 /   →분사구문(주절 부연 설명) 각각 40%를 초과하는 //
                                                                        Hong Kong, South Korea, and Japan을 각각 지칭

40%]. // ❺Japan, [which had the highest percentage of people aged 65 and older in
        2022년에 65세 이상 인구 비율이 가장 높았던 일본이 / →관계절(Japan을 추가적으로 설명)

2022], / is expected to rank third by 2050, / behind South Korea. // ❻Despite being projected
      2050년에는 3위를 기록할 것으로 예상된다 /   한국에 이어 //   2050년에 4위를 기록할 것으로 예상됨에도

to rank fourth in 2050, / Italy is expected to experience a more than 10 percentage-point
불구하고 /   이탈리아는 65세 이상 인구 비율에서 10퍼센트포인트가 넘는 상승을 경험할 것으로 예상된다 /

increase in its share of people [aged 65 and older] / [compared with 2022]. //
                           →분사구   →분사구문(주절 부연 설명)
                                                    2022년에 비해 //

어휘
☐ territory 지역   ☐ projection 전망   ☐ proportion 비율
☐ rank (순위를) 기록하다, 차지하다

도입(❶)

연령 구조 변화 전망

2022년과 2050년에 65세 이상 인구 비율이 가장 높은 상위 8개 국가/지역에 대한 도표 분석

↓

전개(❷~❻)

지역별 연령 구조 변화

- 2022년 상위 8개국 중 6개가 유럽에 있었으나, 2050년 예측에서는 4개의 유럽 국가만이 있을 것으로 전망됨
- 2022년, 목록에 있는 유일한 카리브해 지역인 푸에르토리코의 65세 이상 인구 비율은 포르투갈과 동일함
- 2050년에는 홍콩, 한국, 일본이 65세 이상 인구 비율에서 40%를 초과할 것으로 예측됨 (X) → 한국과 일본은 40%에 미치지 않음
- 2022년에 65세 이상 인구 비율이 가장 높았던 일본은 2050년에는 한국 뒤를 이어 3위로 내려갈 것으로 보임
- 이탈리아는 2050년에 4위를 차지할 것으로 예상되나, 65세 이상 인구 비율이 2022년 대비 10퍼센트포인트가 넘는 상승을 보일 것으로 전망됨

❷ In 2022, [six out of the top eight countries/territories] were in Europe, but in 2050, only [four European countries] are projected to be in the top eight.

두 개의 [ ]는 각 절의 주어 역할을 하는 명사구이다.

❺ Japan, [which had the highest percentage of people aged 65 and older in 2022], is expected to rank third by 2050, behind South Korea.

[ ]는 Japan을 추가적으로 설명하는 관계절이다.

❶위 도표는 2022년에 65세 이상인 사람의 비율이 가장 높은 상위 8개 국가/지역과, 이와 아울러 2050년에 이 연령대의 비율이 가장 높을 것으로 예상되는 국가/지역에 대한 전망을 보여 준다. ❷2022년에는, 상위 8개 국가/지역 중 6개가 유럽에 있었지만, 2050년에는 4개의 유럽 국가만이 상위 8개 국가/지역에 있을 것으로 전망된다. ❸2022년에, 목록에 있는 유일한 카리브해 지역인 푸에르토리코는 65세 이상인 사람들의 비율이 포르투갈과 같았다. ❹2050년에는, 3개의 아시아 국가/지역, 즉 홍콩, 한국 및 일본이 각각 40%를 초과하는 상당히 큰 65세 이상 인구 비율을 가질 것으로 예측된다. (X) ❺2022년에 65세 이상 인구 비율이 가장 높았던 일본이 2050년에는 한국에 이어 3위를 기록할 것으로 예상된다. ❻이탈리아는 2050년에 4위를 기록할 것으로 예상됨에도 불구하고, 2022년에 비해 65세 이상 인구 비율에서 10퍼센트포인트가 넘는 상승을 경험할 것으로 예상된다.

1. In 2022, Puerto Rico, the only territory in the Caribbean on the list, had / having the same percentage of individuals aged 65 and older as Portugal.

2. Although / Despite being projected to rank fourth in 2050, Italy is expected to experience a more than 10 percentage-point increase in its share of people aged 65 and older compared with 2022.

정답 1 had 2 Despite

핵심키워드 **Isaiah Berlin, political philosopher, historian of ideas**

❶ [Isaiah Berlin], [a political philosopher and historian of ideas], was born /
동격
정치 철학자이자 사상사학자인 Isaiah Berlin은 태어났다 /

in [Riga], [the present-day capital of Latvia], in 1909. // ❷ [When he was six], / his family
동격   부사절(시간)
1909년에 Latvia의 현재 수도인 Riga에서 //   그가 여섯 살 때 /   그의 가족은

relocated to Russia. // ❸There, in 1917, / Berlin witnessed both the Social Democratic
both ~ and ...: ~과 … 모두
러시아로 이주했다 //   1917년에 그곳에서 /   Berlin은 사회민주주의 혁명과 볼셰비키 혁명을 모두 목격했다 //

and Bolshevik Revolutions. // ❹These experiences shaped / Berlin's unique perspectives
이러한 경험은 형성했다 /   자유에 대한 Berlin의 독특한 관점을 //

on liberty. // ❺In 1921, / he [moved to England] and [attended St. Paul's School in
대등한 연결
자유에 대한 //   1921년에 /   그는 영국으로 건너가 London의 St. Paul's School에 다녔다 /

London], / [later studying at Corpus Christi College, Oxford]. // ❻Berlin's early
분사구문(he의 부연 설명)
그리고 이후 Oxford 대학교의 Corpus Christi College에서 공부했다 //   Berlin의 초기 관심은

interests were in philosophy, / particularly the philosophy of science, / but he shifted
철학에 있었다 /   특히 과학 철학에 /   하지만 제2차 세계 대전

from philosophy to the history of ideas [after World War II]. // ❼Berlin's insights were
from ~ to ...: ~에서부터 …로   전치사구(시간)
이후 그는 철학에서 사상사로 전환했다 //   Berlin의 통찰은 그의 학문적 여정에서

particularly highlighted in his academic journey, / [where he critically analyzed the
관계절(his academic journey를 추가적으로 설명)
특히 부각되었다 /   사회주의와 공산주의 이념을 비판적으로 분석한 /

socialist and communist ideologies / {that were prevalent in the 1950s}]. // ❽In his
관계절
1950년대에 만연했던 //   그의

lecture 'Two Concepts of Liberty,' / [delivered at Oxford University in October 1958], /
분사구(his lecture 'Two Concepts of Liberty'를 추가적으로 설명)
'Two Concepts of Liberty' 강연에서 /   1958년 10월에 Oxford 대학교에서 행해진 /

Berlin distinguished between negative and positive liberty. // ❾His ideas persist /
Berlin은 소극적 자유와 적극적 자유를 구분했다 //   그의 사상은 지속되고 있다 /

[as a significant influence in contemporary intellectual dialogue / on liberty and
전치사구(as: ~로서)
현대의 지적인 논의에서 중요한 영향력으로 /   자유와 정치 철학에 대한 //

political philosophy]. //

어휘

☐ historian of ideas 사상사학자   ☐ present-day 현재의, 오늘날의   ☐ relocate 이주하다
☐ witness 목격하다   ☐ shape 형성하다   ☐ unique 고유한
☐ perspective 관점   ☐ critically 비판적으로   ☐ analyze 분석하다
☐ ideology 이념   ☐ prevalent 만연한   ☐ persist 지속되다, 계속되다
☐ contemporary 현대의, 동시대의

전개 1(❶~❺)

Isaiah Berlin의 유소년기 성장 배경

- 1909년에 Latvia의 현재 수도인 Riga에서 태어나 여섯 살 때, 러시아로 이주함
- 사회민주주의 혁명과 볼셰비키 혁명을 모두 목격하였으며, 이것이 자유에 대한 Berlin의 독특한 관점을 형성함
- 영국으로 이주해 London과 Oxford에서 교육받음

↓

전개 2(❻~❾)

Isaiah Berlin의 학업적 관심과 영향력

- 초기에는 과학 철학에 관심을 가졌으나 제2차 세계 대전 이후 사상사로 전환함
- 1950년대에 만연했던 사회주의와 공산주의 이데올로기를 비판적으로 분석함
- 1958년 강연을 통해 소극적 자유와 적극적 자유를 구분함
- 그의 사상은 현재까지도 중요한 영향력으로 지속되고 있음

❺ In 1921, he [moved to England] and [attended St. Paul's School in London], [later studying at Corpus Christi College, Oxford].

첫 번째와 두 번째 [ ]는 and로 대등하게 연결되어 문장 주어 he의 술어 역할을 한다. 세 번째 [ ]는 주절의 주어 he를 부가적으로 설명하는 분사구문이다.

❽ In his lecture 'Two Concepts of Liberty,' [delivered at Oxford University in October 1958], Berlin distinguished between negative and positive liberty.

[ ]는 his lecture 'Two Concepts of Liberty'를 부가적으로 설명하는 분사구이다.

전문 해석

❶정치 철학자이자 사상사학자인 Isaiah Berlin은 1909년에 Latvia의 현재 수도인 Riga에서 태어났다. ❷여섯 살 때, 그의 가족은 러시아로 이주했다. ❸1917년에 그곳에서, Berlin은 사회 민주주의 혁명과 볼셰비키 혁명을 모두 목격했다. ❹이러한 경험은 자유에 대한 Berlin의 독특한 관점을 형성했다. ❺1921년에 그는 영국으로 건너가 London의 St. Paul's School에 다녔고, 이후 Oxford 대학교의 Corpus Christi College에서 공부했다. ❻Berlin의 초기 관심은 철학, 특히 과학 철학에 있었지만, 제2차 세계 대전 이후 그는 철학에서 사상사로 전환했다. ❼Berlin의 통찰은 1950년대에 만연했던 사회주의와 공산주의 이념을 비판적으로 분석한 그의 학문적 여정에서 특히 부각되었다. ❽1958년 10월에 Oxford 대학교에서 행해진 'Two Concepts of Liberty' 강연에서, Berlin은 소극적 자유와 적극적 자유를 구분했다. ❾그의 사상은 자유와 정치 철학에 대한 현대의 지적인 논의에서 중요한 영향력으로 지속되고 있다.

Quick Check 적절한 말 고르기

❶ Isaiah Berlin, a political philosopher and historian of ideas, was / were born in Riga, the present-day capital of Latvia, in 1909.

❷ Berlin's insights were particularly highlighted in his academic journey, where / which he critically analyzed the socialist and communist ideologies that were prevalent in the 1950s.

정답 1 was 2 where

핵심키워드 evolutionary view, sensory information, brain, human consciousness

❶The evolutionary view of how our senses evolved indicates / [that we are in many
우리의 감각이 어떻게 진화했는지에 대한 진화론적 관점은 보여 준다 / 우리가 여러 가지 면에서 매우 독특
→ 명사절(indicates의 목적어)

ways very unique / in {how the sensory information is processed in our brains}]. // ❷It is
하다는 것을 / 감각 정보가 우리의 뇌에서 처리되는 방식에 있어 // 이것은
→ 명사절(전치사 in의 목적어) → 형식상의 주어

also evident / from Ian Tattersall's writing on human consciousness / [that language and
또한 명백하다 / 인간 의식에 관한 Ian Tattersall의 글을 보면 / 언어와 언어를 중심으로 우리가
→ 내용상의 주어

all of the very human things {we do around language} are most important developments /
하는 바로 그 인간적인 모든 것들이 매우 중요한 발전이라는 것 /
→ 관계절

in the emergence of the mind in our species]. // ❸[As Tattersall so eloquently puts it], /
우리 종에서 정신이 출연하는데 있어 // Tattersall이 매우 유창하게 말하는 것처럼 /
→ 부사절(As: ~처럼)

we are the only species on this planet [that can {think about thinking} / and in doing
우리는 이 행성에서 사고하는 것에 대해 사고할 수 있는 / 그리고 그렇게 함으로써
→ 관계절 → 대등한 연결 / 그렇게 함으로써

so {create "mental constructs of alternative versions of the world."}] // ❹The brain of
'세계의 대안적 형태에 대한 정신적 구성물'을 만들 (수 있는) // 우리 종인 '호모 사피엔스'의

our species, H. sapiens, was adequately neurologically wired 200,000 to 300,000 years
뇌는 20만 년에서 30만 년 전에 충분히 신경학적으로 연결되어 있었다 /

ago / [to think symbolically], / yet the best evidence we have is [that we only started to
상징적으로 사고하도록 / 그러나 우리가 가지고 있는 최고의 증거는 우리가 겨우 상징적으로 사고하기 시작했다는 것이다 /
→ to부정사구(목적) → 명사절(is의 주격 보어)

think symbolically / about 100,000 years ago]. // ❺Tattersall suggests / [that there was a
약 10만 년 전에 // Tattersall은 말한다 / 우리의 상징적 논리에는
→ 명사절(suggests의 목적어)

purely cultural trigger to our symbolic logic], / and [that was the invention of language
순전히 문화적인 계기가 있었다고 / 그리고 그것은 소규모 '호모 사피엔스' 집단에 의한 언어의 발명이었다고 /
→ 대등한 연결

by small populations of H. sapiens / {living in Africa about 100,000 years ago}]. //
약 10만 년 전 아프리카에 살던 //
→ 분사구

*eloquently: 유창하게

어휘

□ evolutionary 진화의, 점진적인 □ indicate 보여 주다, 나타내다 □ sensory 감각의
□ evident 명백한 □ consciousness 의식 □ emergence 출현
□ construct 구성물, 구성체 □ adequately 충분히 □ neurologically 신경학적으로
□ purely 순전히, 순수하게 □ trigger 계기, 방아쇠

주장(①)

인간 감각의 진화론적 관점

감각 정보가 뇌에서 처리되는 방식을 고려할 때, 인간은 매우 독특함

↓

근거(②~⑤)

언어의 발달과 상징적 사고에 관한 Ian Tattersall의 견해 소개

- 언어와 각종 언어 관련 활동은 인간 종의 정신 출현을 위한 매우 중요한 발전임
- 인간만이 사고에 대해 사고하며 이를 통해 세계의 대안적 형태에 대한 정신적 구성물을 만들 수 있음
- 호모 사피엔스의 뇌는 20만 년 전에서 30만 년 전에 신경학적으로 충분히 연결되어 있었으며 10만 년 전에 상징적으로 사고하기 시작함
- 상징적 논리의 문화적 계기는 바로 언어의 발명임

전문 해석

❶ 우리의 감각이 어떻게 진화했는지에 대한 진화론적 관점은 감각 정보가 우리의 뇌에서 처리되는 방식에 있어 우리가 여러 가지 면에서 매우 독특하다는 것을 보여 준다. ❷ 인간 의식에 관한 Ian Tattersall의 글을 보면 언어와 언어를 중심으로 우리가 하는 바로 그 인간적인 모든 것들이 우리 종에서 정신이 출현하는 데 있어 매우 중요한 발전이라는 것 또한 명백하다. ❸ Tattersall이 매우 유창하게 말하는 것처럼, 우리는 이 행성에서 사고하는 것에 대해 사고하고, 그렇게 함으로써 '세계의 대안적 형태에 대한 정신적 구성물'을 만들 수 있는 유일한 종이다. ❹ 우리 종인 '호모 사피엔스'의 뇌는 20만 년에서 30만 년 전에 상징적으로 사고하도록 충분히 신경학적으로 연결되어 있었지만, 우리가 가지고 있는 최고의 증거는 약 10만 년 전에 겨우 우리가 상징적으로 사고하기 시작했다는 것이다. ❺ Tattersall은 우리의 상징적 논리에는 순전히 문화적인 계기가 있었는데, 그것은 약 10만 년 전 아프리카에 살던 소규모 '호모 사피엔스' 집단에 의한 언어의 발명이었다고 말한다.

지문 배경지식

Homo sapiens(H. sapiens, 호모 사피엔스)

호모 속에 속하는 유일한 생존 종으로 일반적으로 현대 인류로 알려져 있다. 약 30만 년 전 아프리카에서 기원한 이후 전 세계로 퍼져 나갔으며, 큰 뇌와 이족 보행, 그리고 발달된 인지 능력을 특징으로 하며, 이를 통해 복잡한 사회와 문명을 형성했다. Homo sapiens라는 용어는 스웨덴 과학자인 Carl Linnaeus에 의해 1758년에 만들어졌으며, 라틴어로 '지혜로운 인간'을 의미한다.

구문 해설

❸ As Tattersall so eloquently puts it, we are the only species on this planet [that can {think about thinking} and in doing so {create "mental constructs of alternative versions of the world."}]

[ ]는 the only species on this planet을 수식하는 관계절이고, 두 개의 { }는 and로 대등하게 연결되어 can에 이어진다.

❺ Tattersall suggests [that there was a purely cultural trigger to our symbolic logic], and [that was the invention of language by small populations of H. sapiens {living in Africa about 100,000 years ago}].

두 개의 [ ]는 and로 대등하게 연결되어 suggests의 목적어 역할을 하는 명사절이며, { }는 small populations of H. sapiens를 수식하는 분사구이다.

Quick Check 적절한 말 고르기

1 The evolutionary view of how our senses evolved indicates / to indicate that we are in many ways very unique in how the sensory information is processed in our brains.

2 The brain of our species, H. sapiens, being / was adequately neurologically wired 200,000 to 300,000 years ago to think symbolically, yet the best evidence we have is that / what we only started to think symbolically about 100,000 years ago.

정답 1 indicates 2 was, that

핵심 키워드 **infants and toddlers, educators, parents, music training, music program**

❶ [Increasing awareness {of infants' perceptual capabilities and enthusiasm for music}] /
→ 명사구(주어)   → 전치사구   대등한 연결
유아들의 지각 능력과 음악에의 강한 흥미에 관한 인식의 증가는 /

is prompting many educators to advocate / [systematic exposure to {*good* music and
→ 술어동사 → prompt ~ to부정사구: ~이 …하도록 자극하다   → 명사구(advocate의 목적어)   → 명사구(전치사 to의 목적어)
많은 교육자들이 지지하도록 자극하고 있다 /   '좋은' 음악과 '적절한' 음악 활동을 체계적으로 접하는 것을 /

appropriate musical activities} / as early as possible]. // ❷In their view, / musical aptitude
      → = many educators'
가능한 한 이른 시기에 //   그들의 관점에서 /   음악적 적성은 길러져야 한다 /

should be nurtured / by [guided listening], [guided movement to music], and [guided
                                     대등한 연결
청음 지도, 음악에 맞춘 동작 지도, 그리고 음악 연주 지도에 의해 //

music-making]. // ❸Many parents are responding / to [these appeals for early music
                            → 명사구(전치사 to의 목적어)
많은 부모가 반응하고 있다 /   조기 음악 훈련에 대한 이러한 호소에 /

training], / in some instances for the anticipated musical consequences / and in others for
어떤 경우에는 예상되는 음악적 결과를 위해서 /   그리고 다른 경우에는 인지적

the cognitive consequences / [that are often heralded in the popular media]. // ❹Despite
                 → 관계절   ~에도 불구하고
결과를 위해서 /   대중 매체에서 자주 보도하는 //

[the absence of scientific support / for {long-range musical or non-musical benefits of
→ 명사구(전치사 Despite의 목적어)   → 명사구(for의 목적어)   대등한 연결
과학적 증거의 부재에도 불구하고 /   '매우 이른' 훈련의 장기적인 음악적 혹은 비음악적 이점에 대한 /

very early training}], / [music programs for infants and toddlers] / are increasing in
        → 명사구(주어)
영유아들을 위한 음악 프로그램은 /   숫자와 인기가 늘어나고 있다 //

number and popularity. // ❺Some of these programs provide positive experiences for
                                 → provide A for B: A를 B에게 제공하다
이러한 프로그램 중 일부는 부모들에게 긍정적인 경험을 제공한다 /

parents, / [including opportunities / for {meeting other parents}, / {revitalizing adults' joy
     → 전치사구(including: ~을 포함하여)   대등한 연결(for의 목적어)
기회를 포함하여 /   다른 부모를 만나고 /   음악 연주에 대한 성인의 즐거움을

in music-making}, / and {increasing their repertoire of children's songs and games}]. //
되살리며 /   그리고 아동의 노래와 게임에 대한 그들의 레퍼토리를 증가시킬 //

❻Other programs may be misguided / in their attempt to replace [parents' intuitive,
                    replace A with B: A를 B로 대체하다 ←   → 명사구(replace의 목적어)
다른 프로그램들은 잘못된 방향으로 이끌릴 수도 있다 /   음악에 대한 부모들의 직관적이고 쾌활한 방식을 대체하고자 시도하다가 /

playful approach to music] / with [prescriptions for "proper" music and activities]. //
                     → 명사구(with의 목적어)
                               '올바른' 음악과 활동을 위한 처방으로 //

❼Perhaps educators have important lessons to learn / from [the informal and sensitive
                                → 명사구(from의 목적어)
아마도 교육자들은 배울 중요한 교훈이 있을 것이다 /   격식에 얽매이지 않고 세심한 음악 멘토링으로부터 /

musical mentoring / {that many parents provide for their infants and toddlers}]. //
              → 관계절
많은 부모가 영유아 자녀에게 제공하는 //

*herald: 보도하다, 알리다

어휘
□ perceptual 지각의   □ prompt 자극하다, 촉구하다   □ advocate 지지하다
□ aptitude 적성   □ intuitive 직관적인   □ sensitive 세심한, 예민한

도입(❶)

조기 음악 훈련에 대한 관심

유아들의 지각 능력과 음악에의 강한 흥미에 관한 인식 증가 → 가능한 한 이른 시기에 음악 활동을 체계적으로 접하는 것을 지지하도록 교육자들을 자극함

⬇

전개(❷~❹)

영유아 음악 프로그램의 인기

• 많은 부모가 음악적, 인지적 결과를 위해 조기 음악 훈련에 대한 호소에 반응함
• 영유아 음악 프로그램은 숫자와 인기가 늘어남 → 부모에게도 긍정적 경험을 제공함

⬇

부연(❺~❼)

처방적 음악 프로그램

• 직관적이고 쾌활한 방식을 '올바른' 음악과 활동을 위한 처방으로 대체하려고 시도함 → 잘못된 방향으로 이끌릴 수 있음
• 아마도 교육자들은 부모들이 영유아 자녀에게 제공하는 격식에 얽매이지 않고 세심한 음악 멘토링으로부터 배울 중요한 교훈이 있을 것임

전문 해석

❶유아들의 지각 능력과 음악에의 강한 흥미에 관한 인식의 증가는 가능한 한 이른 시기에 '좋은' 음악과 '적절한' 음악 활동을 체계적으로 접하는 것을 지지하도록 많은 교육자들을 자극하고 있다. ❷그들의 관점에서, 음악적 적성은 청음 지도, 음악에 맞춘 동작 지도, 그리고 음악 연주 지도에 의해 길러져야 한다. ❸많은 부모가 어떤 경우에는 예상되는 음악적 결과를 위해서, 다른 경우에는 대중 매체에서 자주 보도하는 인지적 결과를 위해서 조기 음악 훈련에 대한 이러한 호소에 반응하고 있다. ❹'매우 이른' 훈련의 장기적인 음악적 혹은 비음악적 이점에 대한 과학적 증거의 부재에도 불구하고, 영유아들을 위한 음악 프로그램은 숫자와 인기가 늘어나고 있다. ❺이러한 프로그램 중 일부는 부모들에게, 다른 부모들을 만나고, 음악 연주에 대한 성인의 즐거움을 되살리며, 아동의 노래와 게임에 대한 그들의 레퍼토리를 증가시킬 기회를 포함하여, 긍정적인 경험을 제공한다. ❻다른 프로그램들은 음악에 대한 부모들의 직관적이고 쾌활한 방식을 '올바른' 음악과 활동을 위한 처방으로 대체하고자 시도하다가 잘못된 방향으로 이끌릴 수도 있다. ❼아마도 교육자들은 많은 부모가 영유아 자녀에게 제공하는 격식에 얽매이지 않고 세심한 음악 멘토링으로부터 배울 중요한 교훈이 있을 것이다 .

구문 해설

❹ [Despite the absence of {scientific support for long-range musical or non-musical benefits of *very early* training}], [music programs for infants and toddlers] are increasing in number and popularity.

첫 번째 [ ]는 Despite로 유도되는 양보의 전치사구이고, 그 안에서 { }는 of의 목적어인 명사구이다. 두 번째 [ ]는 문장의 주어 역할을 하는 명사구이다.

❺ Some of these programs provide positive experiences for parents, including opportunities for [{meeting other parents}, {revitalizing adults' joy in music-making}, and {increasing their repertoire of children's songs and games}].

[ ]는 전치사 for의 목적어 역할을 하는 동명사구이고, 그 안에서 세 개의 { }가 콤마와 and로 대등하게 연결되어 있다.

Quick Check T, F 고르기

❶ Many educators recommend systematic exposure to good music and appropriate musical activities as early as possible. **T / F**

❷ Many parents provide formal and insensitive musical mentoring for their infants and toddlers. **T / F**

정답 ɹ 1T 2 F

핵심
키워드 **two forms of a gene, beneficial, level of fitness**

❶There could be many different reasons / [that having two forms of a gene might
여러 다양한 이유가 있을 수 있다 /   유전자가 두 가지 형태를 가지는 것이 개체에게 유리할지도 모르는 /
관계절

be beneficial to an individual], / but [to see how it could work], / consider two simple
                                                    하지만 그것이 어떻게 작용할 수 있을지 알아보기 위해 /   두 가지 간단한 예를 고려해 보라 //
                                                    to부정사구(목적)

examples. // ❷[If a gene encodes an enzyme / {that works only in a finite temperature
                만약 하나의 유전자가 효소를 암호화한다면 /   한정된 온도 범위에서만 작동하는 /
                부사절(조건) 1   관계절

range}] / and [if an organism experiences a broader range of temperatures], / it is easy
            그리고 만약 생물체가 더 넓은 온도 범위를 경험한다면 /   상상하기는 쉽다 /
            부사절(조건) 2   형식상의 주어

[to imagine / that having {one form of the enzyme 〈optimal at one temperature〉}
            한 온도에서 최적인 효소의 한 형태를, 그리고 다른 온도에서 최적인 또 다른 형태를 가지는 것이 /
내용상의 주어   형용사구

and {another form 〈optimal at a different temperature〉} / might be preferred by
                                                                선택에 의해서 선호될 수도 있다는 것을 //
대등한 연결   형용사구

selection, / {compared with having only an enzymatic form / 〈that is optimal at a single
            하나의 효소 형태만을 가지는 것과 비교할 때 /   단일 온도에서 최적인 //
분사구문(주절의 상황에 대한 부수적인 설명)   관계절

temperature〉}]. // ❸Or, [if a gene encodes a protein / {that presents specific foreign
                    또는 만약 유전자가 하나의 단백질을 암호화한다면 /   면역세포를 훈련시키기 위해 특정한 외래 단백질을
                    부사절(조건)   관계절

proteins to train immune cells / to attack cells 〈that are infected with viruses (thus full
제시하는 /   바이러스에 감염된 (따라서 외래 단백질 조각으로 가득한) 세포를 공격하도록 /
                                                    관계절

of foreign protein fragments)〉}], / it is not hard [to imagine / that having two forms {able
                                        상상하기는 어렵지 않다 /   더 넓은 범위의 외래 단백질 조각을 제시할 수 있는
                                        형식상의 주어   내용상의 주어   형용사구

to present a broader range of foreign protein fragments} / might be better than only
두 가지 형태를 가지는 것이 /   하나만 있는 것보다는 더 좋을 수도 있다는
one]. // ❹The evolutionary geneticist Theodosius Dobzhansky argued / [that this kind of
것을 //   진화유전학자 Theodosius Dobzhansky는 주장했다 /   이런 종류의 선택이 만연해
                                                                명사절(argued의 목적어)

selection is rampant / and, as a consequence, the level of fitness is higher for most genes /
있다고 /   그리고 그 결과, 대부분의 유전자에서 적응도 수준이 더 높다고 /

{when there are two allelic forms 〈present〉 / instead of one}]. //
두 개의 대립형질의 형태가 존재할 때 /   하나 대신 //
부사절(시간)   형용사

*enzyme: 효소 **rampant: 만연하는 ***allelic: 대립형질의

어휘
- □ gene 유전자
- □ consider 고려하다
- □ range 범위
- □ foreign 외래의, 외부의
- □ consequence 결과
- □ beneficial 유리한
- □ encode 암호화하다, 부호화하다
- □ organism 생물체, 유기체
- □ fragment 조각
- □ fitness 적응, 적합
- □ individual 개체, 개인
- □ finite 한정된, 유한한
- □ optimal 최적인, 최적의
- □ evolutionary geneticist 진화유전학자

요지(❶)

두 가지 유전자 형태를 가지는 것의 이점

유전자가 두 가지 형태를 가지는 것은 여러 가지 이유로 개체에 유리함

↓

부연 1(❷~❸)

이점에 대한 구체적 예시 제시

- 여러 온도에서 각각 최적으로 작동하는 여러 효소를 갖는 것이, 한 온도에서만 최적인 하나의 효소를 갖는 것보다 자연선택에서 유리함
- 유전자는 바이러스에 감염된 세포를 공격하도록 면역세포를 훈련하는데, 이 경우 여러 외래 단백질을 제시할 수 있는 두 가지 형태가 더 좋을 수 있음

↓

부연 2(❹)

Theodosius Dobzhansky의 진화유전학적 주장

진화유전학자 Theodosius Dobzhansky는 유전자에서 두 개의 대립형질이 존재할 때 적응도 수준이 더 높다고 주장함

❶유전자가 두 가지 형태를 가지는 것이 개체에게 유리할지도 모르는 여러 다양한 이유가 있을 수 있겠지만, 그것이 어떻게 작용할 수 있을지 알아보기 위해, 두 가지 간단한 예를 고려해 보라. ❷만약 하나의 유전자가 한정된 온도 범위에서만 작동하는 하나의 효소를 암호화하고, 만약 생물체가 더 넓은 온도 범위를 경험한다면, 한 온도에서 최적인 효소의 한 형태를, 그리고 다른 온도에서 최적인 또 다른 형태를 가지는 것이, 단일 온도에서 최적인 효소 형태만을 가지는 것과 비교할 때, 선택에 의해서 선호될 수도 있다는 것을 상상하기는 쉽다. ❸또는, 만약 바이러스에 감염된 (따라서 외래 단백질 조각으로 가득한) 세포를 공격하도록 면역세포를 훈련시키기 위해 유전자가 특정 외래 단백질을 제시하는 하나의 단백질을 암호화한다면, 더 넓은 범위의 외래 단백질 조각을 제시할 수 있는 두 가지 형태를 가지는 것이 하나만 있는 것보다는 더 좋을 수도 있다는 것을 상상하기는 어렵지 않다. ❹진화유전학자 Theodosius Dobzhansky는 이런 종류의 선택이 만연해 있으며, 그 결과, 하나 대신 두 개의 대립형질의 형태가 존재할 때 대부분의 유전자에서 적응도 수준이 더 높다고 주장했다.

evolutionary genetics(진화유전학)
집단 내에서 유전자와 유전자형의 빈도가 어떻게 변화하고, 이러한 변화가 종 간에 영구적인 차이를 만들어 내는 과정을 연구하는 학문으로, 현존하는 생물 집단의 진화 양상이 나타나게 되었는지 분석하고 기술하는 것을 주요 과제로 삼고 있다.

❶ There could be many different reasons [that having two forms of a gene might be beneficial to an individual], but [to see how it could work], consider two simple examples.

첫 번째 [ ]는 many different reasons를 수식하는 관계절이고, 두 번째 [ ]는 목적을 나타내는 to부정사구이다.

❸ Or, if a gene encodes a protein [that presents specific foreign proteins to train immune cells to attack cells {that are infected with viruses (thus full of foreign protein fragments)}], **it** is not hard [to imagine that having two forms {able to present a broader range of foreign protein fragments}] might be better than only one.

첫 번째 [ ]는 a protein을 수식하는 관계절이고, 그 안의 { }는 cells를 수식하는 관계절이다. it은 형식상의 주어이며, 두 번째 [ ]는 내용상의 주어이다. 그 안의 { }는 two forms를 수식하는 형용사구이다.

Quick Check 적절한 말 고르기

❶ If a gene encodes an enzyme that works only in a finite temperature range and if an organism experiences a broader range of temperatures, it is easy / easily to imagine that having one form of the enzyme optimal at one temperature and another form optimal at a different temperature might be preferred by selection, compared with having only an enzymatic form that is optimal at a single temperature.

❷ The evolutionary geneticist Theodosius Dobzhansky argued that this kind of selection is rampant and, as a consequence, the level of fitness is / to be higher for most genes when there are two allelic forms present instead of one.

정답 1 easy 2 is

핵심 키워드 **sign of an expensive shop, the amount of empty space**

❶[One undeniable sign of an expensive shop] is the amount of empty space / [it
명사구(주어)
비싼 상점의 명백한 징후 중 하나는 빈 공간의 양이다 /
관계절
그것이

contains]. // ❷[In a low-end clothing store] / [several hundred blouses and skirts and
포함하는 //
전치사구(장소)
저가 의류 매장에서는 /
명사구(주어)
수백 벌의 블라우스와 스커트, 슬랙스와 스웨터가 보일 것이다 /

slacks and sweaters] will be visible / [on crowded racks and shelves]; / a high-end shop
전치사구(장소)
빽빽한 진열대와 선반 위에 /
and의 역할
고급 매장은 보여 줄 수도 있다 /

may show / only a few dozen garments at a time. // ❸The message usually gets across; /
한 번에 단지 수십 벌의 의류만 //
그 메시지는 흔히 분명히 전달된다 /

as one friend reported, / "If I [look into a shop in New York] and [see only a few items], /
부사절(as: ~인 것처럼)
한 친구가 말한 것처럼 /
대등한 연결
"뉴욕에 있는 매장을 들여다보는데 물건이 단지 몇 개만 있으면 /

I'm almost always scared to go in. / Chances are I won't be able to afford anything." //
난 거의 매번 들어가기가 겁이 나 /
아마 나는 어떤 것도 살 수 없을 거야."라고 //

❹Especially in a big city, / space costs money, / and the fewer goods [that are on display
the 비교급 ~, the 비교급 ...: ~할수록, 더 ...하다
특히 대도시에서는 /
공간은 돈이 들어가며 /
그리고 입방 피트당 전시된 상품이 더 적을수록 /
관계절

per cubic foot], / the higher prices will be. // ❺[A notable fine jewelry store in New York]
~당[마다]
가격은 더 높을 것이다 //
뉴욕의 유명 고급 보석 상점은 흔히 한두 가지 품목만 특별히 진열한다 /
명사구(주어)

usually features only one or two items / in each small window, / [with no price tags]. //
각각의 작은 진열창에 /
전치사구
가격표 없이 //

❻A much cheaper jewelry store will have windows [crowded with watches and rings], /
분사구
훨씬 더 저렴한 보석 상점은 진열창이 시계와 반지로 가득 차 있다 /

all with visible prices, / often presented as amazing discounts. //
모두 잘 보이는 가격표와 함께 /
대개 놀라운 할인가로 제시되는 //

어휘

☐ undeniable 명백한   ☐ contain 포함하다   ☐ low-end 저가의
☐ rack 진열대   ☐ high-end 고급의, 고가의   ☐ garment 의류
☐ at a time 한 번에   ☐ get across 분명히 전달되다   ☐ cost 돈이 들어가다, (비용 등이) 들다
☐ on display 전시된   ☐ cubic foot 입방 피트   ☐ feature (~을) 특별히 진열하다[싣다]
☐ price tag 가격표

요지(❶)

비싼 상점의 공간 활용

비싼 상점의 명백한 징후 중 하나는 매장 내의 빈 공간의 양임

↓

부연(❷~❻)

매장의 수준에 따른 상품 전시 방식의 차이

- 저가 의류점은 수백 벌의 의류가 빽빽하게 진열대와 선반에 전시되는 반면, 고급 매장은 수십 벌의 의류만 전시함
- 대도시에서 공간은 곧 비용이기 때문에, 진열된 상품의 수가 더 적을수록 가격이 더 높음
- 뉴욕의 유명 고급 보석 상점은 각각의 작은 진열창에 가격표 없이 한두 가지 품목만 전시함
- 훨씬 더 저렴한 보석 상점은 창문이 시계와 반지로 가득하며 가격표가 잘 보임

구문 해설

❶ [One undeniable sign of an expensive shop] is the amount of empty space [it contains].

첫 번째 [ ]는 문장의 주어 역할을 하는 명사구이며, 두 번째 [ ]는 the amount of empty space를 수식하는 관계절이다.

❺ [A notable fine jewelry store in New York] usually features only one or two items in each small window, [with no price tags].

첫 번째 [ ]는 문장의 주어 역할을 하는 명사구이며, 두 번째 [ ]는 전치사구로 only one or two items in each small window를 수식한다.

전문 해석

❶비싼 상점의 명백한 징후 중 하나는 그것이 포함하는 빈 공간의 양이다. ❷저가 의류 매장에서는 수백 벌의 블라우스와 스커트, 슬랙스와 스웨터가 빽빽한 진열대와 선반 위에 보일 것이고, 고급 매장은 한 번에 단지 수십 벌의 의류만 보여 줄 수도 있다. ❸한 친구가 "뉴욕에 있는 매장을 들여다보는데 물건이 단지 몇 개만 있으면, 난 거의 매번 들어가기가 겁이 나. 아마 나는 어떤 것도 살 수 없을 거야."라고 말한 것처럼, 그 메시지는 흔히 분명히 전달된다. ❹특히 대도시에서는 공간은 돈이 들어가며, 입방피트당 전시된 상품이 더 적을수록, 가격은 더 높을 것이다. ❺뉴욕의 유명 고급 보석 상점은 흔히 각각의 작은 진열창에 가격표 없이 한두 가지 품목만 특별히 진열한다. ❻훨씬 더 저렴한 보석 상점은 진열창이 시계와 반지로 가득 차 있는데, 모두, 대개 놀라운 할인가로 제시되는 잘 보이는 가격표가 있을 것이다.

Quick Check 적절한 말 고르기 / 빈칸 완성하기

1 In a ⟨high-end / low-end⟩ clothing store several hundred blouses and skirts and slacks and sweaters will be visible on crowded racks and shelves; a ⟨high-end / low-end⟩ shop may show only a few dozen garments at a time.

2 Especially in a big city, s_____ costs money, and the fewer goods that are on display per cubic foot, the higher prices will be.

정답 1 low-end, high-end 2 (s)pace

핵심 키워드 framing manipulations, true frame for the statistic

❶ [Framing manipulations] can influence public policy. // ❷ [A survey of recycling yield
→ 동명사구(주어)
틀 다루기는 공공 정책에 영향을 줄 수 있다 //
→ 명사구(주어)
대도시인 로스앤젤레스의 여러 거리에서의 재활용

on various streets {in metropolitan Los Angeles}] shows / [that one street in particular
→ 전치사구
처리량 조사는 보여 준다 /
→ 명사절(shows의 목적어)
특히 한 거리가 다른 어떤 거리보다 2.2배나 더

recycles 2.2 times as much as any other street]. // ❸ [Before the city council gives
→ 배수사+as much as
많이 재활용한다는 것을 //
→ 전치사구
시의회가 이 거리의 주민들에게 그들의 친환경 도시를

{the residents of this street} {an award for their green city efforts}], / let's ask
→ gives의 간접목적어 → gives의 직접목적어
위한 노력에 대한 상을 수여하기 전에 /
무엇이 그러한

[what might give rise to such a number]. // ❹ One possibility is [that this street has
→ 명사구(ask의 목적어) → ~을 만들어 내다, ~이 생기게 하다
숫자를 만들어 낼 수 있겠는지 질문해 보자 //
→ 명사절(is의 주격 보어)
한 가지 가능성은 이 거리의 주민이 다른 거리보다 두 배가 넘는다는

more than twice as many residents as other streets] / — perhaps [because it is longer],
→ 배수사+as many+명사+as
것이다 /
→ 부사절(이유) 1
이것은 어쩌면 거리가 더 길기 때문에, 어쩌면 그 거리에

perhaps [because there are a lot of apartment buildings on it]. // ❺ [Measuring recycling
→ 부사절(이유) 2
아파트 건물이 많기 때문에 그럴 수 있다 //
→ 동명사구(주어)
거리 수준에서 재활용을 측정하는 것은

{at the level of the street}] is not the relevant statistic / [unless all streets are otherwise
→ 전치사구
적절한 통계 항목은 아니다 /
→ 부사절(조건)
모든 거리가 그 외의 면에서 동일하지 않다면 //

identical]. // ❻ A better statistic would be either the living unit [(where you measure the
→ either ~ or ...: ~이든 …이든 → 관계절
더 나은 통계 항목은 (각 가정의 재활용 배출량을 측정하는) 주거 단위이거나 /

recycling output of each family)] / or even better, / [because larger families probably
→ 부사절(이유)
또는 훨씬 더 나은 것으로는 / 더 큰 가구가 더 작은 가구보다 아마도 더 많이 소비할

consume more than smaller families], / the individual. // ❼ That is, / we want to adjust
것이므로 /
개인이 있을 것이다 //
다시 말해 /
우리는 수거된 재활용품의 양을

the amount of recycling materials [collected] / to take into account the number of
→ 분사
조절해야 한다 /
거리의 사람 수를 고려하여 //

people [on the street]. // ❽ That is the *true frame* for the statistic. //
→ 전치사구
그것이 통계 항목을 위한 '진정한 틀'이다 //

어휘

☐ manipulation 다루기, 취급, 처리   ☐ influence 영향을 주다   ☐ policy 정책
☐ survey 조사   ☐ yield 처리량, 산출량   ☐ various 여러, 다양한
☐ metropolitan 대도시의   ☐ in particular 특히   ☐ city council 시의회
☐ resident 주민, 거주자   ☐ award 상
☐ give rise to ~을 만들어 내다, ~이 생기게 하다   ☐ possibility 가능성
☐ relevant 적절한, 관련 있는   ☐ take into account ~을 고려하다

글의 흐름 파악

요지 및 도입(❶~❷)
틀 다루기가 공공 정책에 미치는 영향
틀 다루기가 공공 정책에 영향을 미치는 예로, 로스앤젤레스의 한 거리가 다른 거리보다 재활용량이 2.2배 높다는 조사 결과를 제시함

전개(❸~❺)
통계 항목의 적절성에 대한 의문
• 통계의 원인 분석을 통해 해당 거리가 다른 거리보다 인구가 많을 수 있음을 지적함 • 거리 단위의 재활용 측정은 모든 거리가 동일하지 않은 한 적절하지 않음

결론(❻~❽)
진정한 통계 항목 틀 제시
• 주거 단위 또는 개인 단위에서의 측정이 더 적절함 • 거리의 사람 수를 고려하여 수거된 재활용품의 양을 조절하는 것이 통계 항목을 위한 '진정한' 틀임

구문 해설

❷ [A survey of recycling yield on various streets {in metropolitan Los Angeles}] shows [that one street in particular recycles 2.2 times as much as any other street].

첫 번째 [ ]는 문장의 주어 역할을 하는 명사구이며, 그 안의 { }는 various streets를 수식하는 전치사구이다. 두 번째 [ ]는 shows의 목적어 역할을 하는 명사절이다.

❼ That is, we want to adjust the amount of recycling materials [collected] to take into account the number of people [on the street].

첫 번째 [ ]는 the amount of recycling materials를 수식하는 분사이며, 두 번째 [ ]는 the number of people을 수식하는 전치사구이다.

전문 해석

❶틀 다루기는 공공 정책에 영향을 줄 수 있다. ❷대도시인 로스앤젤레스의 여러 거리에서의 재활용 처리량 조사가, 특히 한 거리가 다른 어떤 거리보다 2.2배나 더 많이 재활용한다는 것을 보여 준다. ❸시의회가 이 거리의 주민들에게 그들의 친환경 도시를 위한 노력에 대한 상을 수여하기 전에, 무엇이 그러한 숫자를 만들어 낼 수 있겠는지 질문해 보자. ❹한 가지 가능성은 이 거리의 주민이 다른 거리보다 두 배가 넘는다는 것인데 — 이것은 어쩌면 거리가 더 길기 때문에, 어쩌면 그 거리에 아파트 건물이 많기 때문에 그럴 수 있다. ❺모든 거리가 그 외의 면에서 동일하지 않다면, 거리 수준에서 재활용을 측정하는 것은 적절한 통계 항목은 아니다. ❻더 나은 통계 항목은 (각 가정의 재활용 배출량을 측정하는) 주거 단위 또는, 훨씬 더 나은 것으로는, 더 큰 가구가 더 작은 가구보다 아마도 더 많이 소비할 것이므로, 개인이 있을 것이다. ❼다시 말해, 우리는 거리의 사람 수를 고려하여 수거된 재활용품의 양을 조절해야 한다. ❽그것이 통계 항목을 위한 '진정한 틀'이다.

Quick Check 적절한 말 고르기

❶ Measuring recycling at the level of the street is not the relevant statistic unless all streets are / being otherwise identical.

❷ A better statistic would be either the living unit (where you measure the recycling output of each family) or even better, because larger families probably consume less / more than smaller families, the individual.

정답 1 are 2 more

집단적 접근을 통한 갈등 해결 전략

EBS 수능완성 144쪽

핵심 키워드 collectivism, one-on-one conflict, social proof, diffusion of responsibility

❶One way to apply collectivism is / by dealing with a noisy neighbour / [who loves
집단행동을 적용하는 한 가지 방법은 / 시끄러운 이웃을 상대하는 것이다 / 관계절 여러분이 TV를
~ 외에는 어느 것도   부사절(시간)
nothing more than to pump up the volume {as you're trying to watch TV}]. // ❷Your first
시청하려고 할 때 볼륨을 높이는 것을 유독 너무 좋아하는 //   여러분의 첫 번째
대등한 연결   = the volume
instinct might be to [bang on their front door] and [tell them to turn it down], / your
본능은 현관문을 세게 두드리며 소리를 낮추라고 그들에게 말하는 것일 수도 있을 것이다 /   분노를
전치사구
anger barely concealed. // ❸But the reality is that changing behaviour [in one-on-one
간신히 감춘 채 //   하지만 현실적으로 일대일 갈등에서 행동을 바꾸려면 '사회적 증거', 즉 합의를 흔히 필요로 한다 //
동격   동명사구(means의 목적어)
conflict] often requires ['social proof'] — or [consensus]. // ❹This means [showing
                                              이는 상대방에게 보여 주는 것을 의미
명사절(showing의 직접목적어)   view ~ as ...: ~을 ...으로 보다
the other party / {that a majority of people view their behaviour as contrary to social
한다 /   대대수의 사람들이 그들의 행동을 사회적 규범에 위배되는 것으로 본다는 것을 //
명사절(demonstrate의 목적어)
norms}]. // ❺You have to demonstrate / [that their actions are impacting on several
        여러분은 보여야 한다 /   그들의 행동이 여러 사람에게 영향을 미친다는 것을 //
동명사구 1(suggest의 목적어)   전치사구
people]. // ❻I suggest [gathering several neighbours / {affected by the noise}] /
        나는 여러 이웃을 모으는 것을 제안한다 /   소음에 영향을 받는 /
동명사구 2(suggest의 목적어)   술어 1
and [approaching the noisy neighbour as a group]. // ❼This [creates a 'diffusion of
그리고 하나의 집단으로 그 시끄러운 이웃에게 다가갈 것을 //   이는 '책임의 분산'을 만든다 /
술어 2   동격
responsibility'] / and [means the noisy neighbour can't {get mad} or {have a war with
        그리고 그 시끄러운 이웃이 한 사람에게만 화를 내거나 전쟁을 벌일 수 없음을 의미한다 //
                                          부사절(시간)   나머지 사람들
just one person}]. // ❽Nominate two or even three people to speak, / [while the remainder
            발언할 사람 둘이나 혹은 셋까지도 지정하라 /   나머지 사람들이 복도에 서있는 동안
복수동사   분사구문(the remainder stand in the corridor의 부수적인 상황을 설명) 명사절(know의 목적어)
stand in the corridor / {providing moral support}]. // ❾I know [this approach works /
        정신적인 지지를 제공하면서 //   나는 이 접근법이 효과가 있다는 것을 알고 있다 /
부사절(이유)   바로 이   술어 1
{because I faced this very situation}]. // ❿The noisy neighbour [stopped playing the loud
바로 이 상황에 직면했기 때문에 //   그 시끄러운 이웃은 음악을 크게 틀던 것을 멈추었다 /
                                                      술어 2
music] / and [moved out soon afterwards]. //
        그리고 얼마 지나지 않아 이사해 나갔다 //

어휘

- collectivism 집단행동, 집단주의
- bang 세게 두드리다
- proof 증거, 증명
- responsibility 책임, 책무
- corridor 복도

- pump up (소리 등을) 높이다, 강화하다
- conceal 감추다, 숨기다
- consensus 합의, 의견 일치
- nominate 지정하다, 지목하다

- instinct 본능
- one-on-one 일대일의
- diffusion 분산, 발산
- the remainder 나머지 사람들, 나머지

글의 흐름 파악

도입(❶~❷)

소음을 내는 이웃과의 갈등 상황에서의 일반적 대응

• 여러분이 TV를 시청하려고 할 때, 시끄러운 이웃에게 어떻게 대처해야 하는지를 사례로 들어 집단행동을 적용하는 방법을 설명함
• 여러분의 첫 본능적 반응은 문을 두드리며 소리를 낮추라고 그들에게 요구하는 것일 수 있음

↓

본론(❸~❽)

집단적 접근을 통한 타인의 행동 변화 전략

• 일대일 갈등 해결에는 '사회적 증거' 즉 '합의'가 필요함
• 대다수 사람들이 그들의 행동을 사회 규범에 어긋나는 것으로 보고 있으며, 그들의 행동이 여러 사람에게 영향을 준다는 점을 알려야 함
• 소음 문제에 대해 여러 이웃이 함께 대응해 '책임의 분산'을 만들어야 함

↓

결론(❾~❿)

집단적 접근의 성공 사례

이러한 접근 방식을 직접 경험하여 알고 있으며, 시끄러운 이웃은 곧 이사해 나감

전문 해석

❶집단행동을 적용하는 한 가지 방법은 여러분이 TV를 시청하려고 할 때, 볼륨을 높이는 것을 유독 너무 좋아하는 시끄러운 이웃을 상대하는 것이다. ❷여러분의 첫 번째 본능은, 분노를 간신히 감춘 채, 현관문을 세게 두드리며 소리를 낮추라고 그들에게 말하는 것일 수도 있을 것이다. ❸하지만 현실적으로 일대일 갈등에서 행동을 바꾸려면 '사회적 증거', 즉 합의를 흔히 필요로 한다 ❹이는 상대방에게, 대다수의 사람들이 그들의 행동을 사회적 규범에 위배되는 것으로 본다는 것을 보여 주는 것을 의미한다. ❺여러분은 그들의 행동이 여러 사람에게 영향을 미친다는 것을 보여야 한다. ❻나는 소음에 영향을 받는 여러 이웃을 모아 하나의 집단으로 그 시끄러운 이웃에게 다가갈 것을 제안한다. ❼이는 '책임의 분산'을 만들어 그 시끄러운 이웃이 한 사람에게만 화를 내거나 전쟁을 벌일 수 없음을 의미한다. ❽나머지 사람들이 복도에 서서 정신적인 지지를 제공하는 동안 발언할 사람 둘이나 혹은 셋까지도 지정하라. ❾나는 바로 이 상황에 직면했었기 때문에 이 접근법이 효과가 있다는 것을 알고 있다. ❿그 시끄러운 이웃은 음악을 크게 틀던 것을 멈추고, 얼마 지나지 않아 이사해 나갔다.

지문 배경지식

diffusion of responsibility(책임의 분산)
타인이 주변에 있을 때, 개인이 자신의 행동에 대한 책임감이나 부담을 덜 느끼게 되는 사회심리학적 현상을 말한다.

구문 해설

❶ One way to apply collectivism is by dealing with a noisy neighbour [who loves nothing more than to pump up the volume {as you're trying to watch TV}].

[ ]는 a noisy neighbour를 수식하는 관계절이며, 그 안의 { }는 시간을 나타내는 부사절이다.

❹ This means [showing the other party {that a majority of people view their behaviour as contrary to social norms}].

[ ]는 동사 means의 목적어 역할을 하는 동명사구이며, 그 안의 { }는 showing의 직접목적어 역할을 하는 명사절이다.

Quick Check 적절한 말 고르기

1 Your first instinct might be to bang on their front door and tell them to turn it down, your anger barely concealed / exposed .

2 Nominate two or even three people to speak, while the remainder stand in the corridor provides / providing moral support.

정답 1 concealed 2 providing

핵심 키워드 reusable materials, cost of manufacturing, localize

❶[As a thought experiment], / imagine a future / [in which all companies were
전치사구(As: ~로서)   사고 실험의 일환으로 /   미래를 상상해 보라 /   관계절   모든 기업이 강제되는 /

compelled / to take back every product {they made}]. // ❷How would that change their
자신들이 만든 모든 제품을 회수하도록 //   관계절   그것이 그들의 행동을 어떻게 변화시킬까 //

behavior? // ❸For starters, / they would make their products with parts / [they could
그것이 그들의   우선 /   = companies   그들은 부품으로 자신들의 제품을 만들 것이다 /   관계절   그들이 회수하여

salvage and reuse / at the end of their life cycles]. // ❹This, in turn, would generate
재활용할 수 있는 /   제품 수명의 최종 시점에 //   결국, 차례차례   결국, 이것은 전 산업계를 만들 것이다 /

whole industries / [dedicated to the design of reusable materials]. // ❺[As companies
분사구   재사용할 수 있는 재료의 설계에 전념하는 //   부사절(이유)   기업이 전체 제조 비용을

struggled to afford the full cost of manufacturing], / [the prices of products and
감당하는 데 힘들어함에 따라 /   명사구(주어)   제품과 서비스의 가격은 상승할 것이다 //

services] would rise. // ❻[To keep prices under control], / companies would localize their
to부정사구(목적)   가격을 통제하에 두려고 /   기업은 자신의 사업체를 현지화할 것이다 /

operations / [to save on transportation costs]. // ❼[Localizing businesses] would change
to부정사구(목적)   운송 비용을 절약하기 위해 //   동명사구(주어)   사업체를 현지화하는 것은 지역 사회의 성격을 바꿀 것이다 /

the nature of communities, / [creating a network of quasi-independent economies / {more
분사구문(주절의 내용에 부수되는 결과)   준독립적인 경제 네트워크를 형성하면서 /   형용사구   산업 시대

comparable to the Agricultural Age than to the Industrial Age}]. //
보다는 농업 시대와 더 비슷한 //

*salvage: 회수하다 **quasi-independent: 준독립적인

어휘

□ thought experiment 사고 실험(머릿속에서 생각으로 진행하는 실험)   □ imagine 상상하다
□ compel 강제하다, 강요하다   □ take back ~을 회수하다   □ for starters 우선, 먼저, 첫째로
□ reuse 재활용하다   □ in turn 결국, 차례차례   □ dedicated 전념하는
□ localize 현지화하다   □ operation 사업체, (대규모) 기업

도입(❶~❷)

생산품 회수와 관련된 사고 실험

모든 기업이 자신이 만든 제품을 모두 회수해야 하는 경우, 이것이 회사에 어떠한 영향을 미칠지 질문함

↓

본론(❸~❻)

제품 재활용과 제조 비용의 변화

- 전 산업계가 재사용할 수 있는 재료를 설계하는 것에 전념할 것임
- 전체 제조 비용을 감당하기 힘들어함에 따라 제품과 서비스의 가격이 상승할 것임
- 가격을 제어하고 운송 비용을 절약하기 위해 사업체를 현지화할 것임

↓

결론(❼)

현지화의 결과로 인한 지역 사회의 변화

사업체의 현지화로 인해 지역 사회는 준독립적인 경제 네트워크를 형성할 것임

localization(현지화)

다국적 기업이 자신의 제품이나 서비스를 고객에게 단순히 공급하는 것이 아니라, 각 지역의 특성과 환경에 맞춰 제공하는 전략을 의미한다. 이를 통해 기업은 해당 지역에 안정적으로 진입하고, 다양한 경영 활동을 성공적으로 이어갈 수 있다. 현지에서 원자재나 인력을 조달하는 등 진출하고자 하는 시장의 특성에 적합하도록 별도 운영을 하는 것 또한 현지화에 해당한다.

❹ This, in turn, would generate whole industries [dedicated to the design of reusable materials].

[ ]는 whole industries를 수식하는 분사구이다.

❼ [Localizing businesses] would change the nature of communities, [creating a network of quasi-independent economies {more comparable to the Agricultural Age than to the Industrial Age}].

첫 번째 [ ]는 문장의 주어 역할을 하는 동명사구이다. 두 번째 [ ]는 주절의 내용에 부수되는 결과를 나타내는 분사구문이며, 그 안의 { }는 a network of quasi-independent economies를 수식하는 형용사구이다.

❶사고 실험의 일환으로, 모든 기업이 자신들이 만든 모든 제품을 회수하도록 강제되는 미래를 상상해 보라. ❷그것이 그들의 행동을 어떻게 변화시킬까? ❸우선, 그들은 제품 수명의 최종 시점에 그들이 회수하여 재활용할 수 있는 부품들로 자신들의 제품을 만들 것이다. ❹결국, 이것은 재사용할 수 있는 재료의 설계에 전념하는 전 산업계를 만들 것이다. ❺기업이 전체 제조 비용을 감당하는 데 힘들어함에 따라, 제품과 서비스의 가격은 상승할 것이다. ❻가격을 통제하에 두려고, 기업은 운송 비용을 절약하기 위해 자신의 사업체를 현지화할 것이다. ❼사업체를 현지화하는 것은 지역 사회의 성격을 바꿀 것이고 이는 산업 시대보다는 농업 시대와 더 비슷한 준독립적인 경제 네트워크를 형성할 것이다.

Quick Check 적절한 말 고르기

1 As a thought experiment, imagine a future which / in which all companies were compelled to take back every product they made.

2 As companies struggled to afford the full cost of manufacturing, the prices of products and services would decrease / rise .

정답 1 in which 2 rise

핵심 키워드 **non-human animal, political and social relations, animal language**

❶ [Questions about {non-human animal political participation}, {interspecies
인간이 아닌 동물의 정치 참여, 종간 의사소통, 그리고 정치적 목소리에 대한 질문은 /
명사구(주어)

communication}, and {political voice}] / have not received much attention / in animal
병렬구조   현재완료(have p.p.)
많은 주목을 받지 못해 왔다 /   동물 철학에서 /

philosophy / until now. // ❷ This is unfortunate. // ❸ [Because other animals are subjects /
지금까지 //   이것은 불행하다 //   다른 동물들은 주체이기 때문에 /
부사절(이유)

with their own perspectives on life], / it is not sufficient, / either epistemologically or
삶에 대한 그들의 고유한 관점이 있는 /   충분하지 않다 /   인식론적으로 또는 규범적으로 /
형식상의 주어   either A or B: A 또는 B

normatively, / [just to consider them]: / humans need to reformulate / [political and
규범적으로 /   그들을 고려하는 것만으로는 /   인간은 재구성할 필요가 있다 /   정치적 그리고 사회적
내용상의 주어   = other animals   명사구(reformulate의 목적어)

social relations] / in interaction with them / in order not to repeat anthropocentrism. //
관계를 /   그들과의 상호 작용에서 /   인간 중심주의를 반복하지 않기 위해서 //
                = other animals   ~하지 않기 위해

❹ Language plays an important role / in thinking about [creating better relations / with
언어는 중요한 역할을 한다 /   더 나은 관계를 맺는 것에 대해 생각하는 것에서 /   다른
play a role in: ~에서 역할을 하다   동명사구(about의 목적어)

other animals]. // ❺ [Learning about the languages of other animals] / can help humans
동물과 //   다른 동물의 언어에 대해 배우는 것은 /   인간이 그들을 더 잘 이해하도록
동명사구(주어)   help+목적어+to부정사구(목적격 보어)

to understand them better / and build new relations with them. // ❻ [Challenging an
도울 수 있다 /   그리고 그들과 새로운 관계를 구축하는 데 도움이 될 수 있다 //   권력 관계에 의해 형성된
= other animals   help와 병렬구조   = other animals   명사구(주어)

anthropocentric view of language {formed by power relations}] / can help humans to
인간 중심의 언어관에 도전하는 것은 /   인간이 다른 종의 동물과 그들의
분사구   help+목적어+to부정사구(목적격 보어)

see [animals of other species], and [their languages], differently. // ❼ [Conceptualizing
언어를 다르게 바라보도록 도울 수 있다 //   동물 언어를 개념화하는 것은
병렬구조   동명사구(주어)

animal languages] / can also be significant / in addressing certain practical problems /
또한 중요할 수 있다 /   특정한 실제적인 문제를 해결하는 데에도 /   certain practical problems
                                                                between humans and
                                                                animals의 예 1

between humans and other animals, / [for example], / in border conflicts between
인간과 다른 동물 사이의 /   예를 들어 /   야생 동물 집단과 인간 집단 간의 경계 갈등에 있는
between A and B: A와 B 사이에   삽입어

groups of wild animals and human groups, / or with regard to political participation of
문제 /   또는 우리 사회의 일부인 그 인간이 아닌 동물들의 정치적 참여와 관련하여
                                       ~과 관련된   예 2

those non-human animals [who are part of our societies]. //
관계절

*epistemologically: 인식론적으로 **anthropocentric: 인간 중심의

어휘
□ interspecies 종간의, 종과 종 사이의   □ subject 주체   □ perspective 관점
□ normatively 규범적으로   □ reformulate 재구성하다   □ conceptualize 개념화하다
□ significant 중요한   □ address 해결하다   □ border 경계, 국경

도입(❶)

동물 철학에서 외면당했던 분야

인간이 아닌 동물의 정치 참여, 종간 의사소통, 정치적 목소리를 외면함

↓

주장 1(❷~❸)

인간 중심주의에서 탈피 필요

- 동물도 삶에 대한 고유한 관점이 있는 주체임
- 인간 중심주의에서 벗어나기 위해 동물과의 정치적, 사회적 관계 재구성이 필요

↓

주장 2(❹~❻)

동물 언어의 이해

- 동물과 더 나은 관계를 맺기 위해 동물의 언어에 대한 학습이 필요함
- 동물의 언어에 대한 이해는 동물에 대한 이해와 새로운 관계 구축에 도움이 될 수 있음

↓

부연(❼)

동물 언어의 이해의 중요성

동물 언어의 개념화는 인간과 다른 동물과의 실제적 문제 해결에 중요함

전문 해석

❶인간이 아닌 동물의 정치 참여, 종간 의사소통, 그리고 정치적 목소리에 대한 질문은 지금까지 동물 철학에서 많은 주목을 받지 못했다. ❷이것은 불행한 일이다. ❸다른 동물들은 삶에 대한 자신의 고유한 관점이 있는 주체이기 때문에 인식론적으로나 규범적으로 그들을 고려하는 것만으로는 충분하지 않다. 즉, 인간은 인간 중심주의를 반복하지 않기 위해 그들과의 상호 작용에서 정치적 그리고 사회적 관계를 재구성할 필요가 있다. ❹언어는 다른 동물과 더 나은 관계를 맺는 것에 대해 생각하는 데 중요한 역할을 한다. ❺다른 동물의 언어에 대해 배우는 것은 인간이 그들을 더 잘 이해하고 그들과 새로운 관계를 구축하는 데 도움이 될 수 있다. ❻권력 관계에 의해 형성된 인간 중심의 언어관에 도전하는 것은 인간이 다른 종의 동물과 그들의 언어를 다르게 바라보는 데 도움이 될 수 있다. ❼동물 언어를 개념화하는 것은, 인간과 다른 동물 사이의 특정한 실제적인 문제, 예컨대 야생 동물 집단과 인간 집단 간의 경계 갈등에 있는 문제, 혹은 우리 사회의 일부인 그 인간이 아닌 동물들의 정치적 참여와 관련된 문제 등을 해결하는 데에도 또한 중요할 수 있다.

비인간 동물의 정치적 권리

인간이 아닌 동물도 권리와 법적 지위를 가진다는 관점에서 비롯된 용어이다. 동물을 자신의 삶에 대한 쾌락과 고통을 느끼는 지각 있는 존재 및 이익과 관심사를 가진 존재로 인정하고 동물의 이익을 인간의 이익과 동등하게 다뤄야 하며, 이 또한 정치적 안건이 되어야 한다는 주장이다. 인간의 이익에 따라 동물에 대한 대우가 달라지는 동물 복지법이 아니라 인간이기 때문에 당연히 인정되는 인권처럼 동물권 또한 법적으로 인정받아야 한다고 주장한다.

구문 해설

❶ [Questions about {non-human animal political participation}, {interspecies communication}, and {political voice}] have not received much attention in animal philosophy until now.

[ ]는 문장의 주어 역할을 하는 명사구이며, 세 개의 { }는 콤마와 and로 대등하게 연결된 전치사 about의 목적어이다.

❻ [Challenging an anthropocentric view of language {formed by power relations}] can help humans [to see animals of other species, and their languages, differently].

첫 번째 [ ]는 문장의 주어 역할을 하는 동명사구이며, { }는 an anthropocentric view of language를 수식하는 분사구이다. 두 번째 [ ]는 help의 목적격 보어 역할을 하는 to부정사구이다.

Quick Check 빈칸 완성하기

1 ▶ Because other animals are s_____ with their own perspectives on life, it is not sufficient, either epistemologically or normatively, just to consider them: humans need to r_____ political and social relations in interaction with them in order not to repeat anthropocentrism.

2 ▶ Language plays an important role in thinking about creating better r_____ with other animals.

정답 1 (s)ubjects, (r)eformulate 2 (r)elations

핵심 키워드 **art-making, unintentional, intend, doghouse, birdhouse**

❶Some have argued / [that art-making can be an unintentional activity / — at least
어떤 사람들은 주장해 왔다 / 예술 제작이 의도하지 않은 활동이 될 수 있다고 / 적어도 어느
→ 명사절(argued의 목적어)

to some extent]. // ❷Suppose, [for example], / [that I intend to build a doghouse] / but
정도는 // 예를 들어 가정해 보자 / 내가 개집을 만들려고 의도한다고 / 그러나
→ 삽입어 → 명사절(suppose의 목적어) 1

[that my skills aren't good enough, / and so I end up with something *much* too small]. //
내 실력이 충분히 좋지 않다고 / 그래서 결국 '매우' 너무 작은 어떤 것을 가지게 된다고 //
→ 명사절(suppose의 목적어) 2 → 결국 ~을 가지게 되다

❸But now suppose / [that I decide / {that my erstwhile doghouse, ⟨while not up to that
하지만 이제 가정해 보자 / 내가 결정한다고 / 나의 이전의 개집이, 그 특정 과업에는 미치지 못했지만 /
→ 명사절(suppose의 목적어) → 명사절(decide의 목적어) → 삽입구 ~까지 = doghouse

particular task⟩, / could be put to better use / as a birdhouse}]. // ❹In that case, / I made
더 잘 이용될 수도 있을 것이라고 / 새집으로 // 그 경우 / 나는 새집을
→ 수동태(be+p.p.)

the birdhouse, / and I did so deliberately at every step — except, [of course], that I
만들었다 / 그리고 나는 모든 단계에서 의도적으로 그렇게 의도했다 / 물론 '새집을 만들려고' 의도하지 않았다는 것을
→ = made the birdhouse except that: ~이라는 것을 제외하고 → 삽입어

didn't intend *to make a birdhouse*. // ❺I intended to *make a doghouse* / and ended up
제외하고 // 나는 '개집을 만들려고' 했다 / 그리고 대신 결국 새집을
→ 병렬구조

with a birdhouse instead. // ❻So too with art: / I might [intend to make a quilt / but end
갖게 되었다 // 예술도 그러하다 / 나는 퀼트를 만들려고 의도할 수도 있다 / 그러나 그
→ ~도 그러하다

up with a work of textile art instead], / or [intend to just play around with the guitar / but
대신에 결국 직물 예술 작품을 가지게 (될 수도 있다) / 또는 단지 기타를 가지고 놀려고 의도할 (수도 있다) / 그러나
→ 병렬구조

end up with a full-fledged song]. // ❼[This kind of 'unintentional' art-making] / is called
결국 제대로인 노래를 가지게 (될 수도 있다) // 이러한 '의도하지 않은' 예술 제작은 / '우연한 예술'
→ 명사절(주어)

accidental art, / and it happens / [when someone intends to make something / {which isn't
이라고 불린다 / 그리고 그것은 발생한다 / 누군가가 무언가를 만들려고 의도할 때 / 예술이 아닌 것을 /
→ 부사절(시간) → 관계절

art} / and fails in their attempt {to make their intended object} / but, in failing to do so, /
그리고 의도했던 물건을 만들려는 그들의 시도에서는 실패하고 / 그러나 그렇게 하는 데 실패함으로써 /
→ intends와 병렬구조 → to부정사구(형용사적 용법) = make their intended object

they nevertheless succeed in making an artwork]. //
그들이 그럼에도 불구하고 예술 작품을 만드는 데 성공할 때 //

*erstwhile: 이전의 **full-fledged: 제대로인, 충분히 발달한

어휘
□ unintentional 의도하지 않은 □ extent 정도, 범위 □ suppose 가정하다
□ intend 의도하다 □ end up with 결국 ~을 가지게 되다 □ particular 특정한
□ task 과업 □ deliberately 의도적으로 □ quilt 퀼트, 누비이불
□ textile 직물 □ accidental 우연한 □ attempt 시도
□ nevertheless 그럼에도 불구하고

도입(❶)
의도하지 않은 예술 제작
예술 제작은 의도하지 않은 활동이 될 수 있음

↓

전개-예시(❷~❻)
개집과 새집의 예시
• 개집을 지으려고 했지만 실력 부족으로 결과물이 새집으로 사용될 수 있음 • 의도와 다르게 생성된 멋진 결과물의 예시들

↓

결론(❼)
우연한 예술
의도했던 목적 달성에는 실패했지만 예술이 되는 우연한 작업물

지문 배경지식

quilt(퀼트)

누비질을 하여 무늬 또는 패턴을 두드러지게 만든 직물 제품을 가리킨다. 요즘에는 의미가 확대되어 수예와 같은 바느질로 만든 소품에도 퀼트라는 말을 사용하나 원래는 겉감 천과 솜

등을 같이 바느질하거나 새로운 천을 덧대어 두툼하게 만든 무늬를 가진 이불이나 쿠션을 일컫는다.

구문 해설

❷ Suppose, for example, [that I intend to build a doghouse] but [that my skills aren't good enough, and so I end up with something *much* too small].

두 개의 [ ]는 but으로 대등하게 연결된 suppose의 목적어 역할을 하는 명사절이다.

❹ In that case, I made the birdhouse, and I **did so** deliberately at every step — **except**, of course, **that** I didn't intend *to make a birdhouse*.

did so는 앞 절의 made the birdhouse를 가리키며, '~이라는 것을 제외하고'라는 뜻을 가진 접속사 「except that ~」이 사용되었다.

전문 해석

❶어떤 사람들은 예술 제작이, 적어도 어느 정도는, 의도하지 않은 활동이 될 수 있다고 주장해 왔다. ❷예를 들어, 내가 개집을 만들려고 의도하는데 실력이 부족해서 결국 '매우' 너무 작은 어떤 것을 가지게 된다고 가정해 보자. ❸하지만 이제 내가 이전의 개집이, 그 특정 과업에는 미치지 못했지만, 새집으로 더 잘 이용될 수도 있을 것이라고 결정한다고 가정해 보자. ❹그 경우 나는 새집을 만들었고, 물론 '새집을 만들려고' 의도하지 않았다는 것을 제외하고는 모든 단계에서 의도적으로 그렇게 했다(새집을 만들었다). ❺나는 '개집을 만들려고' 의도했는데 대신 결국 새집이 되었다. ❻예술의 경우도 그러한데, 나는 퀼트를 만들려고 의도하지만, 그 대신에 결국 직물 예술 작품을 가지게 되거나, 혹은 단지 기타를 가지고 놀려고 의도하지만 결국 제대로인 노래를 가지게 될 수도 있을 것이다. ❼이러한 '의도하지 않은' 예술 제작을 '우연한 예술'이라고 하는데, 그것은 누군가가 예술이 아닌 것을 만들려고 의도하다가 의도했던 물건을 만들려는 시도에서는 실패하지만, 그렇게 하는 데 실패함으로써 그럼에도 불구하고 예술 작품을 만드는 데 성공할 때 발생한다.

Quick Check T, F 고르기 / 빈칸 완성하기

❶ Accidental art refers to works created by famous artists over time that fail to capture the attention of the public. ⬚T / F⬚

❷ This kind of 'unintentional' art-making is called *accidental art*, and it happens when someone intends to make something which isn't art and fails in their a_____ to make their intended object but, in failing to do so, they nevertheless s_____ in making an artwork.

정답 1 F 2 (a)ttempt, (s)ucceed

핵심키워드 journalism, information disorder, independence, professional standards, editorial ethics

❶For journalists, / [who have long regarded themselves / as essential support players
언론인에게 /   오랫동안 자신들을 여겨온 /   민주적이고 개방적인 사회의 필수적인 지원자로 /
관계절(journalists의 부가적 정보)   regard ~ as ...: ~을 ...으로 여기다

in democratic and open societies], / [disinformation and misinformation] challenge /
민주적이고 개방적인 사회의 /   허위 정보와 그릇된 정보는 시험한다 /
                                        명사구(주어)

more than their reputation. // ❷'Information disorder' questions / [their purpose
그들의 평판 이상의 것을 //   '정보 무질서'는 의심한다 /   그들의 목적과 유효성을 //
                                                술어동사   명사구(questions의 목적어)

and effectiveness]. // ❸It highlights / the fundamental importance of the need /
                       그것은 강조한다 /   필요성의 근본적인 중요성을 /

for [{independence of journalism} and {high professional standards}]. // ❹This is not
저널리즘의 독립 및 높은 직업적 기준을 위한 //   이것은 가정하는 것은
  명사구(전치사 for의 목적어)   병렬구조   앞 문장 내용(❸ 문장)

[to assume / {that journalism is free of dominant ideology / or bias ⟨born of gender,
아니다 /   저널리즘이 지배적인 이데올로기부터 자유롭다고 /   또는 성별, 민족성, 언어적 분류, 계급 등 즉,
주격 보어(to부정사구의 명사적 용법)   명사절(assume의 목적어)   동격   분사구

ethnicity, linguistic grouping, class, etc., or background⟩ / of those who produce it}]. //
배경에서 발생하는 편견으로부터 /   그것을 생산하는 사람들의 //
                                          ~하는 사람들   = dominant ideology

❺Nor does it ignore the systemic issues / of the influence of institutional contexts /
또한 그것은 시스템적 문제를 무시하는 것도 아니다 /   제도적 맥락의 영향의 /
 Nor+조동사+주어+동사(도치)
           ❸ 문장의 내용

of ownership, business models, audience interests, the news "net" of [{predictable
소유권, 비즈니스 모델, 구독자의 관심사, 예측 가능한 관료 및 홍보 출처의 뉴스 '망' 등의 //
                                                        명사구(전치사 of의 목적어)

bureaucratic} and {public relations sources}], etc. // ❻However, it is [to uphold / the
병렬구조   그러나 그것은 유지하기 위한 것이다 /   편집
                                                  주격 보어(to부정사구의 명사적 용법)

importance of editorial ethics / {as a beacon for coverage}, / and {for self-reflection by
윤리의 중요성을 /   취재를 위한 지침으로 /   그리고 언론인의 자기 성찰을 위한 /
                                              병렬구조

journalists / about their worldviews and contexts}]. // ❼It is [to signal / {that journalism
그들의 세계관과 맥락에 대한 //   그것은 알리기 위함이다 /   저널리즘이 '어디에도
                                                    주격 보어(to부정사구의 명사적 용법) 명사절(signal의 목적어)

is not a "view from nowhere", / but a practice ⟨that needs transparency / if the public
근거하지 않은 관점'이 아니라 /   투명성이 필요한 업이라는 것을 /   만약 대중이 믿으려면 /
  not A but B: A가 아니라 B   관계절   병렬구조

is to trust / that there is compliance with broad standards / of verifiability and public
넓은 기준의 준수가 있다고 /   검증 가능성과 공적 이익의 /
        ~의 준수

interest, / no matter the range of subjects covered and perspectives entailed ⟩}]. //
보도되는 주제와 수반되는 관점의 범위에 상관없이 //
 ~과 상관없이   분사   분사

*bureaucratic: 관료의 **beacon: 지침, 봉화 ***verifiability: 검증 가능성

어휘

☐ support player 지원자, 지원 선수, 후원자   ☐ disinformation 허위 정보   ☐ misinformation 그릇된 정보
☐ fundamental 근본적인   ☐ assume 가정하다   ☐ ethnicity 민족성
☐ institutional 제도적인, 제도의   ☐ public relations 홍보   ☐ uphold 유지하다, 옹호하다
☐ coverage 취재   ☐ transparency 투명성   ☐ compliance 준수, 따름

도입(❶)

언론인에게 닥친 시험

- 언론인은 민주적이고 개방적인 사회의 지원자로 여겨 옴
- 허위 정보와 그릇된 정보가 언론인에게 주는 시험

↓

전개(❷~❺)

정보 무질서로 인해 저널리즘에게 요구되는 것

- 정보 무질서는 언론인의 목적과 효용성에 의문을 제기함
- 저널리즘의 독립과 높은 직업적 기준에 대한 요구의 중요성을 강조함
- 저널리즘이 이데올로기나 편견이 없다고 가정하는 것은 아니며, 저 널리즘의 시스템적 문제를 무시하는 것도 아님

↓

결론(❻~❼)

저널리즘에게 요구하는 것의 의의

- 편집 윤리의 중요성을 유지하기 위한 것임
- 대중의 신뢰를 얻기 위해 투명성이 필요함을 알리기 위한 것

전문 해석

❶오랫동안 자신을 민주적이고 개방적인 사회의 필수적인 지원 자라고 여겨온 언론인에게 허위 정보와 그릇된 정보는 그들의 평 판 이상의 것을 시험한다. ❷'정보 무질서'는 그들의 목적과 유효 성에 의문을 제기한다. ❸그것은 저널리즘의 독립 및 높은 직업 적 기준의 필요성에 대한 근본적인 중요성을 강조한다. ❹이것은 저널리즘이 지배적인 이데올로기나 그것(저널리즘)을 생산하는 사람들의 성별, 민족성, 언어적 분류, 계급 등 즉, 배경에서 발생 하는 편견으로부터 자유롭다고 가정하는 것은 아니다. ❺또한 소 유권, 비즈니스 모델, 구독자의 관심사, 예측 가능한 관료 및 홍보 출처의 뉴스 '망' 등의 제도적 맥락의 영향을 받는 시스템적 문제 를 무시하는 것도 아니다. ❻그러나 이는 취재를 위한, 그리고 그 들의 세계관과 맥락에 대한 언론인의 자기 성찰을 위한 지침으로 편집 윤리의 중요성을 유지하기 위한 것이다. ❼그것은 저널리즘 이 '어디에도 근거하지 않은 관점(객관적이고 한쪽에 치우치지 않은 중립적 관점)'이 아니라, 만약 보도되는 주제와 수반되는 관 점의 범위에 상관없이 검증 가능성과 공적 이익의 넓은 기준을 준수하고 있다고 대중이 믿으려면 투명성이 필요한 업이라는 것 을 알리기 위함이다.

지문 배경지식

information disorder(정보 무질서)

디지털 기술의 발달과 함께 빠른 속도 및 광범위한 범위로 퍼지 는, 진위 및 사실 여부를 파악하기 어려운 가짜 뉴스, 허위 정보, 잘못된 정보 등을 가리키며, 확대된 해석으로는 그러한 정보가 넘 쳐 나고 저널리즘에 대한 대중의 신뢰가 추락하고 있는 현상을 가리킨다.

구문 해설

❶ For journalists, [who have long regarded themselves as essential support players in democratic and open societies], [disinformation and misinformation] challenge more than their reputation.

첫 번째 [ ]는 journalists의 부가적인 정보를 제공하는 관계 절이며, 두 번째 [ ]는 문장의 주어 역할을 하는 명사구이다.

❸ It highlights [the fundamental importance of the need for {independence of journalism} and {high professional standards}].

[ ]는 highlights의 목적어 역할을 하는 명사구이며, 두 개 의 { }는 for의 목적어 역할을 하는 명사구로 and로 대등 하게 연결되어 있다.

Quick Check 빈칸 완성하기 / 주어진 말 어순 배열하기

❶ 'Information disorder' questions journalists' p_____ and e_____.

❷ [it, nor, ignore, does, the systemic issues] of the influence of institutional contexts of ownership, business models, audience interests, the news "net" of predictable bureaucratic and public relations sources, etc.

핵심
키워드 **application, games, pragmatic purposes, goals, civic attitudes**

❶Many works in game studies / dwell on the possibility / [to find real-life application
게임 연구의 많은 저서가 /　　가능성을 자세히 설명한다 /　　게임의 실생활 적용을 찾을 //
→ ~을 자세히 설명하다　　→ to부정사구(형용사적 용법)

for games]. // ❷[One of the examples of the desire / {to use games and play for pragmatic
바람의 예 중 하나는 /　　실용적인 목적으로 게임과 놀이를 사용하려는 /
명사구(주어)　　→ to부정사(형용사적 용법)

purposes}] / is gamification / — [turning something {which is considered to be
게임화이다 /　　고된 것으로 여겨지는 것을 바꾸는 것 //
동격　→ turn A into B: A를 B로 바꾸다　　관계절

arduous} / into an attractive activity / by giving it the hallmarks of a game]. // ❸Hence,
매력적인 활동으로 /　　그것에 게임의 특징을 부여함으로써 //　　　그러므로
→ = something which is considered to be arduous

games are used / not {for actual pleasure (fun)}, / but {as tools of accomplishing
게임은 사용된다 /　　실제의 즐거움(재미)이 아니라 /　　목표를 달성하기 위한 도구로 //
→ not A but B: A가 아니라 B　　병렬구조

goals}. // ❹Gamification techniques are commonly used / [to teach] or [in business] /
게임화 기법은 일반적으로 사용된다 /　　가르치기 위해서나 비즈니스에서 //
병렬구조

— [users of services such as {a job experience sharing site} or {an online payment
직업 경험 공유 사이트나 온라인 결제 시스템과 같은 서비스 사용자들은 /
명사구(주어)　→ ~과 같은　→ services의 예 1　→ services의 예 2

system}] / are encouraged to share information / [to acquire badges much like in video
정보를 공유하도록 권장된다 /　　비디오 게임에서와 아주 흡사하게 배지를 획득하기 위해 //
→ to부정사구(목적)

games]. // ❺Gamification has also found / [its application] / in shaping civic attitudes. //
게임화는 또한 발견해 왔다 /　　그것의 적용을 /　　시민의 태도 형성에 있어서 //
→ 명사구(found의 목적어)

❻For instance, in 2015 a British company installed / in city areas / [special bins with
예를 들어, 2015년에 영국의 한 회사는 설치했다 /　　시내에 /　　질문이 있는 특수 쓰레기통을 //
→ 명사구(installed의 목적어)

questions / {prompting the pedestrians to decide / ⟨who is the best one between the two
보행자들이 결정하도록 유도하는 /　　세계적으로 유명한 두 축구 선수 중 누가 최고인지를 //
→ 분사구　→ prompt ~ to ...: ~이 …하도록 유도하다　→ 명사절(decide의 목적어)

world-famous soccer players⟩}]; / the smokers participate in the game / by throwing
흡연자들은 게임에 참여한다 /　　담배꽁초를 버림으로써 //

their cigarette butts / into one of two separate "voting boxes." // ❼Hence, games and play
두 개의 별도 '투표함' 중 하나에 //　　따라서 게임과 놀이는 사용될 수 있다 /

can be used / not only to make laborious tasks more pleasurable, / but they can also be
힘든 일을 더 즐겁게 만드는 데뿐만 아니라 /　　그것들은 해결하는 데에도 사용될 수
→ not only A but (also) B: A뿐만 아니라 B도　　→ = games and play

used to address / social problems, such as littering. //
있다 /　　쓰레기 투기와 같은 사회 문제를 //

*arduous: 고된

어휘

□ application 적용. 응용　　□ pragmatic 실용적인　　□ gamification 게임화
□ hallmark 특징　　□ technique 기법　　□ pedestrian 보행자
□ laborious 힘든　　□ address 해결하다　　□ litter (쓰레기를) 투기하다

도입(❶~❷)

게임의 실생활 적용 연구

• 게임의 실생활 적용 가능성을 연구하는 많은 저서가 있음
• 고된 활동에 게임의 특징을 부여하여 매력적인 활동으로 바꿈

↓

전개 1(❸~❹)

교육이나 비즈니스에서 사용되는 게임화

• 게임이 목표를 달성하기 위한 도구로 활용됨
• 교육이나 비즈니스에서 사용되며 게임과 비슷한 보상이 부여됨

↓

전개 2(❺~❻)

시민의 태도를 형성하는 데 사용되는 게임화

• 게임이 시민의 태도를 형성하는 데 응용됨
• 대결 투표 형태를 빌려 담배꽁초 투기 문제를 해결함

↓

결론(❼)

게임과 놀이의 적용

게임과 놀이는 노동을 즐겁게 바꾸고 사회 문제를 해결하는 데 사용될 수 있음

지문 배경지식

gamification(게이미피케이션, 게임화)
game에 '~화하기'라는 의미의 접미사 'fication'을 붙여 만든 합성어로 2010년경부터 공식적으로 사용되기 시작했다. 게임이 아닌 것에 게임적 기법과 사고방식, 시스템 등을 사용하여 사람들의 흥미를 불러일으키고 몰입시키며, 문제를 해결하게 하는 과정 또는 기법을 일컫는다. 정책 관련, 교육, 미디어, 마케팅, 쇼핑 등의 분야에서 활발히 적용되고 있다.

구문 해설

❸ Hence, games are used **not** [for actual pleasure (fun)], **but** [as tools of accomplishing goals].

두 개의 [ ]는 '~이 아닌 …'이라는 의미의 「not ~ but …」으로 대등하게 연결된 전치사구이다.

❹ Gamification techniques are commonly used to teach or in business — users of services [**such as** a job experience sharing site or an online payment system] **are encouraged** to share information [to acquire badges much like in video games].

첫 번째 [ ]는 '~과 같은'이라는 의미의 「such as ~」가 사용되어 services의 구체적 예를 제시하고 있다. users of services가 encourage의 동작을 하는 주체가 아니라 대상이므로 수동태 are encouraged가 사용되었으며, 두 번째 [ ]는 동작의 목적을 나타내는 to부정사구이다.

전문 해석

❶게임 연구의 많은 저서가 게임의 실생활 적용을 찾을 가능성을 자세히 설명한다. ❷실용적인 목적으로 게임과 놀이를 사용하려는 바람의 예 중 하나는 게임화, 즉 고된 것으로 여겨지는 것을 게임의 특징을 부여함으로써 그것을 매력적인 활동으로 바꾸는 것이다. ❸이 때문에 게임은 실제의 즐거움(재미)이 아니라 목표를 달성하기 위한 도구로 사용된다. ❹게임화 기법은 일반적으로 가르치기 위해서나 비즈니스에서 사용되며, 이를테면 직업 경험 공유 사이트나 온라인 결제 시스템과 같은 서비스 사용자들은 비디오 게임에서와 아주 흡사하게 배지를 획득하기 위해 정보를 공유하도록 권장된다. ❺게임화는 또한 시민의 태도 형성에 있어서의 적용을 찾았다. ❻예를 들어, 2015년에 영국의 한 회사는 보행자들이 세계적으로 유명한 두 축구 선수 중 누가 최고인지를 결정하도록 유도하는 질문이 있는 특수 쓰레기통을 시내에 설치했고, 흡연자들은 두 개의 별도 '투표함' 중 하나에 담배꽁초를 버림으로써 게임에 참여했다. ❼따라서 게임과 놀이는 힘든 일을 더 즐겁게 만드는 데 사용될 수 있을 뿐만 아니라 쓰레기 투기와 같은 사회 문제를 해결하는 데에도 사용될 수 있다.

Quick Check 적절한 말 고르기 / 빈칸 완성하기

1️⃣ One of the examples of the desire to use games and play for pragmatic purposes is / are gamification — turning something which is considered to be arduous into an attractive activity by giving it / them the hallmarks of a game.

2️⃣ Hence, games and play can be used not only to make laborious tasks more p_____, but they can also be used to address s_____ problems, such as littering.

정답 1 is, it 2 (p)leasurable, (s)ocial

핵심 키워드 **luxury consumption, societal values, moral values, shape their choices, prevalence**

❶Luxury consumption is often used / as a means of expressing / [one's identity and
명품 소비는 자주 사용된다 /　　　　　　　　　　표현하는 수단으로 /　　　　　　　　　자신의 정체성과 가치관을
　　　　　　　　　　　　　　　　　　　　↑수단　　　　　　　　　　　　↑명사구(expressing의 목적어)

values]. // ❷As a result, / [shifts in societal values] can impact / [the luxury space]
가치관을 //　　결과적으로 /　　사회 가치관의 변화는 영향을 미칠 수 있다 /　　명품의 영역에 중요한 방식으로 //
　　　　　　　　　　↑명사구(주어)　　　　　　　　　　　　　　　↑명사구(impact의 목적어)

in important ways. // ❸In particular, / [the extent to which consumers prioritize core
중요한 방식으로 //　　특히 /　　소비자가 핵심 가치관을 우선시하는 정도는 /
　　　　　　　　　　　　　↑명사구(주어)　　　↑~하는 정도

values, / such as ethics and equality], / can shape [their choices of luxury items]. //
가치관을 /　　윤리와 평등과 같은 /　　그들의 명품 물품 선택에 영향을 미칠 수 있다 //
　↑─동격─↑　　　　　　　　　　　　　↑명사구(shape의 목적어)

❹[As sustainability is gaining popularity / as an important value], / novel forms of
지속 가능성이 인기를 얻으면서 /　　　　　중요한 가치로 /　　새로운 형태의 명품이 등장
↑부사절(비례)

luxury products have emerged, / such as [high-end electric cars] and [luxury vegan]
했다 /　　　　　　　　　　고급 전기 자동차, 명품 비건 패션 물품과 같은 //
　　　　　　　　　　↑~ 같은　　　　　　　　　　　↑병렬구조

fashion items. // ❺In addition, / high-status consumers' food choices reflect / not only
　　　　　　　　또한 /　　상류층 소비자의 식품 선택은 반영한다 /　　요리에 대한
　　　　　　　　　　　　　　　　　　　　　　not only A but also B: A뿐만 아니라 B도↑

culinary sophistication (being "foodies"), / but also moral considerations (being
세련된 지식('미식가' 되기)뿐만 아니라 /　　도덕적 고려(윤리적 소비자 되기)도 /

ethical consumers) / [that include {purchasing organic and local food} and {shopping
윤리적 소비자) /　　유기농 및 지역 식료품 구매 그리고 농산물 직매장에서 구매하기를 포함하는 //
　　　　　　　　　↑관계절　　　↑동명사구(include의 목적어) 1　　동명사구(include의 목적어) 2↑

at farmers' markets}]. // ❻In this regard, / [high culture capital tastes] / encompass
농산물 직매장에서 구매하기를 //　　이러한 점에서 /　　높은 문화 자본 취향은 /　　심미적 및 윤리적
　　　　　　　　　　　　　　　　　　　　　　　　↑명사구(주어)

both esthetic and ethical dimensions. // ❼Furthermore, recent research shows /
차원을 둘 다 포함한다 //　　　　　　　게다가, 최근 연구는 보여 준다 /
↑both A and B: A, B 둘 다

[that the prevalence of moral values in a country / can predict country-level luxury
한 국가의 도덕적 가치관의 우세가 /　　　　　　국가 수준의 명품 소비를 예측할 수 있다는 것을 //
↑명사절(shows의 목적어)

consumption]. // ❽For example, an analysis of 32 countries reveals / [that {per capita
　　　　　　　　예를 들어, 32개국을 분석한 결과는 보여 준다 /　　　　1인당 명품 지출이 더 높다는
　　　　　　　　　　　　　　　　　　　　　　　　　명사절(reveals의 목적어)↑　　↑명사절의 주어

luxury spending} is higher / in countries {where people support binding moral values
것을 /　　　　　　　사람들이 결속 기반 도덕 가치관(즉, 권위 존중, 내집단 충성, 순수성)을 지지하는 국가에서 /
　　　　　　　　　　↑관계절

(i.e., respect to authority, ingroup loyalty, and purity)} / to a greater extent / than they
(즉, 권위 존중, 내집단 충성, 순수성을) /　　　　　　　더 많은 정도로 /　　그들이 개인 기반
　　　　　　　　　　　　　　　　　　　　　　　　　　　　　↑~보다

do individualizing moral values (i.e., equality and welfare)]. //
도덕 가치관(즉, 평등과 복지)을 지지하는 것보다 //
↑= support

*culinary: 요리의

어휘
☐ prioritize 우선시하다　　☐ sustainability 지속 가능성　　☐ sophistication 세련된 지식, 교양
☐ esthetic 심미적인　　　　☐ prevalence 우세, 유행, 보급　　☐ per capita 1인당

도입(❶~❷)

정체성과 가치관을 표현하는 명품 소비

- 명품 소비가 자신의 정체성과 가치관을 표현하는 수단으로 사용됨
- 사회 가치관의 변화가 명품 분야에 영향을 미침

↓

전개 1(❸~❻)

가치관의 우선순위가 명품 선택에 미치는 영향

- 어느 가치관을 우선시하냐에 따라 선택하는 명품이 달라짐
- 높은 문화 자본 취향은 심미적 차원과 윤리적 차원을 포함함

↓

전개 2(❼~❽)

우세한 도덕 가치관에 따라 달라지는 명품 소비 지출

한 국가에서 어느 도덕적 가치관이 우세하냐에 따라 명품 소비 지출이 어떻게 될지 예측 가능함

전문 해석

❶명품 소비는 자주 자신의 정체성과 가치관을 표현하는 수단으로 사용된다. ❷결과적으로 사회 가치관의 변화는 명품의 영역에 중요한 방식으로 영향을 미칠 수 있다. ❸특히, 소비자가 윤리와 평등과 같은 핵심 가치관을 우선시하는 정도는 명품 물품 선택에 영향을 미칠 수 있다. ❹지속 가능성이 중요한 가치로 인기를 얻으면서 고급 전기 자동차, 명품 비건 패션 물품과 같은 새로운 형태의 명품이 등장했다. ❺또한, 상류층 소비자의 식품 선택은 요리에 대한 세련된 지식('미식가' 되기)뿐만 아니라 유기농 및 지역 식료품 구매 그리고 농산물 직매장에서 구매하기를 포함하는 도덕적 고려(윤리적 소비자 되기)도 반영하고 있다. ❻이러한 점에서 높은 문화 자본 취향은 심미적 및 윤리적 차원을 둘 다 포함한다. ❼게다가, 최근 연구는 한 국가의 도덕적 가치관의 우세가 국가 수준의 명품 소비를 예측할 수 있다는 것을 보여 준다. ❽예를 들어, 32개국을 분석한 결과 사람들이 개인 기반 도덕 가치관(즉, 평등과 복지)보다 결속 기반 도덕 가치관(즉, 권위 존중, 내집단 충성, 순수성)을 더 많은 정도로 지지하는 국가에서 1인당 명품 지출이 더 높다는 것을 보여 준다.

지문 배경지식

individualizing moral value(개인 기반 도덕 가치), binding moral value(결속 기반 도덕 가치)
미국의 심리학자인 Jonathan Haidt가 동료 연구자들과 같이 제안한 도덕성 기반 이론에 따르면 여러 도덕적 가치 중 집단의 가치와 이익보다는 개인의 권리 및 안녕을 중시하는 가치, 예를 들어 돌봄, 공정과 같은 가치를 개인 중시 도덕 가치라 하고 충성, 권위, 고귀함과 같은 집단의 유지에 관련되는 가치를 결속 중시 도덕 가치라고 한다.

구문 해설

❹ [**As** sustainability is gaining popularity as an important value], novel forms of luxury products have emerged, [**such as** high-end electric cars and luxury vegan fashion items].

첫 번째 [ ]는 '~함에 따라'의 의미를 갖는 접속사 As에 의해 유도되는 부사절이며, 두 번째 [ ]는 '~과 같은'이라는 의미의 「such as ~」가 사용되어 novel forms of luxury products의 구체적 예를 제시하고 있다.

❽ For example, an analysis of 32 countries reveals [that per capita luxury spending is higher in countries {where people support binding moral values (i.e., respect to authority, ingroup loyalty, and purity) to a greater extent} than they **do** individualizing moral values (i.e., equality and welfare)].

[ ]는 reveals의 목적어 역할을 하는 명사절이며, 그 안의 { }는 countries를 수식하는 관계절이다. do는 support를 대신하고 있다.

Quick Check T, F 고르기

1 Expensive electric cars and vegan fashion goods have begun to be regarded luxuries as sustainability has become an important moral value. T / F

2 People who support individualizing moral values spend more on luxuries than those who support binding moral values. T / F

정답 1 T 2 F

핵심 키워드 **consumers, decision-making, nudge, influence, positively, changes, benefit, facilitate, choice**

❶Consumers are more likely to rely on external information / [when decision-making
→ be likely to *do*: ~할 가능성이 있다
소비자는 외부 정보에 의존할 가능성이 더 높다
부사절(시간)
결정을 내리는 것이 복잡할 때 //

is complex]. // ❷This would also include [aspects / such as word of mouth (in person
= external information   명사구(include의 목적어)
이것은 또한 측면을 포함할 것이다 /   (대면 또는 온라인으로 전해지는) 입소문 또는 후기 읽기와

or online) or reading reviews]. // ❸[The premise of nudge theory] / is [that people
같은 //   주어   명사절(주격 보어)
넛지 이론의 전제는 /   사람들(소비자)이 긍정적인

(consumers) can be influenced positively {to make small changes / ⟨that either benefit
to부정사의 부사적 용법(결과)   관계절   either A or B: A 또는 B
영향을 받아 작은 변화를 일으킬 수 있다는 것이다 /   자신 또는 더 넓은 사회에 이로운 //

themselves or wider society⟩}]. // ❹As such, the UK and US governments have been
따라서   현재완료 수동태(have been p.p.)
따라서 영국과 미국 정부는 관심을 기울여 왔다

interested / in utilising nudge theory / [to influence good citizenship]. // ❺The theory
to부정사구(목적)
넛지 이론을 활용하는 데 /   선량한 시민 의식에 영향을 주기 위해 //   그 이론은 시사한다 /

suggests / [that decisions can be nudged / by choice architecture, / {where information
명사절(suggests의 목적어)   관계절(choice architecture를 추가적으로 설명)
결정이 (특정 방향으로) 몰아질 수 있다는 것을 /   선택 설계에 의해 /   결정의 결과에 대한 정보가

on the outcomes of decisions is provided / to facilitate choice}]. // ❻Within free-market
제공되는 /   선택을 용이하게 하기 위해 //   자유 시장 경제학 안에서는 /

economics, / [the freedom for choice] is crucial; / so, for example, consumers may
명사구(주어)
선택의 자유가 매우 중요하다 /   그래서 예를 들어, 소비자는 장려될 수 있다 /

be encouraged / to choose fruit / rather than confectionary / in shops / by putting [the
~보다는   putting의 목적어 1
과일을 선택하도록 /   사탕 과자보다는 /   상점에서 /   과일을 눈높이에 놓음으로써 /

fruit] at eye level / and [the sweet treats] further down. // ❼Often, [to simplify choice], /
putting의 목적어 2   to부정사구(목적)
그리고 달콤한 간식은 더 아래에 (놓음으로써) //   흔히, 선택을 단순화하기 위해 /

consumers [opt for the default choice] / or [purchase the same brands or products] /
~을 선택하다   병렬구조
소비자는 기본 선택지를 선택한다 /   또는 동일한 브랜드나 제품을 구매한다 /

[until something changes, such as the recipe or price]. // ❽This is referred to as the
부사절(시간)   ~과 같은   be referred to as: ~이라고 언급되다
요리법이나 가격과 같은 무언가가 바뀔 때까지 //   이는 '현상 유지 편향'이라고 언급된다 /

'status quo bias', / and the theory implicates / [that poor choices are a consequence
명사절(implicates의 목적어)
그리고 그 이론은 암시한다 /   잘못된 선택이 불충분한 정보의 결과라고

of insufficient information / or when consumers are unaware of the consequences]. //
be unaware of: ~을 인식하지 못하다
혹은 소비자가 그 결과를 인식하지 못하는 때(의 결과라고) //

❾[Summed up], / nudge theory states / [that consumers {should have choice}, / but
분사구문   명사절(states의 목적어)   병렬구조
요약하자면 /   넛지 이론은 분명하게 말한다 /   소비자가 선택권을 가져야 한다 /   그러나

{should ⟨be well informed of the implications⟩ / and ⟨have equal alternative options /
그 영향에 대한 충분한 정보를 제공받아야 한다 /   그리고 동등한 대체 가능한 선택안을 가져야 한다 /

병렬구조

to make better choices for wider societal good⟩}]. //
더 넓은 사회적 이익을 위해 더 나은 선택을 하기 위해 //

*nudge: 넛지, 쿡 찌르기; 쿡 찌르다, (특정 방향으로 살살) 몰다   **confectionary: 사탕 과자, 단 과자

어휘

☐ rely on ～에 의존하다
☐ word of mouth 입소문, 구전
☐ benefit (～에게) 이롭다
☐ citizenship 시민 의식
☐ facilitate 용이하게 하다
☐ default (컴퓨터 용어로) 기본의
☐ consequence 결과
☐ implication 영향, 암시

☐ external 외부의
☐ premise 전제
☐ as such 따라서, 그러므로
☐ architecture 설계
☐ crucial 매우 중요한
☐ recipe 요리법
☐ insufficient 불충분한
☐ alternative 대체 가능한, 대안이 되는

☐ aspect 측면
☐ influence 영향을 미치다; 영향
☐ utilise 활용하다
☐ outcome 결과
☐ simplify 단순화하다
☐ be referred to as ～이라고 언급되다
☐ sum up 요약하다

도입(❶~❷)
외부 정보에 의존하는 소비자 결정
• 소비자는 외부 정보에 의존하여 결정을 내림 • 입소문이나 후기 읽기도 이에 해당함

전개(❸~❽)
사회적 이익에 따르는 소비자 선택 설계
• 넛지 이론: 소비자가 외부 영향을 받아 자신과 사회에 이로운 변화를 일으킬 수 있음 • 넛지 이론을 활용하여 시민 의식에 영향을 주고자 하는 움직임 • 결정 결과에 따른 정보를 제공하고 선택 설계를 통한 소비자의 결정을 유도함

마무리(❾)
넛지 이론의 정리
• 소비자에게 선택권을 주되, 결과에 대한 정보도 제공함 • 더 넓은 사회적 이익을 위해 더 나은 선택을 할 수 있는 동등한 대안을 제공할 필요가 있음

전문 해석

❶소비자는 결정을 내리는 것이 복잡할 때 외부 정보에 의존할 가능성이 더 높다. ❷이것은 (대면 또는 온라인으로 전해지는) 입소문이나 또는 후기 읽기와 같은 측면도 포함할 것이다. ❸넛지 이론의 전제는 사람들(소비자)이 긍정적인 영향을 받아 자신이나 더 넓은 사회에 이로운 작은 변화를 일으킬 수 있다는 것이다. ❹따라서 영국과 미국 정부는 선량한 시민 의식에 영향을 주기 위해 넛지 이론을 활용하는 데 관심을 기울여 왔다. ❺그 이론은 결정의 결과에 대한 정보를 제공하여 선택을 용이하게 하는 선택 설계에 의해 결정이 (특정 방향으로) 몰아질 수 있다는 것을 시사한다. ❻자유 시장 경제학 안에서는 선택의 자유가 매우 중요하므로, 예를 들어 과일을 눈높이에 두고 달콤한 간식은 더 아래에 두어 소비자가 상점에서 사탕 과자 대신 과일을 선택하도록 장려될 수 있다. ❼흔히, 선택을 단순화하기 위해 소비자는 요리법이나 가격과 같은 무언가가 바뀔 때까지 기본 선택지를 고르거나 동일한 브랜드나 제품을 구매한다. ❽이는 '현상 유지 편향'이라고 언급되며, 그 이론은 잘못된 선택이 정보가 불충분하거나 소비자가 그 결과를 인식하지 못하는 경우의 결과라는 것을 암시한다. ❾요약하자면, 넛지 이론은 소비자가 선택권을 가지되, 그 영향에 대한 충분한 정보를 제공받아야 하며, 더 넓은 사회적 이익을 위해 더 나은 선택을 할 수 있도록 동등한 대체 가능한 선택안이 있어야 한다고 분명하게 말한다.

nudge theory(넛지 이론)
행동 경제학자인 Richard H. Thaler와 법률학자 Cass Sunstein의 저서 *Nudge*에서 대중화된 개념으로 행동 경제학, 정치 이론 및 행동 과학 분야에서 주로 쓰인다. 직접적 규제 또는 명시적 제시와 다르게, 간접적인 제안과 긍정적 강화를 통해 개인의 행동과 의사 결정에 변화를 일으키는 긍정적 영향을 제시하는 방법을 설명한다.

구문 해설

❸ The premise of nudge theory is [that people (consumers) can be influenced positively to make small changes {that either benefit ⟨themselves⟩ or ⟨wider society⟩}].

[ ]는 주격 보어 역할을 하는 명사절이며, 그 안의 { }는 small changes를 수식하는 관계절이다. 두 개의 ⟨ ⟩는 or로 대등하게 연결되어 benefit의 목적어 역할을 한다.

❾ [Summed up], nudge theory states [that consumers {should have choice}, but {should ⟨be well informed of the implications⟩ and ⟨have equal alternative options to make better choices for wider societal good⟩}].

첫 번째 [ ]는 nudge theory를 의미상 주어로 하는 분사구문이며, 두 번째 [ ]는 states의 목적어 역할을 하는 명사절이다. 그 안의 두 개의 { }는 but으로 대등하게 연결되어 명사절의 술어 역할을 하며, 두 개의 ⟨ ⟩는 and로 대등하게 연결되어 should에 이어진다.

Quick Check 주어진 말 어순 배열하기 / 빈칸 완성하기

❶ The UK and US governments have been interested in [nudge theory, citizenship, utilising, good, influence, to].

❷ Nudge theory suggests that decisions can be nudged by choice architecture, where i_____ on the outcomes of decisions is provided to f_____ choice.

정답 1 utilising nudge theory to influence good citizenship 2 (i)nformation, (f)acilitate

실전편

실전모의고사 5회

핵심 키워드 **elevator, renovation, relying on the elevators, delay**

Dear Residents of Garing Apartments,
Garing 아파트 주민께

❶Last month, / we announce / [that the elevators at Garing Apartments would
지난달 / 저희는 알렸습니다 / → 명사절(announced의 목적어) Garing 아파트의 승강기가 보수를 받을 것이라고 /

undergo renovation / from 1st September to 22nd September]. // ❷[Although the
9월 1일부터 9월 22일까지 // → 부사절(양보) 현재 승강기는 운행 가능

elevators are currently operational], / considering their 15 years of use, / we decided /
하지만 → replace ~ with ...: ~을 ...으로 교체하다 → ~을 고려하여 → = elevators 15년의 사용 기간을 고려하여 / 우리는 결정했습니다 /

to replace them with upgraded ones. // ❸However, [due to several residents {relying
개선된 승강기로 교체하기로 // → = elevators 전치사구 → ~ 때문에 → 분사구 하지만 승강기에 의존하는 여러 입주자들 때문에 /

on the elevators / for health or physical reasons}], / we have decided / to delay the
건강이나 신체적 이유로 / 저희는 결정했습니다 / 교체 공사를 미루기로 /

replacement work / [until we make necessary arrangements / during this period]. // ❹We
→ 부사절(시간) 저희가 필요한 준비를 해 둘 때까지 / 이 기간 동안 // 저희는

are currently discussing possible solutions, / including arranging temporary first-floor
현재 가능한 해결책을 논의하고 있습니다 / → ~을 포함하여 임시 1층 거주지를 마련하는 것을 포함하여 /

residences / for those with mobility concerns. // ❺We apologize for this change / and
이동성에 문제가 있는 분들을 위해 // 저희는 이번 변경에 대해 사과드립니다 / 그리고

will announce the exact repair period / [as soon as arrangements are finalized]. // ❻Your
정확한 수리 기간을 공지하겠습니다 / → 부사절(시간) → ~하자마자 준비가 완료되는 대로 // 여러분의

cooperation and patience are greatly appreciated. //
협조와 인내에 깊은 감사를 드립니다 //

Regards,

Garing Apartments Management
Garing 아파트 관리소 드림

어휘

- □ resident 주민
- □ announce 알리다, 공지하다
- □ undergo 받다, 겪다
- □ renovation 보수
- □ currently 현재
- □ operational 운행 가능한
- □ replace 교체하다
- □ upgraded 개선된
- □ rely on ~에 의존하다
- □ delay 미루다
- □ arrangement 준비
- □ temporary 임시의
- □ mobility 이동성
- □ cooperation 협조, 협력
- □ patience 인내(심)
- □ appreciate 감사하다

도입(❶~❷)

예정된 승강기 교체 공사

기존 아파트 승강기의 오랜 사용 기간으로 인해 개선된 승강기로 교체를 결정함

↓

전개(❸~❹)

입주자의 사정에 따른 공사 연기

· 건강이나 신체적 이유로 승강기에 의존하는 입주자들이 있음
· 필요한 조치가 완료될 때까지 공사를 연기할 것을 알림

↓

마무리(❺~❻)

사과와 감사

· 사과와 재공지를 안내함
· 협조와 인내심에 감사를 표함

구문 해설

❶ Last month, we announced [that {the elevators at Garing Apartments} would undergo renovation **from** 1st September **to** 22nd September].

[ ]는 announced의 목적어 역할을 하는 명사절이며, { }는 명사절의 주어 역할을 하는 명사구이다. 'A부터 B까지'라는 의미의 「from A to B」가 사용되었다.

❺ We [apologize for this change] and [will announce the exact repair period **as soon as** arrangements are finalized].

두 개의 [ ]는 We를 주어로 하는 술어로, and로 대등하게 연결되어 있다. '~하자마자'라는 의미의 「as soon as ~」가 사용되었다.

전문 해석

Garing 아파트 주민께
❶지난달, 저희는 9월 1일부터 9월 22일까지 Garing 아파트의 승강기 보수가 있을 예정임을 알려 드린 바 있습니다. ❷현재 승강기는 운행 가능하지만, 15년의 사용 기간을 고려하여 개선된 승강기로 교체하기로 결정했습니다. ❸하지만 건강이나 신체적 이유로 승강기에 의존하는 여러 입주자들이 계시기 때문에 이 기간 동안 필요한 준비를 해 둘 때까지 교체 공사를 미루기로 결정했습니다. ❹현재 이동성에 문제가 있는 분들을 위해 임시 1층 거주지를 마련하는 것을 포함하여 가능한 해결책을 논의하고 있습니다. ❺이번 변경에 대해 사과드리며 정확한 수리 기간을 준비가 완료되는 대로 공지해 드리겠습니다. ❻여러분의 협조와 인내에 깊은 감사를 드립니다.
Garing 아파트 관리소 드림

Quick Check T, F 고르기

❶ The elevators at Garing apartments are not working due to their extended use. T / F
❷ The necessary arrangements for those with mobility concerns have not been decided yet. T / F

정답 1 F 2 T

핵심 키워드 **windsurfing, rescued, hopeless, a young boy, smile, try**

❶I was sitting on Silver Rock Beach, / [my nose dripping all the saltwater / {I had
나는 Silver Rock 해변에 앉아 있었다 /　　　　　　　　　내 코는 모든 바닷물을 뚝뚝 떨어뜨리며 /　　　　　　　내가

inhaled}]. // ❷I had come to learn windsurfing / and I had just spent my first session
들이마신 //　　　　　　나는 윈드서핑을 배우러 왔다 /　　　　　그리고 첫 번째 시간을 그저 구조되는 데 보냈다 //

being rescued. // ❸There was no way [I could lift the sail] / and I was quickly being
　　　　　　　　　　　　　　내가 돛을 들어 올릴 방법은 없었다 /　　　　　그리고 나는 순식간에 떠밀려 가고 있었다 /

carried / farther down the shoreline. // ❹I was hopeless against the waves. // ❺Finally,
　　　　　해안선 아래로 더 멀리 //　　　　　　　　파도와 대항하며 나는 절망적이었다 //　　　　　　마침내

the shop sent out someone / [to help me]. // ❻[Not daring to try again], / [sitting on the
가게에서 사람을 보냈다 /　　　　　나를 도와줄 //　　　　　다시 시도할 엄두를 못 내고 /　　　　　백사장에 앉아 /

white sand], / I began to watch a young boy [jump in the waves]. // ❼He tried to swim, /
　　　　　　　나는 어린 소년이 파도에 뛰어드는 것을 지켜보기 시작했다 //　　　　그는 수영을 하려고 노력했다 /

[his arms and legs slapping out of control]. // ❽After each attempt, / he pulled his head
그의 팔과 다리가 통제 불능으로 (바닷물을) 때리면서 //　　　　　각각의 시도 이후 /　　　　　그는 머리를 들어 올리고 웃었다 //

up and smiled. // ❾He was anxious but strong-willed. // ❿His smile grew even wider /
　　　　　　　　　그는 불안해했지만 의지가 강했다 //　　　　　　그의 웃음은 훨씬 더 커졌다 /

[as he tried again and again]. // ⓫I grabbed my gear, / and walked back into shore break. //
그가 반복해서 시도하면서 //　　　　　나는 장비를 붙잡았다 /　　　　그리고 다시 해안가 인근에서 부서지는 파도로 걸어 들어갔다 //

⓬I looked at the waves and decided / [I would try this again, / smiling no matter what]. //
나는 파도를 바라봤고 결심했다 /　　　　　나는 이것을 다시 시도할 것을 /　　　　무슨 일이 있어도 웃으며 //

⓭The boy's smile gave me all the buoyancy / [I needed to try again]. //
그 소년의 웃음이 나에게 모든 부력을 주었다 /　　　　내가 다시 시도하는 데 필요한 //

*shore break: 해안가 인근에서 부서지는 파도　**buoyancy: 부력

어휘

□ drip 뚝뚝 떨어뜨리다　　　□ inhale 들이마시다　　　□ session 시간, 기간

□ rescue 구조하다, 구출하다　　□ sail 돛　　　　　　　□ shoreline 해안선

□ hopeless 절망적인　　　　　□ dare (~할) 용기가 있다　□ slap (철썩) 때리다, 치다

□ strong-willed 의지가 강한　　□ grab 붙잡다　　　　　　□ gear 장비

도입()

해변에 앉아 있는 나

바닷물을 떨어뜨리며 Silver Rock Beach에 앉아 있는 나

↓

전개(❷~❻)

어려운 윈드서핑

• 윈드서핑을 배우러 왔지만 떠내려가다 구조됨
• 다시 시도할 용기가 나지 않음

↓

전개(❼~⓫)

수영을 시도하는 소년

• 수영을 못하지만 웃으면서 계속 시도하는 소년을 봄
• 다시 장비를 붙잡은 나

↓

결말(⓬~⓭)

나의 굳은 의지

그 소년처럼 웃으며 다시 시도하고자 결심함

전문 해석

❶내가 들이마신 모든 바닷물을 코로 뚝뚝 떨어뜨리며 나는 Silver Rock 해변에 앉아 있었다. ❷나는 윈드서핑을 배우러 왔는데 첫 번째 시간을 그저 구조되는 데 보냈었다. ❸나는 돛을 들어 올릴 수가 없었고 순식간에 해안선 아래로 더 멀리 떠밀려 가고 있었다. ❹파도와 싸우며 나는 절망적이었다. ❺마침내 가게에서 나를 도와줄 사람을 보냈다. ❻다시 시도할 용기가 나지 않아 백사장에 앉아 나는 어린 소년이 파도에 뛰어드는 것을 지켜보기 시작했다. ❼그는 수영을 하려고 노력했는데 그의 팔과 다리가 통제 불능으로 (바닷물을) 때리고 있었다. ❽각각의 시도 이후 그는 머리를 들어 올리고 웃었다. ❾그는 불안해했지만, 의지가 강했다. ❿반복해서 시도하면서 그의 웃음은 훨씬 더 커졌다. ⓫나는 장비를 붙잡고 다시 해안이 인근에서 부서지는 파도 속으로 걸어 들어갔다. ⓬나는 파도를 바라봤고 무슨 일이 있어도 웃으며 이것을 다시 시도하기로 결심했다. ⓭그 소년의 웃음이 내가 다시 시도하는 데 필요한 모든 부력을 내게 주었다.

지문 배경지식

windsurfing(윈드서핑)
작은 보드 위에 돛대를 세우고 바람을 받으며 파도를 타는 수상 스포츠이다.

구문 해설

❻ [Not daring to try again], [sitting on the white sand], I began [to watch a young boy {jump in the waves}].

첫 번째와 두 번째 [ ]는 I를 의미상의 주어로 하는 분사구문으로 주절의 부수적인 상황을 나타낸다. 세 번째 [ ]는 began의 목적어 역할을 하는 to부정사구이며, 그 안의 { }는 watch의 목적격 보어 역할을 하는 원형부정사구이다.

⓭ The boy's smile gave me all the buoyancy [I needed to try again].

[ ]는 all the buoyancy를 수식하는 관계사가 생략된 관계절이다.

Quick Check T, F 고르기

❶ While being carried farther down the shoreline, I struggled to return to the beach and finally I succeeded on my own. T / F
❷ The boy who tried to swim at the beach showed his disappointment because he couldn't do it. T / F

정답 1 F 2 F

핵심
키워드 **urban planning, the health and quality of life, citizens, priority**

❶ → 명사구(주어)
[The urban planning movement], / [like the public health movement], / evolved as
도시 계획 운동은 / 공중 보건 운동과 마찬가지로 / 상황에 대한 대응

→ ~에 대한 대응, 반응 → 분사
a response to conditions / in the rapidly expanding cities / of nineteenth-century Europe. //
으로 발전했다 / 급속히 팽창하는 도시의 / 19세기 유럽의 //

❷ → 명사구(주어) the effects of ~ on ...: ~이 …에 미치는 영향
[The effects of poor-quality and unsanitary housing / on the health of factory
질이 열악하고 비위생적인 주택의 영향 / 공장 근로자의 건강에 미치는

→ 분사구 → give rise to: ~이 생기게 하다
workers / {supporting the growing industrial economy}] / gave rise to / a new group of
성장하는 산업 경제를 뒷받침하는 / 생기게 했다 / 관심을 두는 새로운 직업군을 /

→ 분사구
professions [concerned with / improving the health and quality of life of citizens]. //
└→ ~에 관심을 두는 시민의 건강과 삶의 질 증진에 //

❸ → 병렬구조
Much has happened / in {urban planning} and {public health} / since those early days, /
많은 일이 일어났다 / 도시 계획과 공중 보건에서 / 그러한 초창기 이후 /

→ 비교급 강조
and we now know much more / about the determinants of health. // ❹Nevertheless, since
그리고 이제 우리는 훨씬 더 많이 알고 있다 / 건강의 결정 요인에 대해 // 그럼에도 불구하고 그 시기 이후로 /

→ 명사구(주어) → between A and B: A와 B 사이에
that time, / [the links {between urban planning and health}] / have become increasingly
도시 계획과 건강 사이의 연관성은 / 점점 더 저평가되고, 무시되며, 아마도 심지어

→ 병렬구조 → 명사구(주어)
{undervalued}, {ignored} and perhaps even {forgotten}. // ❺[The planning systems
잊혀 왔다 // 유럽의 계획 시스템은 / to부정사구
(형용사적 용법)

→ focus on: ~에 집중하다 → to부정사구
of Europe] / have focused more and more on the built environment / as a means / [to
건조 환경에 점점 더 집중하여 왔다 / 수단으로의 / 좁게

→ 분사 → 분사구문(삽입)
achieve a narrowly defined version of an efficient city], / [promoting short-term
정의된 버전의 효율적인 도시를 달성하기 위한 / 단기적인 재정적 이득을 증진하면서 /

→ (결국) ~에 해를 끼치며 → 명사구(주어)
financial gain], / to the detriment of the inhabitants. // ❻[The health and quality of life
주민들에게 해를 끼치며 // 시민의 건강과 삶의 질은 /

not A but B: A가 아니라 B
of the citizens] / need to be given priority / throughout Europe. // ❼This should not be
우선권이 주어질 필요가 있다 / 유럽 전역에서 // 이는 때늦은 생각이거나 또는

→ 형용사구
an afterthought or a peripheral activity / but an approach / [compatible with sustainable
주변적인 활동이면 안된다 / 그러나 접근 방식(이어야 한다) / 지속 가능한 경제 성장과 양립할 수 있는 /

→ 관계절(an approach compatible with sustainable economic growth를 추가적으로 설명)
economic growth], / [where the needs of a city's people are truly at the centre of urban
도시 사람들의 요구가 도시 계획의 진정 중심에 있는 //

planning]. //

*detriment: 해, 손상 **peripheral: 주변적인

어휘

- □ determinant 결정 요인
- □ inhabitant 거주민
- □ undervalue 저평가하다
- □ priority 우선(권)
- □ built environment (자연환경과 대비되는) 건조 환경
- □ afterthought (일이 끝난 뒤에 나는) 때늦은 생각

도입(❶)

도시 계획 운동의 발전

19세기 유럽 도시 상황에 대한 대응으로 발전한 도시 계획 운동

↓

전개(❷~❺)

저평가된 도시 계획과 건강 사이의 연관성

• 주거 조건이 공장 근로자의 건강에 미치는 영향에 관심을 두게 됨
• 도시 계획과 공중 보건의 발전에도 불구하고 도시 계획과 건강 사이의 연관성은 저평가되고 무시되며 잊힘
• 단기적 재정적 이득을 위한 도시 계획에 집중함

↓

결론(❻~❼)

우선권이 주어져야 하는 시민의 건강과 삶의 질

• 시민의 건강과 삶의 질에 우선권이 주어질 필요가 있음
• 도시 사람들의 요구가 도시 계획의 진정 중심에 있는 접근 방식이어야 함

전문 해석

❶도시 계획 운동은 공중 보건 운동과 마찬가지로 급속히 팽창하는 19세기 유럽 도시의 상황에 대한 대응으로 발전했다. ❷질이 열악하고 비위생적인 주택이 성장하는 산업 경제를 뒷받침하는 공장 근로자의 건강에 미치는 영향은 시민의 건강과 삶의 질 증진에 관심을 두는 새로운 직업군이 생기게 했다. ❸그러한 초창기 이후 도시 계획과 공중 보건에서 많은 일이 일어났으며, 이제 우리는 건강의 결정 요인에 대해 훨씬 더 많이 알고 있다. ❹그럼에도 불구하고 그 시기 이후로 도시 계획과 건강 사이의 연관성은 점점 더 저평가되고, 무시되며, 아마도 심지어 잊혀 왔다. ❺유럽의 계획 시스템은 단기적인 재정적 이득을 증진하며 좁게 정의된 버전의 효율적인 도시를 달성하기 위한 수단으로의 건조 환경에 점점 더 집중하여 왔고, 결국 주민들에게 해를 끼쳤다. ❻유럽 전역에서 시민의 건강과 삶의 질에 우선권이 주어질 필요가 있다. ❼이는 때늦은 생각이거나 주변적인 활동이 아니라 도시 사람들의 요구가 도시 계획의 진정 중심에 있는, 지속 가능한 경제 성장과 양립할 수 있는 접근 방식이어야 한다.

지문 배경지식

19세기 유럽 도시의 상황

19세기에 산업 혁명이 본격화되면서 일자리를 찾기 위해 사람들이 도시로 모여들게 되었고, 영국의 경우 18세기에 런던의 인구는 영국 전체 인구의 1/10이었으나 19세기 후반에는 영국 인구의 약 1/5이 런던에 거주하게 되었다. 한정된 공간에 지속적인 인구 유입으로 인해 제대로 된 거주 공간은 매우 부족했으며, 열악한 위생 상태로 인해 도시 속 삶의 질은 하락했다. 이는 영국만의 문제가 아니었는데 19세기 전반기 프랑스의 경우, 파리의 서민 주택이 오스만 사업의 주 철거 대상으로 파괴되며 부르주아 저택이 그 자리를 대신해 노동자를 위한 새로운 주택은 오히려 줄어들었으나, 19세기 중반 파리 거주민들은 프랑스 전체 인구의 26%에 해당하였다.

구문 해설

❹ Nevertheless, since that time, [the links between urban planning and health] have become increasingly [undervalued], [ignored] and [perhaps even forgotten].

첫 번째 [ ]는 주어 역할을 하는 명사구이며, 두 번째, 세 번째, 네 번째 [ ]는 보어 역할을 하는 분사(구)로 콤마와 and로 대등하게 연결되어 있다.

❼ This should not be [an afterthought or a peripheral activity] but [an approach {compatible with sustainable economic growth}, {where the needs of a city's people are truly at the centre of urban planning}].

두 개의 [ ]는 문장의 보어 역할을 하는 명사구로 but으로 대등하게 연결되어 있다. 첫 번째 { }는 an approach를 수식하는 형용사구이고, 두 번째 { }는 an approach compatible with sustainable economic growth의 부가적인 정보를 제공하는 관계절이다.

Quick Check 적절한 말 고르기 / 빈칸 완성하기

❶ The effects of poor-quality and unsanitary housing on the health of factory workers support / supporting the growing industrial economy gave rise to a new group of professions concerned with improving the health and quality of life of citizens.

❷ The health and quality of life of the citizens need to be given p_____ throughout Europe.

정답 1 supporting 2 (p)riority

핵심
키워드 **social media sites, curated feed, fit, preference, filter bubble, withhold, information**

❶Today, [social media sites] decide / [the newsfeed for their users] / by way of
오늘날 소셜 미디어 사이트는 결정한다 /   그것의 사용자를 위한 뉴스 피드를 /   알고리즘의 방식을

algorithms. // ❷In particular, certain social media companies / [filter the stream of
통해 //   특히 특정 소셜 미디어 회사는 /   이용 가능한 뉴스 스트림을 거른다 /

available news] / and [present their users with a curated feed]. // ❸The details of the
그리고 사용자에게 큐레이트된 피드를 제공한다 /   큐레이션 알고리즘의 세부 사항은 /

curation algorithm / [are unknown to users] / and [undergo frequent changes]. // ❹[What
사용자에게 알려지지 않는다 /   그리고 빈번한 변경을 겪는다 //   알려진

is known] / is [that the algorithm {favors information / ⟨that fits the user's profile of
것은 /   알고리즘은 정보를 선호한다 /   사용자의 선호도 프로필에 딱 맞는 /

preferences⟩} / and {withholds information ⟨that does not⟩}]. // ❺[The resulting filter
그리고 그렇지 않은 정보는 보류한다 //   그 결과로 초래된 필터 버블은 /

bubble] / presents largely consistent information / [that reinforces the user's worldview] /
대체로 일관된 정보를 제공한다 /   사용자의 세계관을 강화하는 /

and presents few challenges, / [leaving users {confident that their own views are
그리고 문제를 거의 제공하지 않는다 /   사용자가 자신의 견해가 옳다고 확신하게 하면서 /

correct / and the views of others at best mistaken / and at worst malevolent}]. // ❻Many
그리고 다른 사람의 견해는 기껏해야 잘못됐다고 /   그리고 최악의 경우 악의적인 것이라고 //   많은

observers suspect / [that such filter bubbles contributed / to the outcome of the 2016
관찰자들은 의심한다 /   이러한 필터 버블이 기여했다고 /   2016년 브렉시트 투표 결과에 //

Brexit vote. // ❼[Combined with the natural homophily / of human social networks, /
자연스러운 동종 선호와 결합하여 /   인간 소셜 네트워크의 /

{where individuals are usually befriended / with likeminded and similar others}], / [filter
개인이 주로 친구가 되는 /   비슷한 생각을 가지고 비슷한 사람들과 /   필터

mechanisms] can create / powerful homogeneous networks / [in which content {that fits
메커니즘은 만들 수 있다 /   강력한 동질적인 네트워크를 /   구성원들의 가치관과 규범에 딱 맞는 콘텐츠가 /

the members' values and norms} / stands a higher chance of being communicated]. //
의사 전달될 가능성이 더 높은 /

❽Critically, [information {shared within such bubbles}] / may travel like a piece of sound
결정적으로, 이러한 버블 안에서 공유되는 정보는 /   마치 반향실의 소리 조각처럼 전파될지도 모른다 /

in an echo chamber, / [allowing isolated voices to sound like a chorus]. //
allow ~ to do: ~이 …하게 하다   고립된 목소리를 합창처럼 들리게 하면서 //

*malevolent: 악의적인   **homophily: 동종 선호

어휘
☐ curate 큐레이터 역할을 하다, 엄선하여 제시하다   ☐ undergo 겪다   ☐ withhold 보류하다
☐ reinforce 강화하다   ☐ likeminded 생각이 비슷한   ☐ homogeneous 동질적인

도입(❶~❷)

큐레이션 알고리즘을 통해 제공되는 뉴스 피트

소셜 미디어 사이트는 사용자에 맞게 엄선된 뉴스 피트를 제공함

↓

전개(❸~❼)

필터 버블로 인해 생기는 정보 편향성

- 사용자의 선호도에 맞게 주어진 정보는 필터 버블을 생성함
  → 사용자의 세계관을 강화하고 다른 정보는 거의 제시하지 않음
- 가치관과 규범이 동질적인 네트워크를 형성함

↓

부연(❽)

한정된 정보가 다수의 의견처럼 보이는 착각

필터 버블과 이러한 네트워크 안에서 공유되는 정보는 한정적이나 마치 전체의 의견 같은 착각을 줌

전문 해석

❶오늘날 소셜 미디어 사이트는 알고리즘을 통해 그것의 사용자를 위한 뉴스 피드를 결정한다. ❷특히 특정 소셜 미디어 회사는 이용 가능한 뉴스 스트림을 걸러서 사용자에게 큐레이트된 피드를 제공한다. ❸큐레이션 알고리즘의 세부 사항은 사용자에게 알려지지 않으며 빈번한 변경을 겪는다. ❹알려진 바에 따르면 알고리즘은 사용자의 선호도 프로필에 딱 맞는 정보를 선호하고 그렇지 않은 정보는 보류한다. ❺그 결과로 초래된 필터 버블은 사용자의 세계관을 강화하고 문제 제기를 거의 제시하지 않는 대체로 일관된 정보를 제공하여 사용자는 자신의 견해가 옳고 다른 사람의 견해는 기껏해야 잘못되거나 최악의 경우 악의적인 것이라고 확신하게 된다. ❻많은 관찰자들은 이러한 필터 버블이 2016년 브렉시트 투표 결과에 기여했다고 의심한다. ❼필터 메커니즘은 개인이 비슷한 생각을 가진 비슷한 사람들과 주로 친구가 되는 인간 소셜 네트워크의 자연스러운 동종 선호와 결합하여, 구성원들의 가치관과 규범에 딱 맞는 콘텐츠가 전달될 가능성이 더 높은 강력한 동질적인 네트워크를 만들 수 있다. ❽결정적으로, 이러한 버블 안에서 공유되는 정보는 마치 반향실의 소리 조각처럼 전파될지도 모르며, 고립된 목소리를 합창처럼 들리게 한다.

---

curation(큐레이션)

콘텐츠를 내용과 목적 등에 맞게 엄선, 분류하고 배포하는 것 또는 그렇게 분류된 내용의 집합체를 가리킨다. 큐레이터는 미술관이나 박물관의 전시 책임자를 일컫는 말이며, 작품을 수집, 보관, 분류하여 전시물이 관객들에게 효과적으로 보일 수 있게 하는 총체적 업무를 큐레이션이라 한다. 현재는 알고리즘을 통해 음악, 영화, 정보 등을 사용자의 기호에 맞게 분류하여 제공하는 것으로 의미가 확대되었다.

---

❼ [Combined with the natural homophily of human social networks, {where individuals are usually befriended with likeminded and similar others}], filter mechanisms can create powerful homogeneous networks [in which content that fits the members' values and norms stands a higher chance of being communicated].

첫 번째 [ ]는 filter mechanisms를 의미상 주어로 하는 분사구문이며, 그 안의 { }는 human social networks를 추가적으로 설명하는 관계절이다. 두 번째 [ ]는 「전치사+관계사」의 구조인 in which가 유도하여 powerful homogeneous networks를 수식하는 관계절이다.

❽ Critically, [information {shared within such bubbles}] may travel like a piece of sound in an echo chamber, [allowing isolated voices to sound like a chorus].

첫 번째 [ ]는 문장의 주어 역할을 하는 명사구이고, 그 안의 { }는 information을 수식하는 분사구이다. 두 번째 [ ]는 주절의 내용에 대한 부수적인 상황을 나타내는 분사구문이다.

Quick Check 빈칸 완성하기 / 주어진 말 어순 배열하기

❶ What is known is that the algorithm favors information that f_____ the user's profile of preferences and w_____ information that does not.

❷ The resulting filter bubble [largely consistent information, the user's worldview, presents, reinforces, that] and presents few challenges, leaving users confident that their own views are correct and the views of others mistaken.

정답 1 (f)/(its, (w))ithholds 2 presents largely consistent information that reinforces the user's worldview

핵심
키워드 **emotion, social context, social behavior**

❶Some have proposed / [that emotions can occur / only in a social context, / as an
어떤 사람들은 주장해 왔다 / 감정이 발생할 수 있다고 / 사회적 상황에서만 / 사회적
　　　　　　　　　　　　　　명사절(proposed의 목적어)　　　　　　　　　　　　　　　　　　　　　전치사(~로서)

aspect of social communication]. // ❷To some extent, / this issue is just semantic, / but
의사소통의 한 측면으로서 // 어느 정도 / 이 문제는 단지 의미론적이다 / 그러나
　　　　　　　　　　　　　　　　　　　어느 정도는

[emphasizing the social communicative nature of emotions] / does help to distinguish
감정의 사회적 의사소통적 특성을 강조하는 것은 / 다른 동기를 주는 상태와 그것(감정)을
동명사구(주어)　　　　　　　　　　　　　　　　　　　　　　　　　　　　　　　　　　강조의 do

them from other motivational states / [with which they share much of the same neural
구별하는 데 정말로 도움이 된다 / 그것(감정)이 동일한 신경 조직의 많은 부분을 공유하는 /
= emotions　　　　　　　　　　　　　관계절 1　　　　= emotions

machinery] / but [that we would not normally include / in our concept of emotions]: /
　　　　　　　　　　하지만 우리가 일반적으로 포함하지 않는 / 우리의 감정의 개념에 /
　　　　　　　관계절 2 (동일한 선행사 other motivational states)

such as hunger, thirst, and pain. // ❸Certainly, / emotions play a very important role /
배고픔, 갈증, 고통과 같이 // 물론 / 감정은 매우 중요한 역할을 한다 /
~과 같이　　　　　　　　　　　　　　　　　　　　　　　play a ~ role: ~한 역할을 하다

in social behavior, / and [some classes of emotions] / — the so-called social or moral
사회적 행동에서 / 그리고 일부 부류의 감정은 / 소위 사회적 또는 도덕적 감정이라고 불리는 /
　　　　　　　　　　　　명사구(주어)

emotions, / such as embarrassment, jealousy, shame, and pride — / can exist only in
당혹감, 질투, 수치심, 자부심과 같은 / 사회적 상황에서만 존재할 수
　　　　　　　　　　　　　　　　　　　　　　　　　　　　　　　술어동사

a social context. // ❹However, / not all instances of all emotions are social: / one can
있다 // 하지만 / 모든 감정의 모든 사례가 사회적인 것은 아니다 / 사람은 두려워
　　　　　　　　　　　　　　부분 부정(모두가 ~한 것은 아니다)

be afraid of / [falling off a cliff / in the absence of any social context]. // ❺Conversely, /
할 수 있다 / 절벽에서 떨어지는 것을 / 사회적 상황이 없는 경우에도 // 반대로 /
~을 두려워하다　　명사구(be afraid of의 목적어)

not all aspects of social communications are emotional: / [the lexical aspects of
사회적 의사소통의 모든 측면이 감정적이지는 않다 / 언어의 어휘적 측면이 /
부분 부정　　　　　　　　　　　　　　　　　　　　　　　　　명사구(주어)

language] / are a good example. //
　　　　좋은 예이다 //

*lexical: 어휘의

어휘

□ semantic 의미론적인　　□ emphasize 강조하다　　□ motivational 동기를 주는
□ neural 신경의　　　　　□ machinery 조직, 시스템　　□ embarrassment 당혹감
□ jealousy 질투　　　　　□ in the absence of ~이 없는 경우에　　□ conversely 반대로

글의 흐름 파악

도입(❶~❷)
사회적 상황에서의 감정 발생
• 일부 주장: 감정은 사회적 맥락에서만 발생함 • 감정을 동반하지 않는 다른 동기 상태를 구별하는 데 도움이 됨

↓

전개(❸)
감정의 사회적 상황에서의 역할
일부 종류의 감정은 사회적 맥락에서만 존재함

↓

반론(❹~❺)
예외적인 상황에서의 감정
• 모든 감정의 사례가 사회적이지는 않음 • 언어의 어휘적 측면과 같이 사회적 의사소통이 반드시 감정적이지는 않음

구문 해설

❸ Certainly, [emotions play a very important role in social behavior], and [some classes of emotions { — the so-called social or moral emotions, such as embarrassment, jealousy, shame, and pride — } can exist only in a social context].

두 개의 [ ]는 and에 의해서 대등하게 연결된 절이고, 그 안의 { }는 삽입구이다.

❺ Conversely, **not all** aspects of social communications are emotional: the lexical aspects of language are a good example.

「not all ~」의 표현이 사용되어 '모두가 ~한 것은 아니다'라는 부분 부정의 의미를 나타내고 있다.

전문 해석

❶어떤 사람들은 감정이 사회적 의사소통의 한 측면으로서 사회적 상황에서만 발생할 수 있다고 주장해 왔다. ❷어느 정도 이 문제는 단지 의미론적이지만, 감정의 사회적 의사소통적 특성을 강조하는 것은 그것(감정)이 동일한 신경 조직의 많은 부분을 공유하지만 배고픔, 갈증, 고통과 같이 우리가 일반적으로 감정의 개념에 포함하지 않는 다른 동기를 주는 상태와 그것(감정)을 구별하는 데 정말로 도움이 된다. ❸물론 감정은 사회적 행동에서 매우 중요한 역할을 하며, 당혹감, 질투, 수치심, 자부심과 같은 소위 사회적 또는 도덕적 감정이라고 불리는 일부 부류의 감정은 사회적 상황에서만 존재할 수 있다. ❹하지만 모든 감정의 모든 사례가 사회적인 것은 아니어서, 그 어떤 사회적 상황이 없는 경우에도 사람은 절벽에서 떨어지는 것을 두려워할 수 있다. ❺반대로 사회적 의사소통의 모든 측면이 감정적이지는 않은데, 언어의 어휘적 측면이 좋은 예이다.

Quick Check 적절한 말 고르기

1 However, not all instances of all emotions are social: one can be afraid of fall / falling off a cliff in the absence of any social context.

2 Conversely, not all aspects of social communications are emotional: the lexical aspects of language is / are a good example.

정답 1 falling 2 are

핵심키워드 **habitat fragmentation, physical barrier, blockage**

❶Habitat fragmentation is one of the worst harms / [caused by roads]. // ❷Animals
서식지 단편화는 최악의 피해 중 하나이다 / ← one of+복수명사: ~ 중에 하나 도로로 인한 ← 분사구 땅을 가로질러

[accustomed to traveling across the land] / are interrupted / [by a dangerous physical
분사구 이동하는 데 익숙한 동물들이 / 가로막히게 된다 / by+행위자: ~에 의해서 위험한 물리적 장벽에 의해서 //

barrier]. // ❸They may attempt to cross it / and be killed or injured, / or they may avoid
동물들은 그것을 넘으려고 시도할 수도 있다 / = the dangerous physical barrier 그리고 죽거나 다칠 수도 있다 / (they may) 또는 동물들은 그것을 아예 피할

it entirely. // ❹Many smaller animals are unable to cross roads / or other degraded
수도 있다 / = the dangerous physical barrier 많은 더 작은 동물들은 도로를 건널 수 없다 / ~할 수 없다 또는 기타 열악한 서식지를 //

habitat. // ❺Salamanders, for example, may become dehydrated / [crossing roads]. //
예를 들어 도롱뇽은 탈수 증세를 보이게 될 수도 있다 / 분사구문(주절의 주어를 의미상의 주어로 부연 설명함) 도로를 건너가다가 //

❻Or crushed. // ❼I once saw an entire spring migration of salamanders crushed by traffic /
(they may become) 아니면 깔려 죽을 수도 있다 // 지각동사(see)+목적어+목적격 보어(과거분사) 한 번은 봄철 이동을 하던 도롱뇽 한 무리 전체가 차량에 깔려 죽는 것을 본 적이 있다 /

on a busy road. // ❽Certain beetles will not cross any path / [wider than three feet]. //
붐비는 도로에서 // 특정 딱정벌레는 어떤 길도 건너지 않을 것이다 / 수식어구 3피트보다 더 넓은 //

❾Roads isolate plant and animal communities, / [interrupting reproduction and access
도로는 동식물 군집을 고립시킨다 / ← 술어동사 분사구문(주절에 따른 결과) 번식과 먹이 및 물 공급원에 대한 접근을 방해한다 //

to sources of food and water]. // ❿Roads can also fragment aquatic habitat, / [because
도로가 또한 수생 서식지를 분열시킬 수도 있다 / 조동사+본동사 왜냐하면 부사절(이유)

{when roads cross rivers and streams}, / they require culverts or bridges]. // ⓫Many
부사절(시간) 도로가 강과 개울을 가로지를 때 / = roads 도로는 지하 수로나 다리가 필요하다 // 많은

culverts are not designed to allow fish passage, / and so serve as total blockages. //
지하 수로는 물고기의 통행을 허용하도록 설계되지 않는다 / 술어동사 1 그래서 완전한 장애물 역할을 한다 // 술어동사 2

⓬Those [that are technically passable] still serve as barricades, / since many fish won't
엄밀히 말하면 통과할 수 있는 수로도 여전히 장애물 역할을 한다 / 관계절 많은 물고기가 작고 어두운 터널로 헤엄 = because

swim into small, dark tunnels. //
치지 않을 것이기 때문이다 // = culverts(지하 수로)

*salamander: 도롱뇽 **dehydrated: 탈수 증세를 보이는 ***culvert: 지하 수로

어휘

□ habitat 서식지 □ fragmentation 단편화, 파편화 □ accustomed to ~에 익숙한
□ interrupt 가로막다, 방해하다 □ degraded 열악한, 퇴화한 □ beetle 딱정벌레
□ isolate 고립시키다 □ fragment 분열시키다, 붕괴시키다 □ aquatic 수생의
□ passage 통행 □ blockage 장애물 □ technically 엄밀히 말하면

도입(❶~❸)

서식지 단편화의 피해

• 도로로 인한 서식지 단편화의 피해
• 동물들에게 물리적 장벽으로 다가옴

↓

전개 1(❹~❽)

피해 동물의 예시

도롱뇽, 딱정벌레와 같은 동물들이 서식지 단편화로 피해를 입음

↓

전개 2(❾~⓬)

지하 수로로 인한 피해

• 도로로 인한 동식물 군집의 고립 및 접근 방해
• 지하 수로는 물고기에게 장애물의 역할을 함

지문 배경지식

habitat fragmentation(서식지 단편화)
어떠한 야생 동물 서식공간에 집, 공장 등을 짓거나 도로를 낼 경우 거대한 하나의 유기체처럼 작용하던 서식지가 단절되는 것을 의미한다. 커다란 서식지 내에 대형의 희귀한 동물들이 살아가지만 그 서식지가 개발에 의해서 단절될 경우 더 이상 다양한 생물들이 살아가기 어렵게 된다.

구문 해설

❼I once **saw** [an entire spring migration of salamanders] [crushed by traffic on a busy road].

지각동사 saw 뒤에 첫 번째 [ ]가 목적어, 두 번째 [ ]가 목적격 보어 역할을 하고 있다.

❾Roads isolate plant and animal communities, [interrupting reproduction and access to sources of food and water].

[ ]는 주절이 기술하는 내용의 결과를 나타내는 분사구문이다.

전문 해석

❶서식지 단편화는 도로로 인한 최악의 피해 중 하나이다. ❷땅을 가로질러 이동하는 데 익숙한 동물들이 위험한 물리적 장벽에 가로막히게 된다. ❸동물들은 장벽을 넘으려다 죽거나 다칠 수도 있고, 또는 그것을 아예 피할 수도 있다. ❹많은 더 작은 동물들은 도로나 기타 열악한 서식지를 건널 수 없다. ❺예를 들어 도롱뇽은 도로를 건너다 탈수 증세를 보이게 될 수도 있다. ❻아니면 깔려 죽을 수도 있다. ❼한 번은 봄철 이동을 하던 도롱뇽 한 무리 전체가 붐비는 도로에서 차량에 깔려 죽는 것을 본 적이 있다. ❽특정 딱정벌레는 3피트보다 더 넓은 어떤 길도 건너지 않을 것이다. ❾도로는 동식물 군집을 고립시켜 번식과 먹이 및 물 공급원에 대한 접근을 방해한다. ❿도로가 강과 개울을 가로지를 때는 지하 수로나 다리가 필요하기 때문에 도로 또한 수생 서식지를 분열시킬 수도 있다. ⓫많은 지하 수로는 물고기의 통행을 허용하도록 설계되지 않았고, 그래서 완전한 장애물 역할을 하게 된다. ⓬많은 물고기가 작고 어두운 터널로 헤엄치지 않을 것이기 때문에, 엄밀히 말하면 통과할 수 있는 수로도 여전히 장애물 역할을 한다.

Quick Check 주어진 말 어순 배열하기

❶ Habitat fragmentation is [the worst, one, of, harms] caused by roads.
❷ Many smaller animals [roads, unable, are, to cross] or other degraded habitat.

정답 1 one of the worst harms 2 are unable to cross roads

EBS 수능완성 156쪽

핵심 키워드 **instinctive behaviour, animal's behaviour, circumstance**

❶The concept of instinct or instinctive behaviour / is still a familiar one. // ❷It is part of
본능 또는 본능적 행동이라는 개념은 / 여전히 친숙한 개념이다 // 그것은 일반적인

common speech / and may be used to account for human actions / as well as non-human
언어 능력의 일부이다 / 그리고 인간적인 행동을 설명하는 데도 사용될 수 있다 / 인간답지 않은 행동뿐만 아니라 //

ones. // ❸Instinct is often described / as patterns of inherited, pre-set behavioural
본능은 자주 설명된다 / 유전되고 미리 설정된 행동 반응의 패턴으로 /

responses / [which develop along with the developing nervous system / and can
관계절
발달하는 신경계와 함께 발달하고 / 그리고 세대에

evolve gradually over the generations, / just like morphology, / {to match an animal's
걸쳐 점진적으로 진화할 수 있는 / 형태와 마찬가지로 / 동물의 행동을 그 환경에 맞추기 위해 //

behaviour to its environment}]. // ❹It might be defined in a negative kind of way, /
그것은 부정적인 방식으로 정의될 수 있다 /

as that behaviour [which does not require learning or practice], / but [which appears
관계절 1   관계절 2
학습이나 연습을 필요로 하지 않는 그런 행동으로 /   하지만 처음 필요할 때 적절하게

appropriately {the first time it is needed}]. // ❺This definition immediately suggests
부사절(시간)
나타나는 //   이 정의는 즉각적으로 그 정반대를 연상시킨다 /

its converse / and the other familiar way / [in which behaviour can become matched
관계절
그리고 다른 친숙한 방식을 /   행동이 상황에 맞춰질 수 있는 //

to circumstances]. // ❻Animals may not have any pre-set responsiveness, / but be able
약한 추측(~일 수도 있다)   (animals may)
동물은 미리 설정된 반응성을 가지고 있지 않을 수 있다 /   하지만 자신의 행동을

to modify their behaviour / in the light of their individual experience. // ❼They can
수정하는 능력이 있을 수도 있다 /   개별 경험에 비추어 //   동물은 적절하게

learn [how to behave appropriately] / and perhaps practice / or even copy from others /
술어동사 1   명사구(learn의 목적어)   술어동사 2   술어동사 3
행동하는 방법을 배울 수 있다 /   그리고 아마도 연습하거나 /   또는 다른 동물의 행동을 심지어 모방할 수 있다 /

[to produce the best response]. //
to부정사구(목적)
최상의 반응을 보이기 위해 //

*morphology: 형태(학)

어휘

- □ instinctive 본능적인
- □ pre-set 미리 설정된
- □ converse 정반대, 역
- □ account for ~을 설명하다
- □ appropriately 적절히
- □ responsiveness 반응성
- □ inherited 유전되는
- □ definition 정의
- □ modify 수정하다

글의 흐름 파악

도입(❶~❷)

본능의 개념

- 친숙한 개념의 본능
- 인간적인 행동을 설명하는 사용되는 개념

↓

전개(❸~❹)

본능의 일반적 정의

- 환경에 따라 진화하는 반응의 패턴으로 정의
- 학습이 필요 없는 처음 필요할 때 나타나는 행동

↓

심화(❺~❼)

동물에게 있어서 본능의 적용

- 동물은 자신의 행동을 수정하는 능력이 있음
- 다른 동물의 행동을 모방할 수 있음

구문 해설

❷ It is part of common speech and may be used to account for human actions **as well as** non-human ones.

「~ as well as...」의 표현이 사용되어 '…뿐만 아니라 ~도'라는 의미를 나타내고 있다.

❼ They can **learn** [how to behave appropriately] and perhaps **practice** or even **copy** from others to produce the best response.

[　]는 명사구로 learn의 목적어 역할을 한다. learn, practice, copy는 병렬구조를 이루고 있다.

전문 해석

❶ 본능 또는 본능적 행동이라는 개념은 여전히 친숙한 개념이다. ❷ 본능은 일반적인 언어 능력의 일부이며 인간답지 않은 행동뿐만 아니라 인간적인 행동을 설명하는 데도 사용될 수 있다. ❸ 본능은 발달하는 신경계와 함께 발달하고 형태와 마찬가지로 동물의 행동을 그 환경에 맞추기 위해 세대에 걸쳐 점진적으로 진화할 수 있는 유전되고 미리 설정된 행동 반응의 패턴으로 자주 설명된다. ❹ 그것은 학습이나 연습을 필요로 하지 않고 처음 필요할 때 적절하게 나타나는 그런 행동이라고 부정적인 방식으로 정의될 수도 있다. ❺ 이 정의는 즉각적으로 그 정반대 그리고 행동이 상황에 맞춰질 수 있는 다른 친숙한 방식을 연상시킨다. ❻ 동물은 미리 설정된 반응성을 가지고 있는 것이 아니라 개별 경험에 비추어 자신의 행동을 수정하는 능력이 있을 수도 있다. ❼ 동물은 적절하게 행동하는 방법을 배우고 연습하거나 아마도 최상의 반응을 보이기 위해 다른 동물의 행동을 심지어 모방도 할 수 있다.

Quick Check T, F 고르기

❶ The concept of instinct can be used to explain only non-human actions. T / F
❷ Animals can copy from other animals to produce the best response. T / F

정답 1 F 2 T

핵심키워드 **energy source, energy consumption**

Share of Energy Sources in Germany's Primary Energy Consumption in 2022

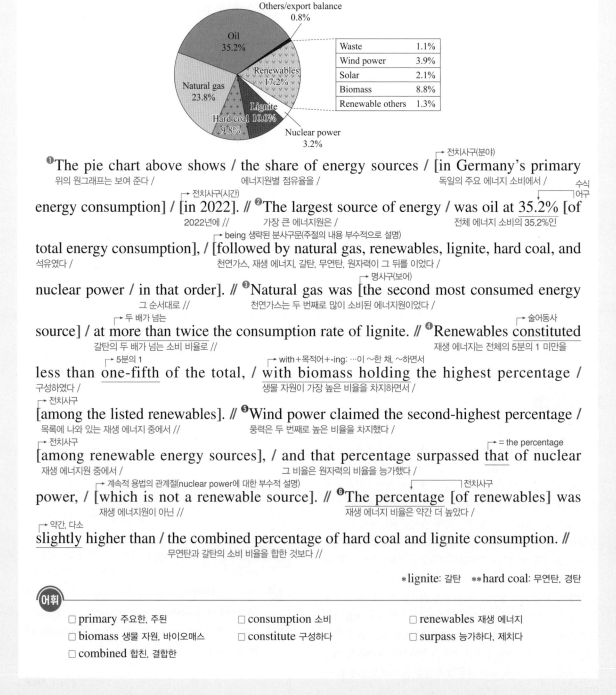

Others/export balance 0.8%

Oil 35.2%

Renewables 17.2%

Waste	1.1%
Wind power	3.9%
Solar	2.1%
Biomass	8.8%
Renewable others	1.3%

Natural gas 23.8%

Lignite 10.0%

Hard coal 9.8%

Nuclear power 3.2%

❶The pie chart above shows / the share of energy sources / [in Germany's primary
위의 원그래프는 보여 준다 /　에너지원별 점유율을 /　　　　　독일의 주요 에너지 소비에서 /
→ 전치사구(분야)　　　　　　　　　　　　　　　　　　　　　　　　　　　　　　　　　　　→ 수식어구

energy consumption] / [in 2022]. // ❷The largest source of energy / was oil at 35.2% [of
에너지 소비에서 /　2022년에 //　　가장 큰 에너지원은 /　전체 에너지 소비의 35.2%인
　　→ 전치사구(시간)

total energy consumption], / [followed by natural gas, renewables, lignite, hard coal, and
석유였다 /　　　　　　천연가스, 재생 에너지, 갈탄, 무연탄, 원자력이 그 뒤를 이었다 /
　　　　　　　→ being 생략된 분사구문(주절의 내용 부수적으로 설명)

nuclear power / in that order]. // ❸Natural gas was [the second most consumed energy
그 순서대로 //　　　천연가스는 두 번째로 많이 소비된 에너지원이었다 /
　　　　　　　　　　　　　　　　　　　　　→ 명사구(보어)

source] / at more than twice the consumption rate of lignite. // ❹Renewables constituted
갈탄의 두 배가 넘는 소비 비율로 //　　　　　　　　재생 에너지는 전체의 5분의 1 미만을
→ 두 배가 넘는　　　　　　　　　　　　　　　　　　　　　　　　　　　　→ 술어동사

less than one-fifth of the total, / with biomass holding the highest percentage /
구성하였다 /　　　　　　　　　　　생물 자원이 가장 높은 비율을 차지하면서 /
　　→ 5분의 1　　　　　→ with+목적어+-ing: …이 ～한 채, ～하면서

[among the listed renewables]. // ❺Wind power claimed the second-highest percentage /
목록에 나와 있는 재생 에너지 중에서 //　　풍력은 두 번째로 높은 비율을 차지했다 /
→ 전치사구

[among renewable energy sources], / and that percentage surpassed that of nuclear
재생 에너지원 중에서 /　　　　　　　그 비율은 원자력의 비율을 능가했다 /
→ 전치사구　　　　　　　　　　　　　　　　　　　　　　　　　→ = the percentage

power, / [which is not a renewable source]. // ❻The percentage [of renewables] was
재생 에너지원이 아닌 //　　　　　　　　재생 에너지 비율은 약간 더 높았다 //
　→ 계속적 용법의 관계절(nuclear power에 대한 부수적 설명)　　　　　→ 전치사구

slightly higher than / the combined percentage of hard coal and lignite consumption. //
무연탄과 갈탄의 소비 비율을 합한 것보다 //
→ 약간, 다소

*lignite: 갈탄　**hard coal: 무연탄, 경탄

어휘

☐ primary 주요한, 주된　　　　☐ consumption 소비　　　　☐ renewables 재생 에너지
☐ biomass 생물 자원, 바이오매스　☐ constitute 구성하다　　　☐ surpass 능가하다, 제치다
☐ combined 합친, 결합한

도입(❶)

독일의 주요 에너지 소비

2022년 독일의 주요 에너지 소비의 에너지원별 점유율

↓

전개(❷~❻)

주요 에너지 소비의 특징

- 주된 에너지원: 석유 (35.2%)
- 천연가스 소비 비율은 갈탄의 두 배가 넘음
- 재생 에너지는 전체의 5분의 1을 차지하며 그중에 생물 자원이 가장 높은 비율
- 풍력은 재생 에너지원 중 두 번째로 높은 비율 〉 원자력 비율
- 재생 에너지 비율 〉 무연탄 소비 비율 + 갈탄의 소비 비율 (X)
  → 재생 에너지 비율 〈 무연탄 소비 비율 + 갈탄의 소비 비율

구문 해설

❺ Wind power claimed the second-highest percentage among renewable energy sources, and that percentage surpassed **that** of nuclear power, [which is not a renewable source].

that은 the percentage를 가리키며, [ ]는 계속적 용법의 관계절로 nuclear power에 대한 부수적 설명을 한다.

❻ The percentage [of renewables] was slightly higher than the combined percentage [of hard coal and lignite consumption].

두 개의 [ ]는 전치사구로 각각 The percentage와 the combined percentage를 수식한다.

전문 해석

❶위의 원그래프는 2022년 독일의 주요 에너지 소비의 에너지원별 점유율을 보여 준다. ❷가장 큰 에너지원은 석유로 전체 에너지 소비의 35.2%를 차지했으며, 천연가스, 재생 에너지, 갈탄, 무연탄, 원자력 순으로 그 뒤를 이었다. ❸천연가스는 두 번째로 많이 소비된 에너지원으로 소비 비율이 갈탄의 두 배가 넘었다. ❹재생 에너지는 전체의 5분의 1 미만을 구성하였고, 목록에 나와 있는 재생 에너지 중에서는 생물 자원이 가장 높은 비율을 차지했다. ❺풍력은 재생 에너지원 중 두 번째로 높은 비율을 차지했으며, 그 비율은 재생 에너지원이 아닌 원자력의 비율을 능가했다. ❻재생 에너지 비율은 무연탄과 갈탄의 소비 비율을 합한 것보다 약간 더 높았다. (X)

Quick Check 빈칸 완성하기

❶ The largest source of energy was oil at 35.2% of total energy consumption, f_____ by natural gas, renewables, lignite, hard coal, and nuclear power in that order.

❷ Renewables constituted less than one-fifth of the total, with biomass h_____ the highest percentage among the listed renewables.

정답 1 (f)ollowed 2 (h)olding

핵심 키워드 **psychology, philosophy, Harvard University**

❶Mary Calkins was born / [on March 30, 1863], / [in Hartford, Connecticut]. // ❷She
  Mary Calkins는 태어났다 /   1863년 3월 30일에 /   Connecticut 주 Hartford에서 //   그녀는

was the eldest among eight siblings. // ❸In 1880, / she moved to Newton, Massachusetts,
8명의 형제자매 중 첫째였다 //   1880년에 /   그녀는 가족과 함께 Massachusetts 주 Newton으로 이주했다 /

[along with her family], / [where she embarked on her educational journey and remained
    그녀는 교육의 여정을 시작하였으며 그곳에 남아 있었다 /

there / {for the rest of her life}]. // ❹Mary Calkins, / [who studied under William James], /
  여생 동안 //   Mary Calkins는 /   William James 밑에서 공부한 /

established the first psychological laboratory for women in 1891 / and invented
1891년 여성을 위한 최초의 심리학 실험실을 설립했다 /   그리고 기억력 연구에 널리

a widely used technique for studying memory. // ❺She became the first woman /
사용되는 기법을 발명했다 //   그녀는 최초의 여성이 되었다 /

[to serve as president of the American Psychological Association in 1905]. // ❻She was
  1905년에 미국 심리학회 회장을 역임한 //   그녀는 최초의

the first woman / [to complete the requirements for a doctoral degree in psychology /
여성이었다 /   심리학 박사 학위 요건을 완수한 /

{with the unanimous support of the Harvard University psychology faculty}], / although
  Harvard University 심리학 교수진의 만장일치 지지를 받아 /   비록 대학이

the university refused to grant it / on the grounds that Harvard did not accept women. //
그것을 수여하기를 거부했지만 /   Harvard는 여성을 받아들이지 않는다는 이유로 //

❼She taught psychology and philosophy at Wellesley College [for four decades], / and
  그녀는 40년 동안 Wellesley College에서 심리학과 철학을 가르쳤다 /   그리고

conducted research there and at Harvard University / [for the majority of that time]. //
그곳과 Harvard University에서 연구를 수행했다 /   그 기간의 대부분 동안 //

❽[During her lifetime], / she published four books and over a hundred papers /
  그녀의 평생 동안 /   그녀는 4권의 책과 100편이 넘는 논문을 발간했다 /

[in psychology and philosophy]. //
심리학 및 철학 분야에서 //

*unanimous: 만장일치의

어휘

□ sibling 형제자매   □ embark on ~을 시작하다   □ establish 설립하다
□ laboratory 실험실   □ complete 완수하다, 끝마치다   □ requirement (필수) 요건
□ grant 수여하다   □ on the ground(s) that ~이라는 이유로
□ majority 대부분, 대다수

도입(❶~❸)

Mary Calkins의 성장

- 1863년 Connecticut 주에서 출생
- Massachusetts 주로 이주하여 교육의 여정을 시작

↓

전개(❹~❽)

Mary Calkins의 경력

- 여성을 위한 최초의 심리학 실험실을 설립함
- Harvard University의 박사 학위 요건을 완수
- Wellesley College에서 심리학과 철학을 가르침
- 4권의 책과 100편이 넘는 논문을 발간

지문 배경지식

Mary Calkins

미국의 철학자이자 심리학자이다. 그녀는 기억, 꿈 및 자아에 대한 이론과 연구에 영향을 미쳤다. Wellesley College에 여성을 위한 최초의 심리학 실험실을 설립했다. 그녀는 나중에 미국 심리학 협회와 미국 철학 협회의 회장이 되었으며, 두 협회의 회장이 된 최초의 여성이었다.

구문 해설

❸ In 1880, she moved to Newton, Massachusetts, along with her family, [where she embarked on her educational journey and remained there for the rest of her life].

[ ]는 선행사인 Newton, Massachusetts에 대해 추가적으로 설명하는 관계절이다.

❺ She became the first woman [to serve as president of the American Psychological Association in 1905].

[ ]는 형용사적 용법으로 쓰인 to부정사구로 the first woman을 수식한다.

전문 해석

❶Mary Calkins는 1863년 3월 30일 Connecticut 주 Hartford에서 태어났다. ❷그녀는 8명의 형제자매 중 첫째였다. ❸1880년 가족과 함께 Massachusetts 주 Newton으로 이주하였고 그곳에서 교육의 여정을 시작하였으며 여생 동안 그곳에 남아 있었다. ❹William James 밑에서 공부한 Mary Calkins는 1891년 여성을 위한 최초의 심리학 실험실을 설립하고 기억력 연구에 널리 사용되는 기법을 발명했다. ❺그녀는 1905년에 미국 심리학회 회장을 역임한 최초의 여성이 되었다. ❻비록 Harvard University는 여성을 받아들이지 않는다는 이유로 학위 수여를 거부했지만, 그녀는 Harvard University 심리학 교수진의 만장일치 지지를 받아 심리학 박사 학위 요건을 완수한 최초의 여성이었다. ❼그녀는 40년 동안 Wellesley College에서 심리학과 철학을 가르쳤으며, 그 기간의 대부분을 그곳과 Harvard University에서 연구를 수행했다. ❽그녀는 평생 동안 심리학 및 철학 분야에서 4권의 책과 100편이 넘는 논문을 발간했다.

Quick Check 적절한 말 고르기

❶ In 1880, she moved to Newton, Massachusetts, along with her family, which / where she embarked on her educational journey and remained there for the rest of her life.

❷ Mary Calkins, who studied under William James, established the first psychological laboratory for women in 1891 and inventing / invented a widely used technique for studying memory.

정답 1 where 2 invented

핵심키워드 **walking, captive walker, travel**

❶Walking is often the only form of transport for <u>the very poor</u>, / [when weather and
걷기는 보통 극빈층에게 유일한 교통수단이다 / ↑ = very poor people   ↑ 부사절   날씨와 지형이 허락하는 한 //

topography permit]. // ❷Many people [in developing countries] are 'captive walkers', /
개발 도상국의 많은 사람들은 '어쩔 수 없이 걷는 보행자'이다 /   ↑ 전치사구

↑ 분사구문(주절의 내용 부연 설명) → 명사절(meaning의 목적어) → 부사절(이유)
[meaning {that they walk / ⟨because they cannot afford an alternative⟩}]. // ❸For them, /
그들이 걷는 것을 의미한다 /   그들이 다른 대안을 이용할 여유가 없기 때문에 //   그들에게는 /

↑ 명사구(주어)   ↑ 전치사 to+-ing(동명사)
[having a well-connected and safe pedestrian environment] / is critical to meeting their
잘 연결되고 안전한 보행자 환경을 갖는 것이 /   일상적인 필요를 충족하는 데 매우 중요하다 //

daily needs. // ❹As the least costly form of mobility, / walking allows the very poor to
↑ ~로서   → allow+목적어+to부정사: ~이 …하게 하다
가장 비용이 적게 드는 형태의 이동 수단으로서 /   걷는 극빈층이 일상적인 지출을 줄일 수 있게 해 준다 /

↑ 동사 allows와 병렬구조
reduce their daily expenses, / and thus has significant poverty impacts. // ❺The most
따라서 빈곤에 큰 영향을 미친다 //   많은 도시의 가장

↑ 전치사구
visible indicator [of poverty in many cities], / particularly in developing countries, /
눈에 띄는 지표는 /   특히 개발 도상국에서 /

↑ 술어동사
is the presence of slums and squatter communities. // ❻Spatially, / the field of movement
빈민가와 무단 거주자 지역의 존재이다 //   공간적으로 /   이러한 빈민가의 이동 영역은 매우

↑ 전치사구   → with+명사구+분사구: ~이 …하면서
[in these slums] is very restricted, / with such limitations constraining income and
제한적이다 /   이러한 한계가 소득과 취업 기회를 제한하면서 /

employment opportunities / for the urban poor. // ❼As a result, / the affected population
도시 빈곤층에 대한 //   그 결과 /   영향을 받는 인구는 이동을 제한할 수밖에

↑ be forced to *do*: ~할 수밖에 없다   → 분사구
is forced to restrict their travel / to essential trips [related to work, education and
없다 /   일, 교육, 쇼핑과 관련된 필수적인 왕래로의 //

shopping]. //

*topography: 지형, 지세 **squatter: 무단 거주자

어휘

□ transport 교통, 운송   □ captive 달리 어쩔 도리가 없는   □ alternative 대안
□ pedestrian 보행자의   □ critical 매우 중요한   □ mobility 이동
□ expense 지출   □ indicator 지표   □ spatially 공간적으로
□ restrict 제한하다

도입(❶~❷)

극빈층에게 '걷기'의 의미

- '걷기'는 극빈층에게 유일한 교통수단
- '어쩔 수 없이 걷는' 보행자 ← 다른 대안이 없음

↓

전개(❸~❺)

보행자 환경 구성

- 극빈층에게는 안전한 보행자 환경 구성이 중요함
- 걷기는 가장 비용이 적게 드는 이동 수단으로서 빈곤에 큰 영향을 미침

↓

결론(❻~❼)

빈민가의 이동 범위

제한적인 빈민가의 이동 영역 → 필수적인 왕래로 이동이 제한됨

구문 해설

❹ As the least costly form of mobility, walking **allows** the very poor **to reduce** their daily expenses, and thus has significant poverty impacts.

'~이 …하게 하다, 가능하게 하다'라는 의미를 나타내는 「allow ~ to *do*」의 구조가 사용되었다.

❻ Spatially, the field of movement in these slums is very restricted, [with such limitations constraining income and employment opportunities for the urban poor].

[ ]에는 앞선 절의 부수적 상황을 표현하는 「with+명사구+분사구」의 구조가 사용되었다.

전문 해석

❶날씨와 지형이 허락하는 한 걷기는 보통 극빈층에게 유일한 교통수단이다. ❷개발 도상국의 많은 사람들은 '어쩔 수 없이 걷는 보행자'인데, 이것은 그들이 다른 대안을 이용할 여유가 없어서 걷는 것을 의미한다. ❸그들에게는 잘 연결되고 안전한 보행자 환경을 갖는 것이 일상적인 필요를 충족하는 데 매우 중요하다. ❹가장 비용이 적게 드는 형태의 이동 수단으로서 걷기는 극빈층이 일상적인 지출을 줄일 수 있게 해 주며, 따라서 빈곤(개선)에 큰 영향을 미친다. ❺많은 도시, 특히 개발 도상국에서 빈곤을 나타내는 가장 눈에 띄는 지표는 빈민가와 무단 거주자 지역의 존재이다. ❻공간적으로 이러한 빈민가의 이동 영역은 매우 제한적이며, 이러한 제한은 도시 빈곤층의 소득과 취업 기회를 제한한다. ❼그 결과 영향을 받는 인구는 일, 교육, 쇼핑과 관련된 필수적인 왕래로의 이동을 제한할 수밖에 없다.

Quick Check 주어진 말 어순 배열하기

1 As the least costly form of mobility, [to reduce, walking, allows, the very poor] their daily expenses, and thus has significant poverty impacts.

2 Spatially, the field of movement in these slums is very restricted, [with, income, constraining, such limitations] and employment opportunities for the urban poor.

정답 1 walking allows the very poor to reduce
2 with such limitations constraining income

핵심 키워드 **creativity, knowledge, tunnel vision**

❶One cannot think creatively / in the absence of knowledge. // ❷One cannot go
사람은 창의적으로 생각할 수 없다 /   ~이 없는 상태에서
지식이 없을 때 //   사람은 현재의 지식 상태를

beyond the current state [of knowledge] / [if one is unaware of / {what that state is}]. //
넘어설 수 없다 /   전치사구   부사절(조건)   명사절(of의 목적어)
만약 ~을 알지 못하면 /   그 상태가 무엇인지를 //

❸Often, / students have ideas / [that are creative but only with respect to themselves]. //
흔히 /   학생들은 아이디어를 가지고 있다 /   관계절   ~과 관련하여
창의적이지만 자신과 관련해서만 그러한 //

❹The ideas are not also creative / with respect to the current state / [of a given field] /
그 아이디어는 또한 창의적이지 않다 /   현재 상태와 관련하여 /   전치사구
특정 분야의 /

[because others previously have had the same ideas]. // ❺Individuals [with a more
부사절(이유)
다른 사람들이 이전에 동일한 아이디어를 가지고 있었기 때문에 //   더 실질적인 지식 기반을 가진 개인은 /   전치사구

substantial knowledge base] / can show creativity in ways / that others [who are still
더 실질적인 지식 기반을 가진   술어동사   관계절
~한 방식으로 창의성을 발휘할 수 있다 /   해당 분야의 기본 지식을 여전히 습득 중인

acquiring the basic knowledge of the field] cannot. // ❻Knowledge is not always helpful
다른 사람들이 할 수 없는 //   부분 부정(항상 ~한 것은 아니다)
하지만 지식이 항상 창의성에 도움이 되는 것은 아니다 //

to creativity, however. // ❼People [with an expert level of knowledge] / can display
전치사구
전문가 수준의 지식을 가진 사람은 /   좁은 시야, 좁은 사고

tunnel vision, a narrow field of thinking, and just plain entrenchment. // ❽Experts
A, B, and C 병렬구조
영역, 그리고 정말로 분명한 고착성을 보일 수 있다 //   전문가들은

can become trapped / [in a particular way of thinking]. // ❾They may become unable
전치사구   = Experts
갇히게 될 수 있다 /   특정 사고방식에 //   그들은 그러한 사고방식을 넘어서지 못하게 될

to go beyond that way of thinking. // ❿The greatest risk occurs / [when an individual
~을 넘어서다   술어동사   부사절(시간)
수도 있다 //   가장 큰 위험은 발생한다 /   개인이 믿을 때 /

believes / {he knows all there is to know}]. // ⓫He or she is unlikely ever to show /
명사절(believes의 목적어)   be unlikely to do: ~하지 못할 가능성이 있다
그가 알아야 할 모든 것을 알고 있다고 //   그 또는 그녀는 보여 주지 못할 가능성이 있다 /

truly meaningful creativity again. //
진정으로 의미 있는 창의성을 다시는 //

*entrenchment: 고착성

어휘

□ in the absence of ~이 없을 때, ~ 부재 시에   □ current 현재의   □ with respect to ~과 관련하여
□ substantial 실질적인   □ display 보여 주다   □ plain 분명한

도입(❶~❷)

지식과 창의성

지식이 없는 상태에서는 창의적 생각이 불가능

↓

전개 1(❸~❺)

창의성의 한계

• 자신과 관련한 창의성만 보이는 학생들
• 실질적인 지식 기반을 갖춘 사람은 창의성을 발휘할 수 있음

↓

전개 2(❻~❾)

좁은 시야의 위험성

• 지식이 창의성에 도움이 되지 않는 경우도 있음
• 좁은 시야를 가진 전문가는 특정사고방식에 갇힐 위험성

↓

결론(❿~⓫)

과신이 낳는 창의성 결여

스스로 알고 있다고 믿을 때 위험 발생
→ 창의성을 발휘하지 못할 가능성이 있음

전문 해석

❶지식이 없을 때 창의적으로 생각할 수 없다. ❷(현재의) 상태가 무엇인지 알지 못하면 현재의 지식 상태를 넘어설 수 없다. ❸흔히 학생들은 창의적인 아이디어를 가지고 있지만, 자신과 관련해서만 그렇다. ❹다른 사람들이 이전에 동일한 아이디어를 가지고 있었기 때문에 그 아이디어는 또한 특정 분야의 현재 상태와 관련하여 창의적이지 않다. ❺더 실질적인 지식 기반을 가진 개인은 해당 분야의 기본 지식을 여전히 습득 중인 다른 사람들이 할 수 없는 방식으로 창의성을 발휘할 수 있다. ❻하지만 지식이 항상 창의성에 도움이 되는 것은 아니다. ❼전문가 수준의 지식을 가진 사람은 좁은 시야, 좁은 사고 영역, 그리고 정말로 분명한 고착성을 보일 수 있다. ❽전문가들은 특정 사고방식에 갇히게 될 수 있다. ❾그들은 그러한 사고방식을 넘어서지 못하게 될 수도 있다. ❿가장 큰 위험은 개인이 자신이 알아야 할 모든 것을 알고 있다고 믿을 때 발생한다. ⓫그 사람은 다시는 진정으로 의미 있는 창의성을 보여 주지 못할 가능성이 있다.

지문 배경지식

tunnel vision(좁은 시야)

터널 비전은 터널 속에서 빛이 보이는 터널 끝만 보고 상하좌우는 보지 못함을 뜻한다. 이는 원래 시각장애의 일종을 지칭하는 의학용어이지만 전체를 놓치고 부분만 보는 협소한 시각을 지칭할 때 자주 쓰인다. 어떤 일에 열중하면서 주변 상황을 종합적으로 판단하지 못하거나 특정 사물이나 목적에 외곬으로 집착할 때 터널 비전에 빠졌다고 말할 수 있다.

구문 해설

❷ One cannot go beyond the current state of knowledge [if one is unaware of {what that state is}].

[　]는 조건의 부사절이며, {　}는 명사절로 of의 목적어 역할을 한다.

❼ People [with an expert level of knowledge] can display tunnel vision, a narrow field of thinking, and just plain entrenchment.

[　]는 People을 수식하는 전치사구이다.

Quick Check T, F 고르기

1 Everyone can be innately creative irrespective of knowledge. T / F

2 Experts can sometimes get stuck in a certain mindset. T / F

1 F 2 T 정답

핵심
키워드 **grocery shopping, automatic pattern, disruption**

❶For most of us, / [weekly grocery shopping] is a study in efficiency. // ❷[When 275
명사구(주어)
부사절(시간)
대부분의 사람에게 / 매주 식료품 쇼핑은 효율성에 대한 연구이다 // 275명의 쇼핑객이

shoppers wore electronic devices / {to track their paths through a store}], / on average
to부정사구
전자 기기를 착용했을 때 / 매장 내 이동 경로를 추적한 결과 / 그들은 평균적으로

they covered only 37 percent [of the total retail space]. // ❸Mostly, / shoppers stick to
전치사구
술어동사 1
전체 소매점 공간의 37퍼센트만 이동했다 // 대개 / 쇼핑객은 통로만 고수한다 /

the aisles / [where they want to make a purchase] / and bypass the rest. // ❹Grocery
관계절
술어동사 2
그들이 구매하고자 원하는 / 그리고 나머지는 우회한다 // 식료품 쇼핑은

shopping is a chore, / and we get out of the store / as simply and quickly as possible. //
as ~ as possible: 가능한 ~하게
번거로운 일이다 / 그리고 우리는 매장을 빠져나간다 / 가능한 한 간단하고 빠르게 //

❺But discontinuity happens / [when stores switch locations of items]. // ❻Researchers
부사절(시간)
그러나 불연속성이 발생한다 / 매장이 품목의 위치를 바꾸면 // 연구자들은 평가했다 /

evaluated / [what would happen / {when fruit changed location with vegetables, baked
명사절(evaluated의 목적어)
부사절(시간)
(changed location)
어떤 일이 발생하는지를 / 과일과 채소, 제과류와 시리얼, 육류와 샐러드 믹스의 위치가 바뀌었을 때 //

goods with cereal, and meat with salad mix}]. // ❼Now shoppers would have to stop
이제 쇼핑객은 멈춰서 생각해야 했다 /

and think about / [what they wanted to purchase] / and [where to find it]. // ❽[With the
명사절(목적어)
의문사+to부정사(목적어)
부사구
구매하려 했던 상품이 무엇인지를 / 어디에서 찾을 수 있는지를 // 매장의 배치가

change in store layout], / shoppers would be introduced to new products / [they typically
수동태(be+p.p.)
관계절
바뀌면서 / 쇼핑객은 새로운 제품을 접하게 되었다 / 평소에는 보지 않거나

wouldn't see or purchase]. // ❾They could no longer follow / their automatic patterns. //
더 이상 ~아니다
구매하지 않을 // 그들은 더 이상 따라갈 수 없게 되었다 / 자신의 자동화된 패턴을 //

❿Researchers estimated / [that unplanned spending would increase / by about 7 percent
명사절(estimated의 목적어)
연구자들은 추정했다 / 계획에 없던 지출이 증가할 것이다 / 쇼핑객당 약 7퍼센트로

per shopper]. // ⓫[Despite the already-fine-tuned layouts of grocery stores], / disruption
전치사구(양보: ~에도 불구하고)
이미 세밀하게 조정된 식료품점 상품 배치에도 불구하고 / 혼란은 매출을

could make sales even higher. //
비교급 강조: 훨씬 (still, far, much, a lot)
훨씬 더 높일 수 있었다 //

어휘
- □ efficiency 효율성
- □ stick to ~을 고수하다
- □ bypass 우회하다, 건너뛰다
- □ layout 배치, 배열
- □ disruption 혼란
- □ electronic device 전자 기기
- □ stick to ~을 고수하다
- □ chore 번거로운 일
- □ typically 평소에, 대개
- □ cover (언급된 거리를) 이동하다[가다]
- □ aisle 통로
- □ discontinuity 불연속성
- □ fine-tune 세밀하게 조정하다

도입(❶~❹)

효율성을 추구하는 쇼핑

· 275명의 쇼핑객이 매장 공간의 37%만 이용
· 구매하고자 하는 통로만 이용하는 경향 → 효율성 추구

↓

전개(❺~❾)

품목의 위치 변화

· 매장에서 품목의 위치를 바꿈 → 불연속성 발생
· 쇼핑객은 멈춰서 생각해야 함 → 새로운 물건을 접하게 됨

↓

결론(❿~⓫)

매출의 증가

· 고객당 7%의 매출 증가 예상
· 혼란 → 매출 증대 효과

구문 해설

❷ [When 275 shoppers wore electronic devices {to track their paths through a store}], on average they covered only 37 percent of the total retail space.

[ ]는 시간을 나타내는 부사절이며, 그 안의 { }는 to부정사구이다.

❻ Researchers evaluated [what would happen {when fruit changed location with vegetables, baked goods with cereal, and meat with salad mix}].

[ ]는 명사절로 evaluated의 목적어 역할을 하며, 그 안의 { }는 시간을 나타내는 부사절이다.

전문 해석

❶대부분의 사람에게, 매주 식료품 쇼핑은 효율성에 대한 연구이다. ❷275명의 쇼핑객을 대상으로 전자 기기를 착용하게 하여 매장 내 이동 경로를 추적한 결과, 그들은 평균적으로 전체 소매점 공간의 37퍼센트만 이동했다. ❸대개 쇼핑객은 구매하고자 하는 통로만 고수하고 나머지는 우회한다. ❹식료품 쇼핑은 번거로운 일이기 때문에 가능한 한 간단하고 빠르게 매장을 빠져나간다. ❺그러나 매장에서 품목의 위치를 바꾸면 불연속성이 발생하게 된다. ❻연구자들은 과일과 채소, 제과류와 시리얼, 육류와 샐러드 믹스의 위치가 바뀌었을 때 어떤 일이 발생하는지 평가했다. ❼이제 쇼핑객은 구매하려 했던 상품이 무엇인지, 그것을 어디에서 찾을 수 있는지 멈춰서 생각해야 했다. ❽매장의 배치가 바뀌면서, 쇼핑객은 평소에는 보지 않거나 구매하지 않을 새로운 제품을 접하게 되었다. ❾그들은 더 이상 자신의 자동화된 패턴을 따라갈 수 없게 되었다. ❿연구자들은 계획에 없던 지출이 쇼핑객당 약 7퍼센트 증가할 것으로 추정했다. ⓫이미 세밀하게 조정된 식료품점 상품 배치에도 불구하고, 혼란은 매출을 훨씬 더 높일 수 있었다.

Quick Check 적절한 말 고르기

❶ Mostly, shoppers stick to the aisles which / where they want to make a purchase and bypass the rest.

❷ Researchers estimated that / what unplanned spending would increase by about 7 percent per shopper.

정답 1 where 2 that

핵심 키워드 **quotation, Pride and Prejudice, declaration**

❶Established quotations may be brought afresh to public attention / in other ways. //
┌→ 조동사+수동태(be+p.p.)
유명한 인용구는 대중의 관심을 새롭게 불러일으킬 수 있다 / 다른 방식으로 //

❷In 2013, / it was announced [that Jane Austen was to appear on the new ten-pound
┌→형식상의 주어   ┌→ 내용상의 주어   ┌→ be to do: ~할 것이다(예정)
2013년 / Jane Austen이 새로운 10파운드 지폐에 등장할 것이라고 발표되었다

note, / with the quotation: / 'I declare after all / {there is no enjoyment like reading}!']' //
                         ┌→ 명사절(declare의 목적어)
인용구와 함께 / 나는 결국 단언합니다 / 독서만큼 즐거운 일은 없다고 //

❸[In the subsequent news coverage], / it was pointed out with some vigour / [that this
┌→전치사구   ┌→형식상의 주어   ┌→ 내용상의 주어
이후 뉴스 보도에서 / 다소 강하게 제기되었다 / 이것이 실제로는

was actually the insincere protestation of Miss Bingley]. // ❹In the scene [described
Bingley 양의 진정성 없는 단언이었다는 //   '오만과 편견'에서 묘사된 한 장면에서 /
                                                          ┌→분사구

in *Pride and Prejudice*], / Miss Bingley has chosen her book / solely [because it is the
                  Bingley 양은 자신의 책을 선택했다 /   오로지 그것이 책의 두 번째 권이라는
                                                          ┌→부사절(이유)

second volume to the one / {Mr. Darcy is reading}]. // ❺[Failing to use it to attract his
                 ┌→ 관계절   ┌→ 분사구문(= As she fails to use it ~)
이유만으로 /   Darcy 씨가 읽고 있는 //   그것을 사용하여 그의 관심을 끌지 못하면서 /

attention], / she is soon 'quite exhausted by the attempt / {to be amused by her own
                                                    ┌→to부정사구
그녀는 곧 ~한 시도에 상당히 지쳐 버린다 /   자신의 책으로 즐겁게 지내려는 //
완료분사구문(= after she endorsed the delight of reading as a pastime)←┐ ┌→ endorse ~ as ...: ~을 …으로 인정하다

book}'. // ❻It is at this point, / having endorsed the delight of reading as a pastime /
바로 이 시점이다 / 독서의 즐거움을 소일거리로 인정하고 /

('I declare after all there is no enjoyment like reading! / [How much sooner one tires
       ┌→ 결국   ┌→ 감탄문(의문사+주어+동사)
나는 결국 독서만큼 즐거운 것은 없음을 단언합니다 /   책보다 다른 것에 참으로 더 빨리 싫증이 납니다

of any thing than of a book!]'), / she yawns, throws the book aside, and begins a
                          ┌→ A, B, and C(병렬구조)
                          그녀는 하품을 하며, 책을 옆으로 던지고, 대화를 시작한다 /

conversation / about the ball [to be given by her brother]. //
          ┌→to부정사구
오빠가 열게 될 무도회에 대한 //

어휘

☐ quotation 인용구　　　　　☐ afresh 새롭게, 다시　　　　　☐ subsequent 이후의

☐ coverage 보도　　　　　　☐ with vigour 강하게, 힘차게　　☐ insincere 진정성 없는

☐ protestation 단언, 주장　　☐ exhaust 기진맥진하게 하다　　☐ amuse 즐겁게 하다

☐ endorse 인정하다, 지지하다　☐ ball (화려한) 무도회

도입(❶~❷)

Jane Austen의 인용구

- 대중의 관심을 불러일으키는 인용구
- Jane Austen이 인용구와 함께 10파운드 지폐에 등장할 것이라고 발표됨

↓

전개(❸~❹)

Bingley 양의 시도

'결국 독서만큼 즐거운 일은 없다!'는 인용구는 Bingley 양이 Darcy 씨의 관심을 끌기 위한 것

↓

결론(❺~❻)

Bingley 양의 진정성 없는 단언

- 관심 끌기에 실패
- 독서의 즐거움을 소일거리로 인정하며 진정성 없는 단언을 함

지문 배경지식

Pride and Prejudice(오만과 편견)
'오만과 편견'은 Jane Austen이 쓴 소설로 영국의 가장 위대한 명작들 중 하나로 사랑받고 있다. 18~19세기 영국을 무대로 Elizabeth Bennet과 Fitzwilliam Darcy을 주인공으로 오해와 편견에서 일어나는 사랑의 엇갈림을 그리고 있다.

구문 해설

❷ In 2013, **it** was announced [that Jane Austen was to appear on the new ten-pound note, with the quotation: 'I declare after all there is no enjoyment like reading!']

it은 형식상의 주어이고, [ ]가 내용상의 주어이다.

❹ In the scene described in *Pride and Prejudice*, Miss Bingley has chosen her book solely [because it is the second volume to the one {Mr. Darcy is reading}].

[ ]는 이유를 나타내는 부사절이며, 그 안의 { }는 the one을 수식하는 관계절이다.

전문 해석

❶유명한 인용구는 다른 방식으로 대중의 관심을 새롭게 불러일으킬 수 있다. ❷2013년, Jane Austen이 새로운 10파운드 지폐에 '결국 독서만큼 즐거운 일은 없음을 단언합니다!'라는 인용구와 함께 등장할 것이라고 발표되었다. ❸이후 뉴스 보도에서 이것이 실제로는 Bingley 양의 진정성 없는 단언이었다는 지적이 다소 강하게 제기되었다. ❹'오만과 편견'에서 묘사된 한 장면에서 Bingley 양은 오로지 Darcy 씨가 읽고 있는 책의 두 번째 권이라는 이유만으로 자신의 책을 선택했다. ❺그것을 사용하여 그의 관심을 끌지 못한 그녀는 곧 '자신의 책으로 즐겁게 지내려는 시도에 상당히 지쳐' 버린다. ❻바로 이 시점에서 독서의 즐거움을 소일거리로 인정하고('결국 독서만큼 즐거운 일은 없음을 단언합니다! 책보다 다른 것에 참으로 더 빨리 싫증이 납니다!'), 그녀는 하품을 하며, 책을 옆으로 던지고, 오빠가 열게 될 무도회에 대한 대화를 시작한다.

Quick Check 적절한 말 고르기

1 In the scene describing / described in *Pride and Prejudice*, Miss Bingley has chosen her book solely because it is the second volume to the one Mr. Darcy is reading.

2 Failing / Failed to use it to attract his attention, she is soon 'quite exhausted by the attempt to be amused by her own book'.

negotiation, win-win outcome, issue

❶Integrative potential exists / [in just about every negotiation situation]. // ❷However, /
통합의 가능성이 존재한다 /   거의 모든 협상 상황에는 //   그러나 /

= integrative potential (people)   명사절(believe의 목적어)
people often fail to see it / or do not believe [that win-win is possible]. // ❸Most negotiations
사람들은 자주 그것을 보지 못한다 /   또는 상생이 가능하다고 믿지 않는다 //   대부분의 협상은 상생의 결과가

부사절(이유)   부사절(양보: 무엇을 ~이든 간에)
do not appear to have win-win outcomes / [because {whatever one party gains}, / the
나오지 않는 것처럼 보인다 /   한쪽이 무엇을 얻든 간에 ~이기 때문이다 /   상대방은

other party loses]. // ❹However, / [even in the simplest of negotiations], / it is possible
(그것을) 잃기 (때문에) //   하지만 /   가장 단순한 협상에서도 /   한 가지가 넘는 쟁점을

내용상의 주어   동격
[to identify more than one issue]. // ❺The probability / [that negotiators will have
파악하는 것이 가능하다 //   확률은 /   협상자들이 모든 쟁점에서 동일한 선호도를 가질

it is ~ that ... 강조 구문: ...한 것은 바로 ~이다   강조 받는 대상
identical preferences across all issues] / is small, / and it is [differences in preferences,
것이라는 /   적다 /   바로 선호도, 신념, 역량 차이이다 /

to부정사구(목적)
beliefs, and capacities] / that may be profitably traded off {to create joint gain}. //
                          공동의 이익을 창출하기 위해 교환될 수도 있는 것은 //

❻For example, / [in the peace treaty talks {between Syria and Israel}], / technical
예를 들어 /   시리아와 이스라엘 간의 평화 조약 협상에서는 / between A and B: A와 B 사이에   숙달된 전문가들이

to부정사구(결과)   전치사구(A, B, C, and D: 병렬구조)
experts formed committees [to identify several issues], / [including the extent of an
위원회를 구성하여 여러 가지 쟁점을 파악했다 /   골란 고원에서 이스라엘의 철수 범위를 포함하여 /

전치사구
Israeli withdrawal [from the Golan Heights], / water rights, security measures, and the
                                      수자원 권리, 보안 조치, 합의 이행 일정을 (포함하여) //

전치사구   과거동사(put-put-put)
timetable {for implementing an agreement}.] // ❼Israel put the emphasis on security
                                        이스라엘은 안보 보장에 중점을 두었다 /

전치사구
guarantees, / and Syria placed greater weight on the withdrawal [from the Golan
                그리고 시리아는 골란 고원에서 철수하는 것에 더 큰 비중을 두었다 /

분사구문(결과)   allow+목적어+to부정사: ...이 ~하도록 하다
Heights], / [thus allowing a more integrative agreement to emerge]. //
              따라서 더 통합적인 합의가 나타나도록 했다 //

어휘

☐ integrative 통합의, 통합적인   ☐ potential 가능성, 잠재력   ☐ negotiation 협상
☐ identify 파악하다, 확인하다   ☐ probability 확률   ☐ identical 동일한
☐ trade off ~을 교환하다, ~을 거래하다 ☐ joint 공동의   ☐ treaty 조약
☐ withdrawal 철수   ☐ implement 이행하다   ☐ emerge 나타나다, 드러나다

도입(❶~❸)

간과하기 쉬운 협상에서의 상생의 결과

- 거의 모든 협상에서 통합의 가능성이 존재함
- 사람들이 간과하고 있는 상생의 가능성

전개(❹~❺)

협상자들의 선호도 차이 존재

- 협상에서 하나 이상의 쟁점을 파악하는 것이 가능
- 협상자들은 동일한 선호도를 갖지 않음 → 공동의 이익을 창출하기 위해 교환할 수 있음

예시(❻~❼)

시리아와 이스라엘의 합의의 예

이스라엘과 시리아의 다른 쟁점 파악 → 통합적인 합의 가능

구문 해설

❸ Most negotiations do not appear to have win-win outcomes [because {whatever one party gains}, the other party loses].

[ ]는 이유를 나타내는 부사절이며, 그 안의 { }는 양보를 나타내는 부사절이다.

❹ However, even in the simplest of negotiations, **it** is possible [to identify more than one issue].

it은 형식상의 주어이고, [ ]는 내용상의 주어이다.

전문 해석

❶거의 모든 협상 상황에는 통합의 가능성이 존재한다. ❷그러나 사람들은 자주 그것을 보지 못하거나 상생이 가능하다고 믿지 않는다. ❸대부분의 협상은 한쪽이 무엇을 얻든 간에 상대방은 (그 것을) 잃기 때문에 상생의 결과가 나오지 않는 것처럼 보인다. ❹하지만 가장 단순한 협상에서도 한 가지가 넘는 쟁점을 파악하는 것이 가능하다. ❺협상자들이 모든 쟁점에서 동일한 선호도를 가질 확률은 적으며, 공동의 이익을 창출하기 위해 유리하게 교환될 수도 있는 것은 바로 선호도, 신념, 역량 차이이다. ❻예를 들어, 시리아와 이스라엘 간의 평화 조약 협상에서는 숙달된 전문가들이 위원회를 구성하여 골란 고원에서 이스라엘의 철수 범위, 수자원 권리, 보안 조치, 합의 이행 일정을 포함하여 여러 가지 쟁점을 파악했다. ❼이스라엘은 안보 보장에 중점을 두었고, 시리아는 (이스라엘이) 골란 고원에서 철수하는 것에 더 큰 비중을 두었으며, 따라서 더 통합적인 합의가 나타날 수 있었다.

Quick Check 주어진 말 어순 배열하기

❶ However, people often fail to see it or do not [possible, believe, win-win, that, is].

❷ However, even in the simplest of negotiations, [to identify, is, it, possible, more] than one issue.

정답 1 believe that win-win is possible 2 it is possible to identify more

young animal, stages of growth, change

❶We must recognize / [that young animals are not simply part-formed creatures, /
우리는 인식해야 한다 / → 명사절(recognize의 목적어)   → 단순히 ~이 아니다
어린 동물이 단순히 일부분만 형성된 동물이 아님을 /

inadequate stages on the path to adulthood: / they have at all times to be fully functional
즉 성체로 가는 중인 불충분한 단계(가 아님을) /   → 항상, 언제나
그들은 항상 완전한 기능을 갖춘 동물이 되어야 한다 /

animals / {capable of behaving effectively in their own world}]. // ❷[During their early
animals   → 형용사구   → 부사구(시간)
그들만의 세계에서 효과적으로 행동할 수 있는 //   성장 초기 단계에 /

stages of growth] / some animals may be protected inside a shell / or watched over by
    → 술어동사 1   → 술어동사 2(may be 생략)
일부 동물들은 껍질 안에서 보호받거나 /   혹은 세심한 부모의 보살핌을 받는다 /
    → some ~, others ...: 일부는 ~하고, 다른 것은 …하다   → ~을 돌보다

attentive parents, / but others are free-living and have to look after themselves entirely. //
하지만 다른 동물은 자유롭게 생활하며 스스로를 온전히 돌봐야 한다 //

❸Young animals may emerge [as miniature adults], / [gradually growing in size], /
    → 전치사구   → 분사구문(연속동작)
어린 동물은 축소된 성체로 태어날 수 있다 /   점차 몸집이 커지며 /

but their behavioral responses must change as well [to keep pace]. // ❹Young cuttlefish
    → 또한   → to부정사구(목적)
하지만 보조를 맞추기 위해 그들의 행동 반응도 또한 바뀌어야 한다 //   어린 갑오징어는 육식 동물로

begin and remain as carnivores, / but at first they can kill only tiny creatures / [which
    → ~로서   → = young cuttlefish   → 관계절
시작하여 육식 동물로 남는다 /   하지만 처음에는 아주 작은 생물만 죽일 수 있다 /   먹이로

are ignored as prey / {when the cuttlefish have grown}]. // ❺They move on to larger and
    → 부사절(시간)   → = the cuttlefish
무시되는 /   갑오징어가 성장했을 때는 //   갑오징어는 점점 더 큰 먹이로 이동한다 /

larger food / and the behaviour patterns [employed for detecting and catching prey] /
    → 분사구
더 큰 먹이로 /   그리고 먹이를 감지하고 잡기 위해 사용하는 행동 패턴은 /

have to change accordingly / with growth towards the adult size. //
그에 맞게 변해야 한다 /   성체 크기로 성장함에 따라 //

*cuttlefish: 갑오징어   **carnivore: 육식 동물

어휘

☐ inadequate 불충분한, 부적절한   ☐ adulthood 성체, 성인기   ☐ shell 껍질, 껍데기
☐ attentive 세심한   ☐ entirely 온전히   ☐ emerge 태어나다, 출현하다
☐ miniature 축소된   ☐ tiny 아주 작은   ☐ prey 먹이
☐ employ 사용하다, 이용하다

도입()
어린 동물의 존재
그들만의 세계에서 완전한 기능을 갖추어야 함

↓

전개(❷~❸)
어린 동물의 성장
• 성장 초기에 보호를 받기도 하지만 스스로 돌보는 동물도 있음 • 몸집이 커짐에 따라 행동 반응도 변화

↓

예시(❹~❺)
성장에 따른 갑오징어의 변화
갑오징어는 성장함에 따라 먹잇감이 바뀜 → 먹이를 잡기 위한 행동 패턴도 변함

지문 배경지식

cuttlefish(갑오징어)
갑오징어과에 속하는 연체동물로 여덟 개의 짧은 다리와 두 개의 긴 촉완이 있는데 이 다리들 가운데에 입이 있다. 촉완은 눈 뒤에 있는 주머니 속으로 끌어넣을 수 있으며 다리는 물체에 몸을 부착시키거나 게나 물고기 같은 작은 동물을 잡는 데 쓰인다. 몸길이는 8cm~1.8m까지로 크기가 다양하다.

구문 해설

❶ We must recognize [that young animals are not simply part-formed creatures, inadequate stages on the path to adulthood: they have at all times to be fully functional animals {capable of behaving effectively in their own world}].

[ ]는 명사절로 recognize의 목적어 역할을 한다. 그 안의 { }는 fully functional animals를 수식하는 형용사구이다.

❹ Young cuttlefish begin and remain as carnivores, but at first they can kill only tiny creatures [which are ignored as prey {when the cuttlefish have grown}].

[ ]는 tiny creatures를 수식하는 관계절이며, 그 안의 { }는 시간을 나타내는 부사절이다.

전문 해석

❶우리는 어린 동물이 단순히 성체로 가는 중인 불충분한 단계의 일부분만 형성된 동물이 아니라, 그것이 항상 그들만의 세계에서 효과적으로 행동할 수 있는 완전한 기능을 갖춘 동물이 되어야 한다는 사실을 인식해야 한다. ❷성장 초기 단계에 일부 동물은 껍질 안에서 보호받거나 세심한 부모의 보살핌을 받을 수도 있지만, 다른 동물은 자유롭게 생활하며 스스로를 온전히 돌봐야 한다. ❸어린 동물은 축소된 성체로 태어나 점차 몸집이 커질 수도 있지만, 그것들의 행동 반응도 (몸집이 커지는 것과) 보조를 맞추기 위해 바뀌어야 한다. ❹어린 갑오징어는 육식 동물로 시작하여 육식 동물로 남지만, 처음에 그것들은 성장했을 때는 먹이로 무시할 아주 작은 생물만 죽일 수 있다. ❺갑오징어는 점점 더 큰 먹이로 이동하며, 먹이를 감지하고 잡기 위해 사용하는 행동 패턴은 성체 크기로 성장함에 따라 그에 맞게 변해야 한다.

Quick Check T, F 고르기

❶ All young animals should be protected to survive by their parents. [T / F]

❷ As cuttlefish grow, the types and sizes of prey they eat change. [T / F]

정답 1 F 2 T

핵심
키워드 **regulations, effective, governments, cyber criminals, manipulate**

→ 명사구(주어)
❶[Regulations both at the national and international levels] / have not proven
국내 및 국제 수준의 규제는 둘 다 /   특별히 효과적인 것으로 입증

tend to *do*: ~하는 경향이 있다 ←
particularly effective. // ❷This is so for a number of reasons. // ❸Governments tend to
되지 않았다 //   이것은 여러 가지 이유로 그러하다 //   정부는 사이버 기술에 관한 한 기술

→ when it comes to: ~에 관한 한
be behind the technology curve when it comes to cyber technology / and so their
흐름에 뒤처지는 경향이 있다 /   그래서 안타깝게도

→ 시대에 뒤떨어지는   → 명사구(주어)
laws tend to be unfortunately out of date. // ❹[The more technically sophisticated cyber
그것의 법이 시대에 뒤떨어지는 경향이 있다 //   기술적으로 더 정교한 사이버 범죄자들은 /

┌ 관계절
criminals] / can easily get around the laws [that exist]. // ❺There is also the question
현존하는 법을 쉽게 피해 갈 수 있다 //   또한 통합의 문제도 있다 /

of integration: / Country laws and regulations are not particularly well-coordinated, /
국가의 법과 규제는 특별히 잘 조율되어 있지 않고 /

→ 부사절(양태)
and in fact often conflict with one another. // ❻Accordingly, [as one recent report
그리고 실제로 서로 충돌하는 경우가 많다 //   따라서 최근의 한 보고서가 결론 내리고 있듯이 /

→ without+명사구+분사구(주절의 부수적 상황)
concludes], / cyber criminals can, [virtually without anything standing in their way], /
사이버 범죄자들은 거의 아무런 제약 없이 ~할 수 있다 /

= cyber criminals ←
enter into and manipulate national, business, academic and private networks / as they
국가, 기업, 학계 및 민간 네트워크에 침입하여 조작할 (수 있다) /   그들이 적당하다고

see fit. //
생각하는 대로(즉, 그들 마음대로) //

어휘

□ when it comes to ~에 관한 한   □ out of date 시대에 뒤떨어지는, 구식인   □ sophisticated 정교한
□ criminal 범죄자   □ get around ~을 피해 가다[우회하다]   □ integration 통합
□ coordinated 조정된   □ virtually 거의   □ manipulate 조작하다
□ see fit (종종 비꼬는 의미로) 적당하다고 생각하다

도입(❶)

규제의 비효율성

국내 및 국제 수준의 규제는 효과적인 것으로 입증되지 않음

↓

전개(❷~❺)

규제가 비효율적인 여러 가지 근거

• 정부는 사이버 기술에 관한 한 기술 흐름에 뒤처짐
  → 사이버 범죄자들이 현존하는 법을 쉽게 피해 갈 수 있음
• 국가의 법과 규제가 잘 조율되지 않으며 서로 충돌함

↓

결론(❻)

사이버 범죄자들의 침입과 조작

사이버 범죄자들은 아무런 제약 없이 침입하여 조작할 수 있음

지문 배경지식

cyber criminal(사이버 범죄자)

기술을 사용하여 민감한 회사 정보나 개인 데이터를 훔쳐 수익을 창출할 목적으로 디지털 시스템이나 네트워크에서 악의적인 활동을 하는 개인 또는 팀을 일컫는다. 사이버 범죄와 관련된 법률은 전 세계 여러 국가에서 계속 발전하고 있으며, 법 집행 기관도 사이버 범죄를 발견하고, 체포하고, 기소하고, 입증하는 데 있어 끊임없는 도전에 직면하고 있다.

구문 해설

❶ [Regulations **both** at the national **and** international levels] have not proven particularly effective.

[ ]는 주어인 명사구이며, '~과 … 둘 다'라는 의미의 「both ~ and …」가 사용되었다.

❸ Governments tend to be behind the technology curve **when it comes to** cyber technology and so their laws tend to be unfortunately out of date.

'~에 관한 한'이라는 표현의 「when it comes to ~」의 목적어로 cyber technology가 사용되었다.

전문 해석

❶국내 및 국제 수준의 규제는 둘 다 특별히 효과적인 것으로 입증되지 않았다. ❷이것은 여러 가지 이유로 그러하다. ❸정부는 사이버 기술에 관한 한 기술 흐름에 뒤처지는 경향이 있어 안타깝게도 법이 시대에 뒤떨어지는 경향이 있다. ❹기술적으로 더 정교한 사이버 범죄자들은 현존하는 법을 쉽게 피해 갈 수 있다. ❺또한 통합의 문제도 있는데, 국가의 법과 규제는 특별히 잘 조율되어 있지 않으며, 실제로 서로 충돌하는 경우가 많다. ❻따라서 최근의 한 보고서가 결론 내리고 있듯이, 사이버 범죄자들은 거의 아무런 제약 없이 국가, 기업, 학계 및 민간 네트워크에 침입하여 그들이 적당하다고 생각하는 대로(즉, 그들 마음대로) 조작할 수 있다.

Quick Check T, F 고르기 / 빈칸 완성하기

1 The more technically sophisticated cyber criminals can easily get around the laws that exist. T / F

2 Cyber criminals can, virtually without anything standing in their way, enter into and m_____ national, business, academic and private networks as they see fit.

정답 1 T 2 (m)anipulate

핵심키워드 **sea-level rise, existential threat, low-lying coastal habitats**

❶Sea-level rise poses an existential threat for birds / [that nest in low-lying coastal
해수면 상승은 새들에게 생존 위협을 제기한다 /   관계절
                                                        해변, 염습지, 연안 섬을 포함한 저지대 해안 서식지에

전치사구(including ~: ~을 포함한)
habitats, {including beaches, salt marshes, and offshore islands}]. // ❷Storm surges
둥지를 짓는 //   폭풍 해일과 주기적인

                            관계절 관계절의 술어동사 1
and periodic high tide events / [that {wash over the ground nests of Least Terns and
만조 현상은 /   해변의 쇠제비갈매기와 파이핑 플러버의 지상 둥지를 휩쓰는 /

            병렬구조   관계절의 술어동사 2
Piping Plovers on beaches} / and {flood the salt-marsh nests of Saltmarsh and Nelson's
                          그리고 소금습지 참새와 넬슨 참새의 염습지 둥지를 침수시키는 /

              술어동사   전치사구(원인)
Sparrows}] / have shaped the evolution of these species over millennia. // ❸But [with
             수천 년에 걸쳐 이 종들의 진화를 형성해 왔다 //   그러나 해수면이

              = storm surges and periodic high tide events   전치사구(시간)
rising sea levels] such events become more frequent, / and [with time], low-lying
상승함에 따라 그러한 현상은 더 빈번해진다 /   그리고 시간이 지남에 따라 저지대 해안선은

shorelines will be permanently underwater. // ❹In some areas, topography may allow
영구적으로 물속에 잠기게 될 것이다 //   일부 지역에서는 지형 때문에 해변과 조수 습지가 내륙으로 더 멀리

                                                                      부사절(조건)
migration of beaches and tidal marshes farther inland / — but not [if those inland areas
이동할 수 있다 /   하지만 그러한 내륙 지역이 많이 개발되어 있는

                         부사절(양태)
are largely developed], / [as is the case in many parts of the Maine coast]. // ❺For these
경우에는 그렇지 않다 /   Maine 주 해안의 많은 지역에서 그러하듯이 //   이러한 이유로

                                           동격
reasons, / there is a high probability [that Saltmarsh Sparrows will be extinct by 2060
인해 /   해수면 상승의 결과로 소금습지 참새는 2060년까지 멸종할 가능성이 높다 //

  ~의 결과로
as a result of sea-level rise]. // ❻Sea-level rise will also have significant impacts on
                              해수면 상승은 또한 더 광범위한 새 집단에도 상당한 영향을 미칠 것이다 /

                       관계절   전치사구(including ~: ~을 포함하여)
a wider suite of birds / [that use salt marshes to feed, {including herons, shorebirds, and
                        왜가리, 물떼새, 물새를 포함하여 먹이를 찾기 위해 염습지를 이용하는 //

waterfowl}]. //

*marsh: 습지 **surge: 해일 ***topography: 지형

어휘

☐ existential 생존의, 존재의   ☐ nest 둥지를 짓다   ☐ coastal 해안의
☐ offshore 연안의   ☐ periodic 주기적인   ☐ wash over ~을 휩쓸고 가다, 밀려오다
☐ flood 침수시키다, 범람하게 하다   ☐ permanently 영구적으로   ☐ migration 이동, 이주
☐ tidal 조수의   ☐ suite 집단, 묶음   ☐ heron 왜가리

주제(❶)

해수면 상승이 저지대 해안 서식지의 새들에게 미치는 생존 위협

해수면 상승이 저지대 해안 서식지에 둥지를 짓는 새들에게 생존 위협이 됨

↓

도입(❷)

폭풍 해일과 주기적 만조 현상

폭풍 해일과 주기적 만조 현상은 저지대 해안가 새들의 진화를 형성함

↓

전환 및 반박(❸~❺)

해수면 상승이 저지대 해안 서식지의 새들에게 미치는 영향

해수면 상승으로 폭풍 해일과 주기적 만조 현상이 빈번해지면서 저지대 해안선이 영구적으로 물에 잠기고 일부 지역은 해변과 조수 습지가 내륙으로 이동 → 저지대 해안 서식지의 새의 멸종 가능성이 높아짐

↓

부연(❻)

해수면 상승이 더 광범위한 새 집단에 미치는 영향

해수면 상승은 염습지를 먹이로 이용하는 더 광범위한 새 집단에도 상당한 영향을 미칠 것임

Saltmarsh Sparrows(소금습지 참새)

1788년 독일의 자연학자인 Johann Friedrich Gmelin이 Carl Linnaeus의 『식물학 체계』의 개정 및 증보판에서 공식적으로 설명했다. 소금습지 참새는 1905년 Harry C. Oberholser가 소개한 미국 참새로 알려진 그룹에 속하는 Passerellidae 과의 새 속에 속하는 네 종의 미국 참새 중 하나로서 가장 가까운 종으로는 넬슨 참새가 있다.

❶ Sea-level rise poses an existential threat for birds [that nest in low-lying coastal habitats, {including beaches, salt marshes, and offshore islands}].

[ ]는 birds를 수식하는 관계절이고, 그 안의 { }는 low-lying coastal habitats를 부가적으로 설명하는 전치사구이다.

❸ But [with rising sea levels], such events become more frequent, and [with time], low-lying shorelines will be permanently underwater.

두 개의 [ ]는 각각 전치사 with가 유도하는 전치사구이다.

❶해수면 상승은 해변, 염습지, 연안 섬을 포함한 저지대 해안 서식지에 둥지를 짓는 새들에게 생존 위협을 제기한다. ❷해변의 쇠제비갈매기와 파이핑 플러버의 지상 둥지를 휩쓸고 소금습지 참새와 넬슨 참새의 염습지 둥지를 침수시키는 폭풍 해일과 주기적인 만조 현상은 수천 년에 걸쳐 이 종들의 진화를 형성해 왔다. ❸그러나 해수면이 상승함에 따라, 그러한 현상은 더 빈번해지고, 시간이 지남에 따라, 저지대 해안선은 영구적으로 물속에 잠기게 될 것이다. ❹일부 지역에서는 지형 때문에 해변과 조수 습지가 내륙으로 더 멀리 이동할 수도 있지만, Maine 주 해안의 많은 지역에서 그러하듯이 그러한 내륙 지역이 많이 개발되어 있는 경우에는 그렇지 않다. ❺이러한 이유로 인해, 해수면 상승의 결과로 소금습지 참새는 2060년까지 멸종할 가능성이 높다. ❻해수면 상승은 또한 왜가리, 물떼새, 물새를 포함하여 먹이를 찾기 위해 염습지를 이용하는 더 광범위한 새 집단에도 상당한 영향을 미칠 것이다.

Quick Check 적절한 말 고르기

1 Storm surges and periodic high tide events that wash over the ground nests of Least Terns and Piping Plovers on beaches and flood the salt-marsh nests of Saltmarsh and Nelson's Sparrows have shaped / shaping the evolution of these species over millennia.

2 For these reasons, there is a high probability that / what Saltmarsh Sparrows will be extinct by 2060 as a result of sea-level rise.

정답 1 have shaped 2 that

핵심 키워드 **mechanization, automation, service-sector jobs, brute power, artificial intelligence**

❶Contemporary economists disagree / about [whether the status quo mechanization
현대의 경제학자들은 의견이 엇갈린다 /   → 명사절(전치사 about의 목적어)
                                          모든 것을 감안할 때 현재 상태의 기계화 과정을 나쁜 것으로 봐야 하는지에 대해 //

process should be viewed, on balance, as a bad thing]. // ❷The economist Robert Reich
                                                           경제학자인 Robert Reich는 특히 깊은 인상을

is particularly impressed / by the recent acceleration in the automation of service-sector
받는다 /   최근의 서비스 부문 일자리의 자동화가 가속화되고 있는 것에 //
                                          동명사구(전치사 about의 목적어)← → get+목적어+목적격 보어(to부정사)
jobs. // ❸Classically, automation has been about [getting machines to provide brute
         전통적으로, 자동화란 기계가 강력한 힘을 제공하게끔 하는 것에 관한 것이었다 /
         → 관계절
power / {that exceeds what humans can do}]. // ❹This is manifest in many great
인간이 할 수 있는 것을 능가하는 //   이것은 지난 세기의 많은 위대한 기술 혁신에서 명백하다 /
                                                   → 명사구(such as의 목적어)
technological innovations of past centuries, / such as [the Archimedean screw, the steam
                                   아르키메데스 나선양수기, 증기 기관, 그리고 핵 원자로와 같은 //
                                          → = many great technological innovations of past centuries
engine, and the nuclear reactor]. // ❺These have great ability to do things to or with
                                     이것들은 물리적인 물체에 또는 물리적인 물체로 무언가를 할 수 있는 위대한 능력을
                                  → = many great technological innovations of past centuries
physical objects. // ❻But they are not particularly clever — / they [don't do anything
가지고 있다 //   하지만 그것들은 특별히 영리하지 않다 /   그것들은 정보를 가지고 아무것도 할 수 없다 /
                  병렬구조 ┐   (don't)   without+명사구+분사구(주절의 부수적 상황)←
with information] / or [have much ability to change what they're doing / {without some
                      혹은 자신이 하고 있는 일을 바꿀 수 있는 능력이 별로 없다 /   인간 통제자가 떠맡지

human controller taking over}]. // ❼Service work has long been a holdout of human labor /
않으면 //   서비스 업종은 인간 노동력의 끝까지 버티는 것으로 오랫동안 남아 있다 /
→ 전치사구(due to ~: ~로 인해)
[due to the tendency of machines to be pretty inflexible]. // ❽But, according to Reich, /
 상당히 융통성이 없는 기계의 경향으로 인해 //   그러나, Reich에 따르면 /

machines are finally starting to get "smart." // ❾Much automation now comes in the form
기계는 마침내 '똑똑해지기' 시작했다 //   많은 자동화는 이제는 기술의 형태로 나타난다 /
                     → 관계절   → ~을 통해   ~이라기보다←
of technology / [whose impact on production comes by way of artificial intelligence, / rather
                생산에 미치는 영향이 인공 지능을 통해 생기는 /   강력한
                                                            → 관계절
than brute force]. // ❿This likely changes the sort of challenge [that automation represents]. //
힘이라기보다 //   이것은 자동화가 나타내는 도전의 종류를 바꿀 가능성이 있다 //

*status quo: 현재 상태 **brute: 강력한

어휘

□ contemporary 현대의   □ mechanization 기계화   □ on balance 모든 것을 고려하면, 결국
□ acceleration 가속화   □ exceed 능가하다   □ manifest 명백한
□ innovation 혁신   □ steam 증기   □ reactor 원자로
□ holdout 끝까지 버티는 것[사람], 저항   □ tendency 경향   □ inflexible 융통성이 없는
□ by way of ~을 통해, ~을 거쳐

도입 및 주제(❶~❷)

현재 상태의 자동화에 대한 엇갈리는 견해

· 현재 상태의 자동화에 대해 나쁜 것으로 보아야만 하는지에 대해 현대의 경제학자들의 의견이 엇갈림
· Robert Reich는 서비스 부문의 자동화에 대해 특히 깊은 인상을 받음

전개(❸~❺)

전통적인 자동화의 모습

전통적으로 자동화는 기계가 인간을 능가하는 강력한 힘을 가졌음

전환(❻~❼)

전통적인 자동화 개념의 한계

· 지난 세기의 많은 기술 혁신들은 인간 통제자가 없이는 할 수 있는 능력이 별로 없음
· 서비스 업종은 오랜 기간 동안 인간 노동력의 영역으로 버텨 왔음

반박(❽~❿)

인공지능의 형태로 나타나는 자동화

· 마침내 기계는 똑똑해짐
· 자동화는 강력한 힘이 아닌 인공 지능의 형태로 나타남 → 자동화가 나타내는 도전의 종류를 바꿀 가능성이 있음

전문 해석

❶현대의 경제학자들은 모든 것을 감안할 때 현재 상태의 기계화 과정을 나쁜 것으로 봐야 하는지에 대해 의견이 엇갈린다. ❷경제학자인 Robert Reich는 최근의 서비스 부문 일자리의 자동화가 가속화되고 있는 것에 특히 깊은 인상을 받는다. ❸전통적으로, 자동화란 기계가 인간이 할 수 있는 것을 능가하는 강력한 힘을 제공하게끔 하는 것에 관한 것이었다. ❹이것은 아르키메데스 나선양수기, 증기 기관, 그리고 핵 원자로와 같은 지난 세기의 많은 위대한 기술 혁신에서 명백하다. ❺이것들은 물리적인 물체에 또는 물리적인 물체로 무언가를 할 수 있는 위대한 능력을 가지고 있다. ❻하지만 그것(지난 세기의 많은 위대한 기술 혁신)들은 특별히 영리하지 않아, 정보를 가지고 아무것도 할 수 없거나, 인간 통제자가 떠맡지 않으면 자신이 하고 있는 일을 바꿀 수 있는 능력이 별로 없다. ❼서비스 업종은 상당히 융통성이 없는 기계의 경향으로 인해 인간 노동력의 끝까지 버티는 것으로 오랫동안 남아 있다. ❽그러나, Reich에 따르면, 기계는 마침내 '똑똑해지기' 시작했다. ❾많은 자동화는 이제는 생산에 미치는 영향이 강력한 힘이 아니라 인공 지능을 통해 생기는 기술의 형태로 나타난다. ❿이것은 자동화가 나타내는 도전의 종류를 바꿀 가능성이 있다.

지문 배경지식

the Archimedean screw(아르키메데스 나선양수기)
아르키메데스 나선양수기는 가장 초기의 유압 기계 중 하나로서, 수 세기 전에 물 펌프로 사용되었다. 낮은 수역에서 관개 도랑으로 물을 끌어올리는 데 사용되는 기계로서 현대 사회에서도 폐수 처리장이나 저지대 지역의 탈수에 널리 사용된다.

구문 해설

❶ Contemporary economists disagree about [whether the status quo mechanization process should be viewed, on balance, as a bad thing].

[ ]는 전치사 about의 목적어인 명사절이다.

❻ But they are not particularly clever — they [don't do anything with information] or [have much ability to change {what they're doing} {without some human controller taking over}].

두 개의 [ ]는 or로 대등하게 연결되어 있는 동사구이며, 두 번째 [ ] 안에 don't가 생략되었다. 두 번째 [ ] 안의 첫 번째 { }는 to부정사의 목적어인 명사절이며, 두 번째 { }는 주절의 부수적인 상황을 설명한다.

Quick Check 주어진 말 어순 배열하기

1 Classically, automation has been about [brute power, to, getting, provide, machines] that exceeds what humans can do.

2 They don't do anything with information or have much ability to change what they're doing [some human controller, without, taking over].

핵심키워드 **musicians, (re-)interpretations, subjective experiences, mediation, verbal text**

❶ 부사절(대조)
[While all musicians create their piece or performance / {from the building blocks of
모든 음악가들이 자신의 작품이나 연주를 만들지만 /

전치사구
기존 음악의 구성 요소로부터 /

명사절(think의 목적어)
an existing one}], / most think [that, {apart from lyrics in vocal pieces}, / audiences need
대부분의 음악가들이 생각하기로는   성악곡의 가사를 제외하고는 /   청중이 음악을 감상하는 데

전치사구   from A to B: A에서 B까지
no translation to appreciate music]. // ❷[From Goethe and Victor Hugo to Sibelius], /
번역이 필요하지 않다 //   Goethe와 Victor Hugo에서 Sibelius에 이르기까지 /

동격
many have voiced their belief / [that music starts where verbal communication stops]. //
많은 사람들은 자신의 믿음을 표명해 왔다 /   음악은 언어적 의사소통이 멈추는 곳에서 시작된다는 //

❸This belief is ingrained in collective and personal memories. // ❹Yet most accept /
이러한 믿음은 집단적이고 개인적인 기억 속에 깊이 배어들어 있다 //   그러나 대부분의 사람들은 인정한다 /

명사절(accept의 목적어 1)   to부정사구(목적)
[that music needs (re-)interpretations and ephemeral subjective experiences to become
음악이 유의미하게 되기 위해서는 (재)해석과 일시적인 주관적 경험이 필요하다는 것을 /

명사절(accept의 목적어 2)   전치사구(첨가)
meaningful], / and [that, {in addition to performers}, listeners and viewers are also
그리고 연주자뿐만 아니라 청취자와 관객도 음악의 해석자라는 것을 /

분사구문(listeners and viewers를 의미상의 주어로 하여 부수적 상황을 설명)   both A and B: A와 B 모두
interpreters of music, / {making sense of what they hear}]. // ❺[Both music makers
자신이 듣는 것을 이해하면서 //   명사구(주어) 음악 제작자와 청취자 모두 자신의

and listeners] may also recount their musical experiences / in interviews, reviews and
음악적 경험을 또한 이야기할 수도 있다 /   인터뷰, 평론, 그리고 기타 텍스트에서 //

= interviews, reviews and other texts   부사절(이유)   = interviews, reviews and other texts
other texts. // ❻These are essentially non-musical in nature, / [as they are based on
이러한 것들은 본래 근본적으로 비음악적이다 /   그것들이 언어에 기반을 두고 있기

병렬구조   관계절   명사절(전치사 by의 목적어)
language, / and the body of texts {that are accounted for by ⟨what Lawrence Kramer
때문에 /   그리고 Lawrence Kramer가 '음악 해석학'이라고 명명하는 것에 의해 설명되는 텍스트의 주요 부분(에 기반을 두고 있기 때문에) //

be subject to: ~의 영향을 받다
names 'musical hermeneutics'⟩}]. // ❼Music is subject to mediation, interpretation, / and
음악은 중재, 즉 해석의 영향을 받는다 /   그리고

= a verbal text
is often introduced by a verbal text or linked to it in some respect. //
자주 언어적 텍스트에 의해 소개되거나 어떤 면에서 그것과 연결되어 있다 //

*ephemeral: 일시적인 **hermeneutics: 해석학

어휘
□ building block 구성 요소   □ translation 번역   □ appreciate 감상하다
□ verbal 언어의   □ ingrained 깊이 배어든, 뿌리 깊은   □ collective 집단적인
□ subjective 주관적인   □ recount (경험한 것에 대해) 이야기하다, 다시 세다
□ account for ~을 설명하다   □ be subject to ~의 영향을 받다, ~에 종속되다
□ mediation 중재

도입(❶~❸)

음악과 관련한 통념

- 음악에서 청중은 음악을 감상하는 데 번역이 필요하지 않음
- 언어적 의사소통이 멈추는 곳에서 음악이 시작됨

↓

반박 및 주제(❹)

음악은 (재)해석과 주관적 경험이 필요함

그러나 음악은 (재)해석과 주관적 경험이 필요하고 청취자와 관객도 음악의 해석자임

↓

부연(❺~❻)

음악적 해석과 경험의 참여 방식

음악 제작자와 청취자 모두 음악적 경험을 인터뷰, 평론, 기타 텍스트를 통해 이야기함 → 이것들은 언어 및 텍스트의 주요 부분에 기반함

↓

마무리(❼)

음악에 대한 새로운 관점

음악은 중재, 즉 해석의 대상이며 언어적 텍스트와 관련이 있음

전문 해석

❶모든 음악가들이 기존 음악의 구성 요소로부터 자신의 작품이나 연주를 만들지만, 대부분의 음악가들은 성악곡의 가사를 제외하고는 청중이 음악을 감상하는 데 번역이 필요하지 않다고 생각한다. ❷Goethe와 Victor Hugo에서 Sibelius에 이르기까지, 많은 사람들은 음악은 언어적 의사소통이 멈추는 곳에서 시작된다는 자신의 믿음을 표명해 왔다. ❸이러한 믿음은 집단적이고 개인적인 기억 속에 깊이 배어들어 있다. ❹그러나 대부분의 사람들은 음악이 유의미하게 되기 위해서는 (재)해석과 일시적인 주관적 경험이 필요하며, 연주자뿐만 아니라 청취자와 관객도 음악의 해석자이며 자신이 듣는 것을 이해한다는 것을 인정한다. ❺음악 제작자와 청취자 모두 인터뷰, 평론, 그리고 기타 텍스트를 통해 자신의 음악적 경험을 또한 이야기할 수도 있다. ❻이러한 것들은 언어, 그리고 Lawrence Kramer가 '음악 해석학'이라고 명명하는 것에 의해 설명되는 텍스트의 주요 부분에 기반을 두고 있기 때문에 본래 근본적으로 비음악적이다. ❼음악은 중재, 즉 해석의 영향을 받고, 자주 언어적 텍스트에 의해 소개되거나 어떤 면에서 그것과 연결되어 있다.

지문 배경지식

Lawrence Kramer

미국의 음악학자이자 작곡가로서 그의 학문적 업적은 인본주의적이고 문화 또는 비판 음악학이라고 불리는 문화 지향적인 새로운 음악학(new musicology)과 밀접하게 연관되어 있다. 그는 과거에는 비주류에 속했던 음악학을 더 넓은 인문학의 영역으로 끌어들인 학문적 변화의 선구자라고 평가받는다.

구문 해설

❶ [While all musicians create their piece or performance from the building blocks of an existing one], most think [that, {apart from lyrics in vocal pieces}, audiences need no translation to appreciate music].

첫 번째 [ ]는 접속사 While이 유도하는 대조의 부사절이고, 두 번째 [ ]는 think의 목적어 역할을 하는 명사절이며, 그 안의 { }는 apart from이 유도하는 전치사구이다.

❷ [**From** Goethe and Victor Hugo **to** Sibelius], many have voiced their belief [that music starts where verbal communication stops].

첫 번째 [ ]는 「From ~ to ....」의 전치사구이고, 두 번째 [ ]는 their belief와 동격을 이루는 명사절이다.

Quick Check 빈칸 완성하기

1 Most accept that music needs (re-)interpretations and ephemeral s_____ experiences to become meaningful.

2 Music is subject to mediation, interpretation, and is often introduced by a v_____ text or linked to it in some respect.

정답 1 (s)ubjective 2 (v)erbal

핵심 키워드 cooperative union, substandard, ill-prepared financial documents, auditing, mismanagement

❶Cooperative unions have in general operated / [using substandard or poor financial
협동조합은 일반적으로 운영되어 왔다 /   → 분사구(Cooperative unions를 설명)
                                              표준 이하이거나 부실한 재무 절차를 사용하여 //

procedures]. // ❷The ill-prepared financial documents mean / [that management cannot
                준비가 불충분한 재무 서류는 의미한다 /   → 명사절(mean의 목적어)
                                                       경영진이 그것들을 효율적으로 사용할 수

= the ill-prepared   → 동명사구(전치사 in의 목적어)
   financial documents
effectively use them / in {conducting financial analysis, planning, monitoring, and
없다는 것을 /   협동조합 재정의 재무 분석, 계획, 감시 및 통제를 수행하는 데 //

control of cooperative finances}]. // ❸Auditing of cooperative finances [has been rare] /
                                                                              ┌── 병렬구조
                              협동조합 재정에 대한 회계 감사는 거의 실시되지 않아 왔거나 /

(has been)
or [hindered by the poorly prepared documents]. // ❹Consequently mismanagement
혹은 부실하게 준비된 서류로 인해 방해받아 왔다 //   결과적으로 관리 부실과 자금 손실이 만연해 왔다 /

and loss of funds have been widespread / throughout the cooperative system. //
                                          협동조합 체계 전반에 걸쳐 //

❺Furthermore, there has been a general lack of uniformity / in the recording systems
게다가 전반적으로 통일성이 부족했다 /   일차 협동조합 간 기록 시스템에 //

among primary societies. // ❻Some of the societies completely lack vital records on
                            협동조합 중 일부는 자체의 직무에 대한 중요한 기록이 전혀 없다 /
              → 관계절(주절의
                 내용을 추가적으로 설명) → 형식상의 목적어   → 내용상의 목적어
their functions, / [which makes it difficult or impossible / {to conduct any reasonable
                   그것은 어렵거나 불가능하게 만든다 /   해당 직무의 성과에 대한 합리적인 평가를
                                                     → 형식상의 주어   내용상의 주어 ←
assessment of their performance in those functions}]. // ❼It is therefore imperative / [that
실시하는 것을 //   따라서 반드시 되어야 한다 /   빈번한
                                                    → 수동태   → to부정사구(목적)
frequent audits and proper financial management procedures are instituted / {to enable
회계 감사와 적절한 재정 관리 절차가 도입되는 것이 /   협동조합의
                              → 전치사구(시간)
clear monitoring and transparency ⟨in assessing the performance of cooperatives in
직무적 역할 수행을 평가할 때 명확한 감시와 투명성을 가능하게 하기 위해 //

their functional roles⟩}]. //

*audit: 회계 감사하다; 회계 감사 **primary society: 일차 협동조합

어휘

□ substandard 표준 이하의   □ monitoring 감시   □ hinder 방해하다
□ uniformity 통일성, 균일함   □ function 직무, 기능, 직분   □ reasonable 합리적인
□ assessment 평가   □ imperative 반드시 해야 하는   □ institute (제도·정책을) 도입하다
□ transparency 투명성

도입(❶~❹)

협동조합의 부실한 재무 절차와 회계 감사

- 협동조합의 부실한 재무 절차 → 경영진이 효율적으로 재무 서류를 활용할 수 없음
- 회계 감사가 거의 실시되지 않거나 방해받음 → 조합 체계 전반에 관리 부실과 자금 손실이 만연함

부연(❺~❻)

일차 협동조합 간 기록 시스템의 부실

일차 협동조합 간 기록 시스템의 통일성 부족 → 해당 직무의 성과에 대한 합리적 평가 어려움

결론(❼)

문제를 해결하기 위한 방안

협동조합의 명확한 감시와 투명성을 가능하게 하기 위해 빈번한 회계 감사와 적절한 재정 관리 절차의 도입이 필요함

❷ The ill-prepared financial documents mean [that management cannot effectively use them **in** {conducting financial analysis, planning, monitoring, and control of cooperative finances}].

[ ]는 mean의 목적어 역할을 하는 명사절이며, 그 안의 { }는 전치사 in의 목적어인 동명사구이다.

❸ [Auditing of cooperative finances] [has been rare] or [hindered by the poorly prepared documents].

첫 번째 [ ]는 주어 역할을 하는 명사구이고, 두 번째와 세 번째 [ ]는 두 개의 동사구로서 or로 대등하게 연결되었다.

❶협동조합은 일반적으로 표준 이하이거나 부실한 재무 절차를 사용하여 운영되어 왔다. ❷준비가 불충분한 재무 서류는 경영진이 협동조합 재정의 재무 분석, 계획, 감시 및 통제를 수행하는 데 그것들을 효율적으로 사용할 수 없다는 것을 의미한다. ❸협동조합 재정에 대한 회계 감사는 거의 실시되지 않아 왔거나 부실하게 준비된 서류로 인해 방해받아 왔다. ❹결과적으로 관리 부실과 자금 손실이 협동조합 체계 전반에 걸쳐 만연해 왔다. ❺게다가, 일차 협동조합 간 기록 시스템에 전반적으로 통일성이 부족했다. ❻협동조합 중 일부는 자체의 직무에 대한 중요한 기록이 전혀 없어 해당 직무의 성과에 대한 합리적인 평가를 실시하기가 어렵거나 불가능하게 만든다. ❼따라서 협동조합의 직무적 역할 수행을 평가할 때 명확한 감시와 투명성을 가능하게 하기 위해 빈번한 회계 감사와 적절한 재정 관리 절차가 반드시 도입되어야 한다.

Quick Check T, F 고르기

1 Cooperative unions have in general operated using standard or good financial procedures. T / F

2 Some of the societies completely lack vital records on their functions, which makes it difficult or impossible to conduct any reasonable assessment of their performance in those functions. T / F

정답 1 F 2 T

핵심키워드 **texts, *de*centred, deconstruction, determinate, never-ending search**

❶Texts are *de*centred. // ❷Texts / [which have been set up as {'deeply mediated
텍스트는 '탈'중심화된다 //　　　　　　　　텍스트는 /　　　　이해에 도달할 수 없는 심층 매개 구성체로 설정된 /
관계절

constructs not available to understanding / ⟨except through a study of history or of the
　　　　　　　　　　　　　　　　　　　전치사구　역사에 대한 연구나 모든 글의 상호 텍스트적 특성에 대한 연구를 통해서가　(a study)

intertextual character of all writing'⟩}] / are *deconstructed*. // ❸'Deconstruction' is a
아니면 /　　　　　　　　　　　　　　　술어동사　　'해체'된다 //　　　'해체'는 비판적 실천을 설명하는 데

powerful expression [used to describe a critical practice / {that rejects the traditional
사용되는 강력한 표현이다 /　　분사구　　　　　　　　　　전통적인 관념을 거부하는 /　　관계절

idea / ⟨that assumes literary texts to be 'structures of determinate meaning accessible
관계절　　문학 텍스트를 '객관적인 비판적 절차에 의해 접근할 수 있는 확정적 의미의 구성체'라고 여기는 //　형용사구

by objective critical procedures'⟩}]. // ❹[What this means in practice] is / [that there is
　　　　　　　　　　　　　　　　　이것이 실제로 의미하는 것은 ~이다 /　명사절(주어)　술어동사　　'온전한', 완전한 혹은　명사절(주격 보어)

no such thing as a 'full', complete or determinate meaning, / {because ⟨finding the 'full'
　such A as B: B와 같은 A　확정적 의미와 같은 것은 존재하지 않는다는 것(이다) /　　왜냐하면 '온전한' 의미를 찾는 것이 끝없는　동명사구(부사절의 주어)
　　　　　　　　　　　　　　　　　　　　　　　　　　　　부사절(이유)

meaning⟩ would involve a never-ending search }] / — [just as {tracing a word through
탐색을 수반할 것이기에 /　부사절(just as: 마치 ~처럼)　이것은 마치 사전을 통해 단어를 추적하면 의미에 대한　동명사구(부사절의 주어)

a dictionary} can result in a constant postponement of meaning / {by the dictionary
지속적인 지연을 가져올 수 있는 것과 같다 /　　　　　　　　　　　　사전이 다른 단어를 제안하고　전치사구(수단)

suggesting another word}, / {which you then have to trace, and then another and then
　　　　　　　　관계절(another word를 추가적으로 설명)　그러면 그 단어를 추적해야 하고, 그런 다음에 또 다른 단어를, 그리고 또 다른 단어를 추적해야만 되어 /

another, and so on, / ⟨leading to a continual postponement of the moment / when you
그 단어에서 그리고 계속 /　분사구문(결과)　그 순간을 계속 연기하게 되어 /　　　　　　　　　여러분이 그 단어에

could say you had the full, complete meaning for the word⟩}]. //
대한 온전하고 완전한 의미를 이해했다고 말할 수 있는 //

어휘

☐ mediate 매개하다, 중재[조정]하다　☐ construct 구성체, 구조　☐ critical 비판적인, 중대한, 비평의
☐ determinate 확정적인, 한정된　☐ constant 끊임없는　☐ postponement 지연, 연기

도입(❶)

텍스트의 '탈'중심화

텍스트는 '탈'중심화됨

↓

주장(❷~❸)

텍스트의 '해체'

- 텍스트는 역사에 대한 연구나 모든 글의 상호 텍스트적 특성에 대한 연구로 이해에 도달함
- 텍스트의 '해체'는 객관적인 비판적 절차로 문학 텍스트를 확정적 의미의 구성체로 여기는 전통적인 관념을 거부하는 것임

↓

부연(❹)

텍스트의 '해체'의 구체적 설명

- 온전하고 완전하고 확정적 의미는 존재하지 않음
- 온전한 의미를 찾는 것이란 끊임없는 탐색을 수반하는 것인데 이는 계속해서 단어를 추적하면서 온전하고 완전한 의미를 이해했다고 말할 수 있는 순간을 지속적으로 미루는 것과 같음

구문 해설

❸ 'Deconstruction' is a powerful expression [used to describe a critical practice {that rejects the traditional idea ⟨that assumes literary texts to be 'structures of determinate meaning accessible by objective critical procedures'⟩}].

[ ]는 a powerful expression을 수식하는 분사구이고, 그 안의 { }는 a critical practice를 수식하는 관계절이며, 그 안의 ⟨ ⟩는 the traditional idea를 수식하는 관계절이다.

❹ — [**just as** {tracing a word through a dictionary} can result in a constant postponement of meaning by {the dictionary suggesting another word}, {which you then have to trace, and then another and then another, and so on, ⟨leading to a continual postponement of the moment when you could say you had the full, complete meaning for the word⟩}].

[ ]는 '마치 ~처럼'의 의미를 나타내는 접속사 just as가 이끄는 부사절이고, 그 안의 첫 번째 { }는 주어 역할을 하는 동명사구이고, 두 번째 { }는 전치사 by의 목적어인 동명사구이며, 세 번째 { }는 앞 절의 내용을 추가적으로 설명하는 관계절이고, 그 안의 ⟨ ⟩는 앞 절의 결과를 나타내는 분사구문이다.

전문 해석

❶텍스트는 '탈'중심화된다. ❷'역사에 대한 연구나 모든 글의 상호 텍스트적 특성에 대한 연구를 통해서가 아니면 이해에 도달할 수 없는 심층 매개 구성체'로 설정된 텍스트는 '해체'된다. ❸'해체'는 문학 텍스트를 '객관적인 비판적 절차에 의해 접근할 수 있는 확정적 의미의 구성체'라고 여기는 전통적인 관념을 거부하는 비판적 실천을 설명하는 데 사용되는 강력한 표현이다. ❹이것이 실제로 의미하는 것은 '온전한' 의미를 찾는 것이 끝없는 탐색을 수반할 것이기에 '온전한', 완전한 혹은 확정적 의미와 같은 것은 존재하지 않는다는 것인데, 이것은 마치 사전을 통해 단어를 추적하면 사전이 다른 단어를 제안하고, 그러면 그 단어를 추적해야 하고, 그런 다음에 또 다른 단어를, 그리고 또 다른 단어를 추적해야만 되어, 결과적으로 그 단어에 대한 온전하고 완전한 의미를 이해했다고 말할 수 있는 순간을 계속 연기하게 되어 의미에 대한 지속적인 지연을 가져올 수 있는 것과 같다.

Quick Check 적절한 말 고르기 / T, F 고르기

1 'Deconstruction' accepts / rejects the traditional idea that assumes literary texts to be structures of determinate meaning.

2 Finding the 'full' meaning would involve a never-ending search. T / F

정답 1 rejects 2 T

핵심 키워드 **electronic technology, computer art**

❶The development [of twentieth-century electronic technology] / encouraged a new
20세기 전자 기술의 발달은 /   자연의 아름다움에 대한 새로운

responsiveness to beauty in nature. // ❷Following World War II, / a "new landscape," /
민감성을 촉진했다 //   제2차 세계 대전 이후 /   '새로운 풍경'이 /

[as György Kepes described it], / emerged out of modern science and technology. //
György Kepes가 묘사했듯이 /   현대 과학과 기술에서 등장했다 //

❸It provided [for the first time] totally new sensations [from magnified electronic
그것은 확대된 전자 이미지로부터 완전히 새로운 감각을 처음으로 제공했다 /

images], / [expanding our sensory experiences of time and space], / and [thus altering
            시간과 공간에 대한 우리의 감각적 경험을 확장하였고 /   그리고 따라서 인간의 지각을

human perception forever]. // ❹[With new mechanical instruments], / researchers could
영원히 바꾸면서 //   새로운 기계 도구를 통해 /   연구자들은 자연을 정확한 수학적

describe nature in precise mathematical terms / [by mapping the complex orders and
용어로 설명할 수 있게 되었다 /   자연 현상의 복잡한 질서와 무질서에 대한 정보를 발견하여 /

disorders of natural phenomena], / [whether visible or not]. // ❺Science was becoming
                                          눈에 보이든 보이지 않든 //   과학은 점점 더 시각화되고 있었다 //

increasingly visual. // ❻[During this period], / there was a renewed appreciation
                                        이 시기 동안에 /   시각적 데이터의 미적 특성에 대한 새로운 인식이 있었다 /

of the aesthetical nature of visual data / [collected through the course of scientific
                                                        과학 실험 과정을 통해 수집된 //

experimentation]. // ❼Historically, / scientists have placed great aesthetic value on
                        역사적으로 /   과학자들은 자연에서 얻은 이미지에 큰 미적 가치를 부여해 왔다 /

those images [derived from nature], / [botanical and anatomical drawing being the
                                                        식물 및 해부학적 그림이 가장 일반적이었다 //

most common]. // ❽[In the nineteenth century], however, / there was a surge of interest /
                                하지만 19세기에는 /   관심이 급증했다 /

[in visualizing abstract language]. // ❾This period witnessed mathematicians
추상적인 언어를 시각화하는 것에 대한 //   이 시기에는 수학자들이 점진적으로 그림을 구성하는 것이 나타났다 /

progressively composing pictures / [to visualize and understand geometric forms]. //
                                          기하학적 형태를 시각화하고 이해하기 위해 //

❿[The art historian and critic] James Elkins / called these images of science, / [which had
미술 사학자이자 비평가인 James Elkins는 /   이러한 과학 이미지를 ~이라고 불렀다 /   미술사에서 소홀히

been neglected by art history but were semantically rich in information], / "nonart." //
다루어졌지만 의미론적으로 풍부한 정보를 담고 있는 /   '비예술'이라고 //

⓫ As will be shown by its history, / computer art successfully made that transition from

접속사(~이듯이)   주어   from A to B: A에서 B로

(컴퓨터 예술의) 역사에서 알 수 있듯이 /   컴퓨터 예술이 '비예술'에서 '예술'로의 그 전환을 성공적으로 이루어 냈다 /

"nonart" to "art" / through a series of precedents / [that saw scientists developing a

관계절   지각동사   목적어   목적격 보어

일련의 선례를 통해 /   과학자들이 점차 증대하는 미적 감수성을 발전시키는 일이

growing aesthetic sensibility]. //

있었던 //

*aesthetical: 미적인   **semantically: 의미론적으로

어휘

□ electronic technology 전자 기술
□ magnified 확대된
□ term 용어
□ botanical 식물의
□ abstract 추상적인
□ critic 비평가
□ sensibility 감수성

□ responsiveness 민감성, 반응성
□ alter 바꾸다
□ map (배치·구조 등에 대한 정보를) 발견하다
□ anatomical 해부의
□ mathematician 수학자
□ transition 전환

□ sensation 감각
□ mechanical 기계의

□ surge 급증, 급상승
□ geometric 기하학의
□ precedent 선례

도입(❶~❹)
기술의 발달에 따른 '새로운 풍경'의 등장
• 전자 기술의 발달 → 새로운 반응을 촉진함 • 과학과 기술에 '새로운 풍경'의 등장 • 자연을 정확한 수학적 용어로 설명함

↓

전개(❺~❾)
추상적 언어의 시각화
• 과학의 시각화 • 역사적으로 과학자들은 자연의 이미지에 미적 가치를 부여함 → 19세기: 추상적 언어의 시각화

↓

결론(❿~⓫)
'비예술'에서 '예술'로 전환한 컴퓨터 예술
컴퓨터 예술: 과학자들이 '비예술'인 것을 '예술'로 성공적으로 전환시킴

전문 해석

❶20세기 전자 기술의 발달은 자연의 아름다움에 대한 새로운 민감성을 촉진했다. ❷제2차 세계 대전 이후, György Kepes가 묘사했듯이 '새로운 풍경'이 현대 과학과 기술에서 등장했다. ❸그것은 확대된 전자 이미지로부터 완전히 새로운 감각을 처음으로 제공하면서, 시간과 공간에 대한 우리의 감각적 경험을 확장하였고, 그리하여 인간의 지각을 영원히 바꾸어 놓았다. ❹새로운 기계 도구를 통해 연구자들은 눈에 보이든 보이지 않든 자연 현상의 복잡한 질서와 무질서에 대한 정보를 발견하여 자연을 정확한 수학적 용어로 설명할 수 있게 되었다. ❺과학은 점점 더 시각화되고 있었다. ❻이 시기 동안에 과학 실험 과정을 통해 수집된 시각적 데이터의 미적 특성에 대한 인식이 새로워졌다. ❼역사적으로 과학자들은 자연에서 얻은 이미지에 큰 미적 가치를 부여해 왔으며, 식물 및 해부학적 그림이 가장 일반적이었다. ❽하지만 19세기에는 추상적인 언어를 시각화하는 것에 대한 관심이 급증했다. ❾이 시기에는 수학자들이 기하학적 형태를 시각화하고 이해하기 위해 점진적으로 그림을 구성하는 것이 나타났다. ❿미술 사학자이자 비평가인 James Elkins는 미술사에서 소홀히 다루어졌지만 의미론적으로 풍부한 정보를 담고 있는 이러한 과학 이미지를 '비예술'이라고 불렀다. ⓫그것의 역사에서 알 수 있듯이, 컴퓨터 예술은 과학자들이 점차 증대하는 미적 감수성을 발전시키는 일이 있었던 일련의 선례를 통해 '비예술'에서 '예술'로의 그 전환을 성공적으로 이루어 냈다.

❸ It provided for the first time totally new sensations from magnified electronic images, [expanding our sensory experiences of time and space], and [thus altering human perception forever].

두 개의 [ ]가 각각 분사구문으로 주절의 부가적인 의미를 설명하고 있다.

❾ This period witnessed mathematicians [progressively composing pictures] to visualize and understand geometric forms.

witnessed 뒤에 mathematicians가 목적어, [ ]가 목적격 보어의 역할을 하고 있다.

❿ The art historian and critic James Elkins called these images of science, [which had been neglected by art history but were semantically rich in information], "nonart."

[ ]는 관계절로 these images of science에 대한 추가적인 설명을 한다.

❶ During this period, there was a renewed appreciation of the aesthetical nature of visual data collecting / collected through the course of scientific experimentation.

❷ Historically, scientists have placed great aesthetic value on those images derived from nature, botanical and anatomical drawing are / being the most common.

memo

memo

memo

memo

고2~N수 수능 집중 로드맵

수능 입문 → 기출 / 연습 → 연계 + 연계 보완 → 심화 / 발전 → 모의고사

수능 입문
- 윤혜정의 개념/패턴의 나비효과
- 하루 6개 1등급 영어독해
- 수능 감(感)잡기
- 수능특강 Light

강의노트
- 수능개념

기출 / 연습
- 윤혜정의 기출의 나비효과
- 수능 기출의 미래
- 수능 기출의 미래 미니모의고사
- 수능특강Q 미니모의고사

연계 + 연계 보완
- 수능연계교재의 VOCA 1800
- 수능연계 기출 Vaccine VOCA 2200
- 연계
  - 수능특강
  - 수능완성
- 수능특강 사용설명서
- 수능특강 연계 기출
- 수능 영어 간접연계 서치라이트
- 수능완성 사용설명서

심화 / 발전
- 수능연계완성 3주 특강
- 박봄의 사회·문화 표 분석의 패턴

모의고사
- FINAL 실전모의고사
- 만점마무리 봉투모의고사
- 만점마무리 봉투모의고사 시즌2
- 만점마무리 봉투모의고사 BLACK Edition
- 수능 직전보강 클리어 봉투모의고사

구분	시리즈명	특징	수준	영역
수능 입문	윤혜정의 개념/패턴의 나비효과	윤혜정 선생님과 함께하는 수능 국어 개념/패턴 학습	●	국어
	하루 6개 1등급 영어독해	매일 꾸준한 기출문제 학습으로 완성하는 1등급 영어 독해	●	영어
	수능 감(感) 잡기	동일 소재·유형의 내신과 수능 문항 비교로 수능 입문	●	국/수/영
	수능특강 Light	수능 연계교재 학습 전 연계교재 입문서	●	영어
	수능개념	EBSi 대표 강사들과 함께하는 수능 개념 다지기	●	전 영역
기출/연습	윤혜정의 기출의 나비효과	윤혜정 선생님과 함께하는 까다로운 국어 기출 완전 정복	●	국어
	수능 기출의 미래	올해 수능에 딱 필요한 문제만 선별한 기출문제집	●	전 영역
	수능 기출의 미래 미니모의고사	부담없는 실전 훈련, 고품질 기출 미니모의고사	●	국/수/영
	수능특강Q 미니모의고사	매일 15분으로 연습하는 고품격 미니모의고사	●	전 영역
연계 + 연계 보완	수능특강	최신 수능 경향과 기출 유형을 분석한 종합 개념서	●	전 영역
	수능특강 사용설명서	수능 연계교재 수능특강의 지문·자료·문항 분석	●	국/영
	수능특강 연계 기출	수능특강 수록 작품·지문과 연결된 기출문제 학습	●	국어
	수능완성	유형 분석과 실전모의고사로 단련하는 문항 연습	●	전 영역
	수능완성 사용설명서	수능 연계교재 수능완성의 국어·영어 지문 분석	●	국/영
	수능 영어 간접연계 서치라이트	출제 가능성이 높은 핵심만 모아 구성한 간접연계 대비 교재	●	영어
	수능연계교재의 VOCA 1800	수능특강과 수능완성의 필수 중요 어휘 1800개 수록	●	영어
	수능연계 기출 Vaccine VOCA 2200	수능-EBS 연계 및 평가원 최다 빈출 어휘 선별 수록	●	영어
심화/발전	수능연계완성 3주 특강	단기간에 끝내는 수능 1등급 변별 문항 대비서	●	국/수/영
	박봄의 사회·문화 표 분석의 패턴	박봄 선생님과 사회·문화 표 분석 문항의 패턴 연습	●	사회탐구
모의고사	FINAL 실전모의고사	EBS 모의고사 중 최다 분량, 최다 과목 모의고사	●	전 영역
	만점마무리 봉투모의고사	실제 시험지 형태와 OMR 카드로 실전 훈련 모의고사	●	전 영역
	만점마무리 봉투모의고사 시즌2	수능 직전 실전 훈련 봉투모의고사	●	국/수/영
	만점마무리 봉투모의고사 BLACK Edition	수능 직전 최종 마무리용 실전 훈련 봉투모의고사	●	국·수·영
	수능 직전보강 클리어 봉투모의고사	수능 직전(D-60) 보강 학습용 실전 훈련 봉투모의고사	●	전 영역